大陸對於和平解決
台灣的歷史考證與定義

李松林、祝志男 著

崧燁文化

目　　錄

序

第一章 中國共產黨和平解放臺灣口號的提出 / 001
　一、武力解放臺灣口號的提出與實施 / 001
　二、第一次「臺海危機」與武力解放臺灣口號的調整 / 036
　三、中國共產黨和平解放臺灣構想未能達成的原因 / 074

第二章 第二次「臺海危機」與「一綱四目」主張的提出 / 081
　一、第二次「臺海危機」的發生及其原因 / 081
　二、中國共產黨化解危機的努力與中美較量 / 095
　三、中國共產黨「一綱四目」主張的提出及其內涵 / 111

第三章 中國共產黨「一國兩制」戰略構想的提出與實踐 / 151
　一、「一國兩制」戰略構想的提出 / 151
　二、「一國兩制」構想的科學內涵及理論基礎 / 159
　三、「一國兩制」的戰略構想的偉大實踐 / 174

第四章 中國共產黨第三代領導集體和平解決臺灣問題的主張 / 203
　一、透過「會談」遏制「臺獨」 / 203
　二、以「八項政治主張」推進和平統一 / 231
　三、反對美、臺勾結，促進兩岸和平 / 236
　四、反對「兩國論」的鬥爭 / 256

第五章 中國共產黨兩岸關係和平發展思想的理論與實踐／２７３
一、新世紀反對陳水扁「臺獨」分裂活動的鬥爭／２７３
二、中國共產黨關於兩岸關係和平發展思想的形成／２９４
三、兩岸「三通」實現與互動格局的形成／３１９

序

  在台海發生危機之際，中國共產黨，首倡和平解放臺灣。這一建議較為集中地反映了中共在兩岸處於冷戰對峙狀態下解決臺灣問題的基本立場和主張，符合兩岸的客觀實際和包括臺灣同胞在內的全體中國人民的根本利益。中共的和平倡議和為實現和平解放臺灣所作的努力；雖被蔣介石所拒絕，但卻贏得了政治上的主動。國民黨當局雖將軍事「反攻」調整為「政治為主，軍事為從」，但其極端的反共立場與美國不斷插手臺灣事務的現實，很難避免「臺灣危機」的再度發生。

  從1972年中美關係解凍到1979年中美兩國建交，兩國關係逐漸走向正常化。此後，美國對華政策表現了雙軌政策特點：一方面與中國大陸發展正式關係，促進兩岸之間的緩和；另一方面則在1979年4月通過了《與臺灣關係法》，將臺灣視為一個「獨立的政治實體」，保持與臺灣的「實質關係」，藉此以阻撓中國統一。隨著冷戰的結束，中蘇美三角戰略關係發生重大變化。蘇聯解體，美國認為「中國牌」的作用消失，中國在美國對外關係中的作用大大減少。加上中國堅持社會主義方向，使美國決策者們開始重新評估兩國關係的戰略價值和基礎。他們從意識形態的角度出發，不但在輿論上提出「中國威脅論」，而且採取實際措施力圖遏制中國經濟和社會的迅速發展。同時極力阻止中國統一的歷史進程。基於中國人民堅決反對分裂與反對「台獨」的嚴正立場和李登輝製造「兩國論」使中美關係受到嚴重傷害，造成亞太地區局勢動盪，從而迫使美國

調整對華政策。美國總統柯林頓時期提出對臺灣將遵守「三不」政策，即「支持臺灣獨立」、支持「兩個中國」或「一中一臺」、支持臺灣加入任何主權國家才能加入的國際組織。當然，美國的「三不」政策是服務於其在世界和亞太地區戰略利益的，美國對臺政策調整很難從根本上改變美國對臺的「雙軌」政策。美國對華政策的核心仍然是一個中國，基本框架是「三個公報」、「一個法」和支持「臺獨」。不管是民主黨執政，還是共和黨執政，美國對華對臺政策有時會出現一些調整或搖擺，但其基本立場不會改變。美國這種做法的結果是：既堅持一個中國原則，又阻撓了中國實現完全統一；既反對中國大陸對臺動武解決臺灣問題，又在安撫臺灣當局的同時不允許臺灣公開進行「臺獨」活動，以改變海峽兩岸的現狀，維持臺海兩岸「不統、不獨、不戰」的局面。小布希上臺後，對華政策雖比柯林頓時期更為強硬，但隨著「911事件」的發生，美國對華政策又回到了原來的軌道。歐巴馬上台後，從歐巴馬及其執政團隊的對臺言論來看，其對臺政策基本延續了「一個中國、三報一法、和平解決、兩岸人民同意」等美國傳統的「雙軌政策」，對兩岸關係和平發展也表現了支持與鼓勵的態度。歐巴馬本人在競選時曾經明確指出，「強力支持兩岸降低緊張關係，並支持兩岸建立更緊密聯繫」，高度讚揚兩岸在此方面所做的努力。美國國務卿希拉蕊在2009年2月訪華期間也明確表態：「支援和鼓勵兩岸關係和平發展……期待兩岸關係有更大改善。」美國既支持鼓勵兩岸關係和平發展，但又要保持一定介入的「兩面性」立場，對兩岸關係和平發展帶來複雜影響。中美聯合聲明簽訂後，美國在臺協會理。

第一章　中國共產黨和平解放臺灣口號的提出

　　中國共產黨歷來主張和平與民主，特別是在抗戰勝利後，為了避免國共兩黨再度爆發內戰，於1945年8月25日提出了和平、民主、團結的政治口號。如果不是國民黨將內戰強加在中國共產黨的頭上，中國共產黨絕不會與國民黨兵戎相見。然而僅僅經過3年多的時間，國民黨蔣介石集團就在自己發動的內戰中敗北，創下了大崩潰、大失敗與大逃亡的新紀錄。敗退臺灣的中國國民黨蔣介石集團在美國支持下困獸猶鬥，提出了「反攻大陸」的口號。出於肅清國民黨殘敵與實現祖國完全統一的考量，中國共產黨提出「一定要解放臺灣」的口號，並於1949年10月和1954年9月攻打和炮擊金門。此舉引起了美國等西方勢力的介入，被西方媒體稱為第一次「臺海危機」。為了化解臺海危機與推進祖國統一的進程，中國共產黨毅然調整對臺政策，將武力解放臺灣調整為「和平解放臺灣」。此舉不僅化解了「臺海危機」，而且推進了國共兩黨之間的接觸與兩岸關係的發展。考察中國共產黨和平解決臺灣問題的歷史進程與政策演變，必須從武力解放臺灣口號的提出與實施開始研究。只有搞清楚中國共產黨是怎樣從武力解放轉變到和平解決臺灣問題的，才能夠更深刻地理解中國共產黨和平解決臺灣問題的基本思路、內涵與重要的歷史意義。

一、武力解放臺灣口號的提出與實施

1. 武力解放臺灣口號的提出

眾所周知,當「三大戰役」的硝煙剛剛散去,中國共產黨就在渡江戰役發動前夕的1949年3月15日,提出了「一定要解放臺灣」的口號。新華社當日「時評」的標題就是《中國人民一定要解放臺灣》。「時評」何以在人民解放軍渡江戰役前夕就提出「一定要解放臺灣」的口號呢?據筆者研究,時評的依據主要有三:

第一,美國正在醞釀「直接攫取臺灣」的陰謀。眾所周知,臺灣自古以來就是中國的領土,無數的歷史文獻記載都充分證明了這一點。就連美國主導制定的《開羅宣言》也不能不承認:臺灣是中國的領土,戰後將臺灣、澎湖列島歸還中國。然而,作為世界霸主的美國,卻千方百計地企圖占領臺灣,以遏制中國共產黨勢力的發展。此說並非虛言,關於此點,可從下列事實中得到說明。

早在日本投降前,美國海軍軍部就曾經擬由「美國單獨軍政管理臺灣」之計畫。1947年「二二八事件」發生後,美國官方雖然表示不介入臺灣事務,但在部分美國官員中已經開始出現將臺灣從中國分離出去的主張。1943年3月,美國駐臺北總領事館向華盛頓建議:以目前臺灣在法律上還是日本的一部分為由,用聯合國的名義對臺灣進行干涉,待有一個「負責的中國政府」後再歸還中國。很顯然,美國此舉是它日後鼓吹「臺灣地位未定論」與「聯合國託管」說的前奏曲。同年8月,美國總統特使魏德曼訪問中國時曾對臺灣進行過考察,魏德曼在其考察報告中宣稱:因「二二八事件」造成民眾的敵對情緒,已「有跡象表明臺灣人民對美國監護或聯合國託管是會接受的」。正是魏德曼的錯誤判斷為美國後來製造臺灣與大陸的分離尋找到了理論根據。

國民黨在大陸敗局已定的情況下，美國為從中國「脫身」，其決策集團於1948年至1949年初開始考慮將臺灣與中國大陸分開處理的問題。1948年11月，美國國務院要求參謀長聯席會議對中國未來發展作出評估。參謀長聯席會議在徵求了美國駐日占領軍統帥麥克阿瑟意見後認為：一是中共占領大陸後，臺、澎對美國更顯重要；二是如果臺灣為「不友好」力量（指蘇聯）控制，一旦發生戰爭，「敵人」就可利用它控制東南亞地區；三是臺灣「淪入」共產黨之手，日本就會成為美國的負擔。怎樣防止臺灣不被共產黨占領呢？最有效的方式當然是直接出兵。然而由於美國在全球的戰線過長，參謀長聯席會議並沒有建議直接出兵。而是主張：「透過外交和經濟手段，不讓共產黨統治臺灣，從而保證其留在對美國友好的政府手中，是符合美國的戰略利益的」。1949年1月19日，美國國家安全委員會提出了《美國對福爾摩沙的立場報告》。報告宣稱：「美國基本目標是不讓福爾摩沙和佩斯卡多爾群島（即臺灣和澎湖列島）落入共產黨手中。為此目標，目前最實際可行的辦法是把這些島嶼與中國大陸隔離開來。」當時美國策劃了四種方案：

　　（1）按照日本投降的條件占領臺灣，或透過與國民黨政府談判，或在該政府垮臺之後採取直接行動；

　　（2）同國民黨政府談判達成協議，使美國獲得在臺灣的治外法權和設立基地權；

　　（3）在臺灣支持國民黨政府或一部分餘黨，作為美國所承認的中國政府；

　　（4）支持臺灣當地所得以維持下來的非共產黨的中國人的控制。

　　基於以上認識，美國先後又拋出了種種分離臺灣的方案：

方案一：在蔣介石抵台前，設法阻止蔣介石的流亡政府遷臺。美國阻止蔣來台的舉措之一，是拉攏時任臺灣省主席的魏道明。魏道明宣稱在取得美國1000萬美元貸款作為「心理上」支持的條件下宣布臺灣「自治」，並說服蔣介石不要來臺。魏道明的行為完全在國民黨情報機關的掌控之下，所以計畫尚未實施，蔣介石就撤換了魏道明，讓自己的嫡系陳誠接任臺灣省主席一職。美國這一分裂中國的方案宣告破產。

　　方案二：在臺灣培植親美代蔣勢力。1949年初，新任國務卿艾奇遜派美國駐華使館參贊利文斯頓‧墨錢特前往臺灣執行遊說使命，第一個遊說物件就是現任臺灣省主席陳誠。當墨錢特與陳誠進行私下接觸，探尋能否與美國「合作」，阻止蔣介石及其親信來台時。墨錢特發現陳誠絕對忠誠於蔣介石，在後來給美國政府的建議中宣稱：陳誠屬於典型的國民黨「最反動的」和「昏庸的」領導，不符合美國利益，乃向國務卿推薦孫立人。1949年3月上旬墨錢特致電國務院稱：「我們所需要的是一個能力強，做事腳踏實地的人，不必聽命蔣介石，亦毋須服從李宗仁的聯合政府，而去為臺灣謀福利。孫立人的經驗也許不足，但其他條件卻甚適合。」美國人真正屬意的應屬孫立人，因為孫立人曾留學美國，又在滇緬作戰中榮立戰功頗受美國器重。此時，李宗仁也有用孫立人取代陳誠的想法。當陳誠得知此一訊息時，立即致信司徒雷登，表示可以讓位給孫立人，但須由美國徵求蔣介石的意見。後美國政府曾直接同孫立人接觸，孫立人除了發發牢騷之外並未有實際行動。因美與孫立人接觸為國民黨情報機構所掌握，蔣介石一方面接見孫立人，加以籠絡，另一方面當國民黨在臺生根後立即將孫立人監禁。

　　方案三：製造「臺灣地位未定論」與「聯合國託管說」（「託

管」在國際政治意義上是指對非自治領土，特別是舊殖民地，將其交付國際指定的國家代為管理，並協助其自治或獨立。《現代漢語詞典》將「託管」解釋為由聯合國委託一個或幾個會員國在聯合國監督下管理還沒有獲得自治權的地區。）。1949年4月15日，美國國務院新聞發布官麥克德莫特發表談話，宣稱「臺灣地位在戰時與庫頁島完全一樣，其最後地位將由一項和約決定」。儘管在戰時美國軍方就曾主張臺灣應由聯合國共管，但美國政府並未持這一立場。此間拋出這一觀點很快於同年5月被美國國務卿艾奇遜致美國駐廣州代辦克拉克的電文所證實。電文稱麥克德莫特的發言確實代表美國政府的觀點。麥克阿瑟已公然叫囂「在對日和約簽訂之前臺灣仍屬於盟軍總部，」此一喧囂為製造「聯合國託管」埋下了伏筆。

　　上述觀點是美國政府製造「臺灣地位未定論」的最初公開表述。同年6月，美國國務院又提出一份政策意見書，其主旨是立即向聯合國提出臺灣問題，要求召開特別聯大，由美國發表聲明，說明《開羅宣言》發表時所預見的與臺灣有關的戰後形勢沒有成為現實，中國政府在臺灣「治理不當」，正使其喪失在臺灣行使主權的權力，因此臺灣人民有權舉行公民投票以決定自己的命運。

　　朝鮮戰爭爆發後，美國總統杜魯門在6月27日的聲明中，無理地宣稱：臺灣未來地位的決定「必須等太平洋安全的恢復，《對日和約》的簽訂或經由聯合國考慮」。在杜魯門的聲明中，《開羅宣言》關於臺灣歸屬的法律效力不復存在了，中國收回臺灣主權的事實也被抹殺了，而且有權決定臺灣未來地位的，只能是美國或聯合國。

　　對於改變臺灣地位的性質，美國學者與西方領導人作如下辯

解：一是《開羅宣言》和《波茨坦公告》不具有約束力；二是「情勢變遷」；三是中國接收臺灣並非取得主權；四是《對日和約》決定臺灣地位；五是聯合國考慮臺灣歸屬。這些說法明目張膽地破壞了國際準則。當然這些說法自然不被中國人民所接受，其中包括了退守臺灣的國民黨蔣介石集團。

面對美國甚囂塵上的「聯合國」託管說與種種分離臺灣的方案，「時評」明確表示：「中國人民包括臺灣人民將絕對不能容忍美國帝國主義對臺灣或任何其他中國領土的非法侵犯。」

第二，以蔣介石為首的國民黨反動派，「也夢想托庇於美國帝國主義的軍事保護下，把臺灣作為最後掙扎的根據地」。國民黨在其兵敗大陸之際，已決心退保臺灣，並將臺灣作為「反攻大陸」的基地，同中共作戰到底。據蔣介石自己稱：早在1946年10月他在視察臺灣後就有了退保臺灣的構想。蔣在10月26日日記中寫道：「只要有了臺灣，共產黨就無奈我何。」「就算是整個大陸被共產黨拿去了，只要保著臺灣，我就可以用來恢復大陸。」

當時全國內戰初起，國民黨蔣介石集團正處在不可一世的狂妄之際，並計畫在3個月內從根本上打敗共產黨，從未料到其在3年後被趕到臺灣。當「三大戰役」的硝煙尚未消失之際，蔣介石被迫宣布下野。蔣在後來宣稱：他當時下野有出於對臺灣問題的考慮。「如果我不下野，死守南京，那臺灣就不能兼顧，亦就不能成為『反共抗俄』的堡壘。」應當說，蔣介石此時已經看到國民黨在大陸將不保，退保臺灣的思想隨之形成了。蔣介石何以在內戰爆發之初就打算選定臺灣作為他的反共基地，而在其下野後最終確立了這一構想呢？據筆者研究，當時蔣介石主要出於以下幾種考慮：

其一，從臺灣的地理位置角度講，便於避居困守。眾所周知，

臺灣是中國第一大島嶼，總面積達3.6萬平方公里，位於祖國大陸東南100多公里的海面上，北臨東海，東北隔著琉球群島與日本遙遙相對，東面是浩瀚無際的太平洋，西南隔臺灣海峽與大陸福建省相望，南臨巴士海峽，與菲律賓相去不遠。臺灣全省恰扼西太平洋航道的中心，仕戰略上素有我國「7省藩籬」之稱。美國人一直垂涎臺島，企圖將其變為自己在太平洋上一艘「永遠不沉沒的航空母艦」。這種優越的地理位置讓倉皇敗退至此的國民黨蔣介石集團易於立足，並組建「流亡政府」以圖「反攻」。蔣介石在國民黨七大報告中曾坦誠地宣稱：「我下野時還有一個重要的考慮，就是臺灣地位的重要。」「寧可失了整個大陸，而臺灣是不能不保的。」

其二，臺灣具有豐富的自然資源與較先進的工業與交通基礎。島上有馳名中外被譽「臺灣三寶」的米、糖、茶三大物產；有四季不斷、品種繁多的水果；有約相當於江蘇、浙江、安徽3省森林面積總和的「森林寶庫」；有200多種已探明的地下礦藏和豐富的水產品。與豐富的自然資源相適應，臺灣又是較早興辦洋務、修鐵路、開礦山、辦工廠的地區。日本統治臺灣50年間，特別是後期，為適應對外發動侵略戰爭的需要，對臺農業、工業，特別是交通、電力等基本設施作了不少投資，教育亦有一定普及。戰爭對臺灣雖有相當破壞，但總起來看，「到1945年，臺灣社會的資本主義生產關係和生產力的發展程度，比之當時仍處在半封建半資本主義的中國大陸社會要『進步』多了」。連蔣介石都承認，「我初到臺灣，參觀了日月潭的水利工程」，「參觀了入山的鐵路工程和林場的管理，覺得日本以蕞爾小國，竟能稱雄世界，實非偶然」。認為日本在臺灣的諸項工程非中國大陸工程可比。戰後，國民黨政權接管了臺灣的行政及一切設施。豐富的自然資源與較先進的工業、交通、水利基礎就成為國民黨退保臺灣後得以生存的最基本條件。

其三，敗退臺灣還可爭取美國的支持與援助。眾所周知，國民黨蔣介石集團是靠美國支持起家的，儘管國民黨兵敗大陸引起美、蔣爭吵而引發美國發表落井下石推卸罪責的中美關係《白皮書》，但從全球戰略考慮，他們從根本上是不會放棄支持國民黨蔣介石集團的立場的，因為反共成為美、蔣繼續勾結的紐帶。對於這一點，蔣介石看得再明白不過了。當《白皮書》發表之際，蔣介石充滿了憤憤之情，有人勸蔣對美國此舉發一聲明，表示抗議。蔣介石當時已考慮到國民黨已是四面楚歌，兵敗退臺後還要仰仗美國，故未敢發表個人抗議電，只是令「駐美國大使」顧維鈞和「外交部長」葉公超各發一抗議電。朝鮮戰爭爆發後，美國第7艦隊侵入臺灣海峽，炮製《中美關係白皮書》的美國總統杜魯門，聲明要求蔣介石與之「合作」，時任「外交部長」的葉公超立即奉蔣令覆函表示「接受」。

基於以上三點考慮，蔣介石退保臺灣的思想至1949年中期最終得以確立。此點還可得到旁證。作為蔣介石的政敵、時任中華民國代總統的李宗仁在後來回憶說：「蔣先生在引退前，即已準備放棄大陸，退保臺灣，以貫徹其改造黨政軍，成為三位一體的心願，維持清一色的蔣家小朝廷。他更深信放棄大陸之後，國際情勢必益惡化，第三次大戰亦必隨之爆發，即可因人成事，回大陸重溫接收政權的美夢。」當時一些國民黨高級將領面對國民黨在大陸的這盤殘棋，也曾建議蔣介石「以臺灣為核心，建立為軍事政治之基地」。其中祝紹周1949年1月4日呈蔣的一封密信最具代表性。信中提出：建立以臺灣為中心，包括閩、浙、粵和海南島在內的軍事基地，即使將來東南軍事再受挫折，還可以臺灣為基地，配合國際形勢「反攻大陸」；由臺灣省政府統一經營管理臺灣的經濟，以保證將來撤退赴臺的國民黨軍隊的供應；建議授權省主席統一管理從大陸赴臺

的軍政機構。這一建議對蔣介石退保臺灣思想的形成亦有一定的影響。為貫徹退保臺灣為反共核心基地的思想，蔣介石在下野前後制訂了「建設臺灣、閩、粵，控制兩廣，開闢川滇」的計畫，並設想建立一個「北連青島、長山列島，中段為舟山群島，南到臺灣、海南島」的海上鎖鏈，使其成為「反攻大陸」的基地，當然，中心點在臺灣。為實施這一計畫與設想，蔣介石推出下列舉措：

一是派嫡系大將陳誠及愛子蔣經國主持臺灣黨政。1948年12月29日，蔣介石透過行政院長孫科任命陳誠為臺灣省政府主席，透過中央黨部任命打「虎」敗將蔣經國為臺灣省黨部主任委員，使臺灣黨政大權歸於蔣介石手中。這也是蔣介石經營臺灣的第一步。對於任命陳誠，李宗仁頗感意外，因為作為敗軍之將的陳誠，自東北返南京後，一直處在「殺陳以謝天下」的喧囂之中，轉瞬間被委以重任使李宗仁不解。李宗仁後來回憶說：「此次就職突然發表，前主席魏道明事前竟毫無所知，陳誠得令後，立即自草山遷入臺北。三十八年（1949年）1月5日便在臺北就職視事，行動之敏捷，為國民黨執政以來所鮮見，由此可知道蔣先生事前布置的周密。」1949年1月18日，陳誠又兼任了臺灣省警備總司令。陳誠接掌臺灣黨政軍大權之後，不負蔣介石的重托，又是改革幣制，又是推展三七五減租，還在全島實施了軍事戒嚴，整頓社會秩序，為國民黨兵敗退臺提供了一個可以喘息的安全之地。陳誠的舉措最終也使自己成為「行政院長」、「副總統」與國民黨副總裁，是一人之下萬人之上之人。

二是命令蔣經國、俞鴻鈞將中央銀行的黃金、美鈔運往臺灣與美國。1949年1月10日，蔣經國奉父命至上海訪中央銀行行長俞鴻鈞，「希其將中央銀行現金移存臺灣，以策安全」。1月16日，蔣

介石親自約見俞鴻鈞與席德懋等人，要求將中央銀行、中國銀行現金移存臺灣與美國，「蓋欲為國家保留一線生機也」。儘管金融界人士對此舉尚有異議，但在蔣介石的嚴令下，所有國庫黃金、美鈔在2月10日均運抵臺灣與轉存美國，據蔣經國稱，「上海只留20萬兩黃金」。對於蔣介石運抵臺灣的黃金與轉存美國的美鈔，海內外眾說紛紜。據接替蔣介石的代總統李宗仁稱：「自民國37年8月『金元券』發行之後，民間所藏的銀元、黃金、美鈔為政府一網打盡。據當時監察院財政委員會祕密會議報告，國庫庫存金鈔共值33500萬美元。此數字還是依據中國公開市場的價格計算；若照海外幣值，尚不止此數。庫存全部黃金為390萬盎士，外匯7000萬美元和價值7000萬美元的白銀。各項總計約在美金5億上下。」李宗仁稱蔣將國庫全部金銀、美鈔運台。《人民日報》公布的資料是：國民黨撤離大陸前，先後3批實際運去臺灣的黃金共277.5萬市兩，銀元1520萬元。前臺灣「行政院長」郝柏村稱蔣介石從大陸撤退時曾帶來了「幾百萬兩黃金」。

　　蔣介石此舉可謂一石二鳥：一可使剛剛上臺的政敵李宗仁無法維持統治，二可為其兵敗退臺奠定經濟基礎。對於蔣介石劫奪黃金與美元之事可謂是鐵證如山，但蔣介石卻宣稱「前在職時，為使國家財富免於共黨劫持，曾下令將國庫所有金銀轉移安全地點，引退之後，未嘗再行與聞」。蔣介石此說與當年蔣經國日記所載兩相對照，足以表明是蔣介石在說謊。臺灣史學家李敖對此評論說：「『中華民國』雖進入了『憲政』時代，居然還有一個『黨總裁』，以該『黨總裁的地位』，可以命令『密將政府所存黃金運往臺北』。」於此同時，國民黨當局還搶運了大量的珠寶、文物等，僅北平、南京的文物就被盜運走了5000多箱。

三是制定東南區以確保臺灣為中心的戰略防禦計畫。早在蔣介石下野前，就將其嫡系部隊收縮至東南沿海一線，以臺灣為中心，把經營的重點放在上海與福建沿海地區。蔣將京滬警備部擴充為京滬杭警備總司令部，任命嫡系愛將湯恩伯為總司令，統一指揮蘇、浙、皖及贛東地區的軍事。任命朱紹良為福州綏靖公署主任、福建省主席，負責福建防務。蔣介石令湯恩伯死守上海，堅持半年以上，等待第三次世界大戰爆發，以便國民黨從海上「反攻大陸」。此一安排顯示蔣已意識到大陸將不保，欲退保臺灣。

有鑑於此，「時評」鄭重宣布：中國人民包括臺灣人民「絕對不能容忍國民黨反動派把臺灣作為最後掙扎的根據地」。

第三，臺灣漢奸美國奴才廖文毅之流正在製造「臺灣獨立」。眾所周知，「臺獨」的始作俑者是日本人。「臺獨」最早起源於1945年日本宣布無條件投降之後。當日本天皇宣布無條件投降昭書時，日本軍方的主戰派很難接受日本投降的事實，他們不甘心失敗，不願白白地把既得的臺灣「拱手相讓」，主張力保臺灣，其手法就是策動「臺灣獨立」。臺灣最早從事「臺獨」活動的是在臺日本軍人與部分民族敗類林熊祥、許丙之流相結合的「怪胎」。國民黨接收臺灣後，破獲了林、許的「臺獨」組織。1947年，林熊祥、許丙被以「共同陰謀竊據國土罪」判刑。

此間，接受過美國培訓並被美國收買、利用的廖文毅返臺後秉其美國主子之旨意，在臺灣拋出「臺灣法律地位未定」、「應把臺灣交美國託管」等謬論。如前所言，「二二八事件」時，廖文毅乘機從事「臺獨」活動。當國民黨軍登島鎮壓暴動之時，廖文毅迅即逃往上海。1947年8月，廖文毅向準備去臺灣考察的美國特使魏德邁遞交了一份《處理臺灣問題意見書》。書中對美國人提出八項要

求：

第一，《大西洋憲章》亦應實施於臺灣；

第二，准許臺灣人派遣代表出席對日和約會議，並賦予發言權；

第三，臺灣的歸屬問題應在對日和約上重新討論，但必須尊重臺灣人的意志，舉行公民投票決定；

第四，在舉行公民投票前，應准許臺灣人脫離中國，而暫時置於「聯合國託管理事會」管理之下；

第五，「聯合國託管理事會」管理臺灣，最長不超過5年；

第六，託管期結束3個月前，應舉行公民投票，以決定是否脫離中國，或屬他國或完全獨立；

第七，倘或公民投票結果為臺灣仍要屬於中國的時候，必須與中國政府簽約，在憲法上保障臺灣為一自治領地區，臺灣必須有獨立建軍的權利，中國軍隊不得去往臺灣；

第八，倘或公民投票的結果為臺灣要求獨立的時候，「聯合國託管理事會」的在臺機構應立即退出臺灣而使臺灣成為永久中立國，以避免將來戰禍。

廖文毅的八項建議後來成為魏德邁向美國政府報告的「臺灣人願意接受美國的領導和聯合國託管」的依據。這是廖文毅與美勾結的最好證據。

同月，廖文毅與其兄廖文奎糾集若干臺灣人士，在上海成立了「臺灣再解放聯盟」，提出五點基本主張：

一是處理臺灣應與處理朝鮮完全相同，臺灣成為「獨立國」一

事，應獲得美國的援助。

二是聯合國應調查中國於第二次世界大戰結束後接收臺灣以來的處置不當處。

三是臺灣人民系混血種，與其任何鄰近國家並無必然聯繫。

四是臺灣在日本人手中備受折磨，故應出席對日和會。

五是決定臺灣前途的民主方法為聯合國監督舉行公民投票。

1947年9月，廖文毅害怕國民黨追捕，遂從上海逃往香港。在港期間，廖文毅等人於1948年5月成立了「臺灣民眾聯盟」。該機構就其性質而言也是個「臺獨」組織，其章程的第一條就是「推翻蔣政權在臺的反動統治，建立代表臺灣各階層人民利益的民主獨立政府，待整個中國政治確已走上民主軌道之時，依人民投票以聯邦之一單位加入中國民主聯邦」。

1948年9月1日，廖文毅在香港以「臺灣再解放聯盟」的名義向聯合國遞交「第一號請願書」，要求臺灣由聯合國「託管」為「獨立」。此後，廖文毅還向麥克阿瑟、美國國務卿艾奇遜等人，繼續闡述他的「託管」說與「臺獨」理論。由於廖文毅等「臺獨」分子公開進行的分裂活動遭到一切有良知的香港人士的強烈反對，廖文毅之流害怕民眾將其舉報到國民黨情報部門，遂挾「臺灣再解放聯盟」和「臺灣民眾聯盟」總部逃往日本。從1949年至60年初，「臺獨」的大本營一直在日本。

對於廖文毅的「臺獨」行徑，中國人民包括臺灣人民絕對不能容忍。

正是基於以上三點考慮，「時評」才鄭重提出：「中國人民解放鬥爭的任務就是解放全中國，直到解放臺灣、海南島和屬於中國

的最後一寸土地為止。」「中國人民一定要解放臺灣，一定要解放全中國。」

然而在人民解放軍發動渡江戰役之前，中共中央軍委尚未將解決臺灣問題納入行動計畫。新華社「時評」提出「一定要解放臺灣」，最主要的動機是反對美國分離臺灣的種種活動，是表示中國共產黨蔑視一切反動派的決心與將革命進行到底的信心。渡江戰役後，蔣介石將防禦重點放在東南沿海、華南與西南，準備將其當做國民黨新的反抗中心，同人民解放軍作戰到底。有鑑於此，中共中央決定集中主力部隊，採取先華東、華南沿海，後西南西北內地，進行大縱深迂迴的進軍戰略，首先攻占上海、青島、福州等沿海港口城市，封閉主要海口，力求在大陸消滅國民黨軍的有生力量，並爭取儘早解放臺灣。中共中央軍委同時決定以三野一部進軍福建，建立攻取臺灣的前進基地。

解放臺灣本島，按照毛澤東的時間表，應為1950年夏。關於此點，可從下列事實中得到印證。

其一，1949年7月，毛澤東致函周恩來，告訴他「準備明年夏解放臺灣」。此說與劉少奇同年7月赴蘇同史達林會晤時的說法相吻合。劉少奇向史達林通報人民解放戰爭進展情況時稱：根據作戰計畫，明年占領臺灣、海南島、新疆和西藏。劉少奇的這一說明顯然是經過中共中央集體討論過的一致決議。9月4日，《人民日報》發表《打到臺灣去，解放臺灣同胞》的時評。《人民日報》時評雖然是針對美國剛發表不久的《中美關係白皮書》中的反動謬論而發，但同時提出了人民解放軍「不久一定跨海東征，打到臺灣去，解放臺灣同胞，解放全中國」！同日，新華社為配合《人民日報》時評，播發了臺灣民主自治同盟主席謝雪紅《對美國併吞臺灣陰謀

的聲明》。《聲明》在譴責美國企圖「吞併臺灣」陰謀的同時，提出「臺灣的解放是不久了」。

其二，從中華人民共和國成立後的一系列文獻看，毛澤東準備於1950年解放臺灣。1949年11月5日，新華社根據毛澤東的指示，重申「向全國進軍與渡海作戰的立場」。12月31日，中共中央發表《告前線將士和全國同胞書》，書中宣稱：「中國人民解放軍和中國人民在1950年的光榮戰鬥任務，就是解放臺灣、海南島和西藏，殲滅蔣介石匪幫的最後殘餘，完成統一中國的事業。」1950年1月1日，《人民日報》社論提出1950年的四大任務，其中首要任務就是「以一切力量完成人民解放戰爭，肅清中國境內的一切殘餘敵人，解放臺灣」。同年2月4日，毛澤東致電第三野戰軍副司令員、華東軍區副司令員粟裕，要求部隊加強起義的國民黨傘兵第3團的訓練，並同意粟裕調4個師演習海戰，作為臺灣登陸作戰之用。5月17日，三野前委根據中央軍委部署發出《保證攻臺作戰勝利的幾個意見》，決定以3個兵團、12個軍，共50萬人的兵力，投入對臺作戰準備，並成立了以粟裕為總指揮的前線指揮部。同年6月6日，毛澤東在中共七屆三中全會上發表《不要四面出擊》的講話中，宣稱：「我們當前總的方針是……肅清國民黨殘餘」，「解放臺灣、西藏，跟帝國主義鬥爭到底」。

其三，從美國與臺灣官員的預測來看：中共將在1950年進攻臺灣。美國國務院與中央情報局在研究了臺灣現狀與前途時曾斷言：在美國不出兵的情況下，臺灣將在1950年年底陷落。此一斷言與時任臺灣駐南朝鮮「大使」邵毓麟的預測相吻合。面對人民解放軍的攻臺聲勢，邵在向蔣進言時稱：「就臺灣來說，外則強敵壓境，兵臨隔水，內則匪諜潛伏，人心惶惶；而國際上我們最好的友邦美

國，竟在這個重要關頭，拋棄了我們。」「如果共黨在大陸淪陷後先攻臺灣，那我們就不堪設想。」的確，就當時形勢而言，邵毓麟所言極是，如果沒有朝鮮戰爭爆發與美國介入，中共下一步行動就是奪取臺灣。連《蔣總統傳》的作者董顯光也承認，中共攻臺「也只是時間問題」。

上述事實說明：中華人民共和國成立之前，中國共產黨人已經提出了「一定要解放臺灣」的口號。中華人民共和國成立後至朝鮮戰爭爆發前，中國共產黨人一直奉行武力解放臺灣的政策。

2. 武力解放臺灣政策的實施

為了實現武力解放臺灣這一戰略構想，以毛澤東為首的中國共產黨人在新中國成立前後，多方採取措施，其做法如下：

第一項舉措：求援蘇聯，創建海、空軍。

按照毛澤東的設想，解放臺灣分為三步：第一步：必須建立一支近期可以使用的海、空軍，拿到制海權與制空權；第二步：掃清屏障臺灣的週邊，占領攻臺的出發陣地；第三步：約在1950年完成奪取臺灣的任務。的確，臺灣與大陸間最近距離也在80海浬以上，平均距離約在100海浬，而解放軍當時擁有的船隻有限，且時速多數為6至7海浬，如沒有空軍掩護，10幾個小時的海上航行肯定會遭到國民黨海、空軍部隊的攔截，很難達到奪取臺灣的戰略目的。因此，必須建立一支較敵方具有一定優勢的海、空軍，才能保證渡海攻臺作戰的勝利。

1949年7月10日，毛澤東在致周恩來的信中，提出了建立空軍的問題。信中稱：「我必須準備攻臺灣的條件，除陸軍外主要

靠⋯⋯空軍。二者有一，即可成功，二者俱全，把握更大。我空軍要壓倒敵人空軍，短期中（例如一年）是不可能的。但仍可以考慮選派三、四百人去遠方學習6至8個月，同時購買飛機100架左右，連同現有的飛機，組成一支攻擊部隊。」

信中提出的「去遠方」就是指到蘇聯。就在7月26日，中共中央致電正在蘇聯訪問的劉少奇，要他向史達林提出建立空軍問題，並希望向蘇聯購買200架左右的飛機，請其代訓飛行員。史達林對中國的請求表示同意，並說：中國現在建立空軍已經晚了，如果早一年，空軍便可參加中國南部的戰役。史達林的允諾就為空軍建設進入一個新的階段提供了物質條件。

眾所周知，早在1925年，中國共產黨人就著眼未來，積極創造條件，透過各種途徑培養航空技術人才，為未來建立人民空軍積蓄力量。在1925年廣東革命政府創辦的航空學校中，第1期10名學員中就有3名中共黨員。1926年6月，中共黨員常乾坤等5人被送到蘇聯學習航空。1930年春，一架國民黨空軍飛機，因迷航油料耗盡被迫降落在鄂豫皖革命根據地，被紅軍俘獲。飛行員龍文光經教育加入紅軍，鄂豫皖蘇區政府根據中共中央指示成立了鄂豫皖邊區蘇維埃政府航空局，龍文光出任局長。迫降的飛機被命名為「列寧號」，這是中國共產黨擁有的第一架飛機。1932年4月，紅一軍團攻占福建漳州時，又曾繳獲一架通信教練機。2架飛機與當時建立的航空機構雖未保存下來，卻反映了中國共產黨人對航空事業的重視。

抗戰時期，中共中央派遣44人參加蘇聯政府幫助新疆盛世才援建的航空學校，進行飛行訓練。這批人後來成為人民空軍建設中的骨幹力量。1944年5月，中央軍委在第18集團軍總參謀部成立了航

空組。抗戰勝利後，汪精衛偽政權一架運輸機飛抵延安，投向人民懷抱。1946年6月26日，國民黨空軍上尉飛行員劉善本駕駛B-24型轟炸機飛抵延安，受到毛澤東與朱德的接見。朱德總司令鼓勵他們說：「我們很快就要著手建立空軍。你們還年輕，今後大有幹頭。」就在這一年3月1日，東北民主聯軍根據中共中央指示，於通化建立了航空學校，為創建人民空軍奠定基礎。

隨著人民解放戰爭的勝利進展，中共中央政治局在1949年1月8日通過的《目前形勢和黨在1949年的任務》的黨內指示中正式提出：1949年及1950年，我們應當爭取組成一支能夠使用的空軍。同年3月，中央軍委成立了航空局，創建人民空軍的條件日趨成熟。

就在毛澤東致函周恩來提出創建空軍的第二天，中央軍委召見第四野戰軍參謀長劉亞樓，責成其組成空軍領導機關。8月1日，中共中央派劉亞樓、王弼、呂黎平等人赴莫斯科，參加以劉少奇為首的代表團，商談蘇聯幫助中國組建空軍的各項具體問題。1949年11月11日，中國人民解放軍空軍正式成立，劉亞樓為空軍司令員，肖華為空軍政治委員兼政治部主任，王秉璋為空軍參謀長。

創建空軍是為了保衛新生的人民政權，但首要的任務是消滅國民黨殘敵，解放臺灣。關於此點，可從下列毛澤東、朱德的談話與講話中得到說明：

其一：1949年12月16日，毛澤東同史達林會談時提出：「我們很想在建立空中交通方面得到蘇聯的援助。」史達林稱：「我們準備提供這種幫助。」毛澤東說：「國民黨在臺灣島上建立了海軍和空軍基地。我們沒有海軍和空軍就會給人民解放軍占領這個島子造成困難。因此我們的一些將領主張求助於蘇聯，蘇聯可以派遣志願飛行員或祕密部隊協助迅速奪取臺灣。」史達林同意援助，並提議

「可以挑選一個登陸連，做他們（指起義的國民黨登陸團）的宣傳教育工作，然後派往臺灣，並透過他們在島上組織起義」。

其二：1950年3月10日，朱德在空軍政治工作會議上提出：「我們建設空軍，首先要配合完成解放臺灣、海南島以及消滅殘匪的任務，做到在一定的領海和領空上初步取得制空權；然後，逐步在這個基礎上，建立一支完全新式的、強大的人民空軍。」同年4月，毛澤東在給《人民空軍》創刊號題辭時寫道：「創造一支強大的人民空軍，殲滅殘敵，鞏固國防。」

成立空軍，為進攻臺灣奪取海上制空權準備了條件。但空軍建設週期比較長，來不及用於東南沿海地區的作戰。

在創建人民空軍的同時，中共中央也在抓緊海軍建設。與空軍建設相比，海軍建設更加艱難。我國是一個有著長達1.8萬多公里海岸線和遼闊海區的國家。自鴉片戰爭以來，帝國主義對中國的入侵大多來自海上。我國的領海長期處於有海無防的屈辱境地。清政府雖曾建立過一支有一定規模的海軍，但由於清政府的腐敗與指揮失當，招致全軍覆沒。國民黨執政後，也曾組建起一支海軍，但在對日戰爭中也幾乎喪失殆盡。抗戰勝利後，在美英的援助下，國民黨重建海軍，但其規模可憐得很，武器裝備大都破爛不堪。

為了消滅國民黨殘敵，為了渡海作戰，解放臺灣，就必須建立起一支人民海軍。毛澤東在1949年10月召見人民解放軍第12兵團兼湖南軍區司令員肖勁光時說：「解放全國的作戰任務雖然還相當繁重，但是組建一支空軍和一支海軍的任務，已經提上了議事日程。」「過去我國有海無防，受人欺負，我們把海軍搞起來，就不怕帝國主義欺負了。再說，我們要解放臺灣，也要有海軍。海軍一定要搞，沒有海軍不行。」

早在1949年1月8日中共中央政治局決議中就已提出「爭取組成⋯⋯一支保衛沿海沿江的海軍」。1949年9月21日，毛澤東在中國人民政治協商會議上鄭重宣告：「我們將不但有一個強大的陸軍，而且有一個強大的空軍和強大的海軍。」後來，毛澤東在視察海軍艦艇部隊後題辭時，5次都題寫「為了反對帝國主義的侵略，我們一定要建立強大的海軍」。

根據中共中央的指示精神，華東軍區在人民解放軍攻占南京國民政府總統府的當天，宣布成立中國人民解放軍第一支海軍，由華中軍區副司令員張愛萍任司令員兼政委。當時華東軍區海軍是在接收國民黨起義、投誠艦艇的基礎上著手組建的。國民黨海軍司令桂永清曾揚言：「共產黨要想建設海軍，無異癡人說夢。」儘管桂永清低估了人民力量，但當時遇到的困難的確很大。據後來出任海軍司令員的肖勁光回憶說，華東軍區海軍「擁有的裝備只有接收國民黨海軍起義，投誠的一些艦艇，不但品質差，數量也不多。華南地區和青島地區的海軍，架子都還沒有完全搭起來。沒有軍艦，沒有油水補給船，沒有飛機，沒有海岸炮，缺少像樣的碼頭、機場，也缺少油料和各種物資。國家底子薄，經濟非常困難，拿不出多少錢來搞海軍建設」。

在這種情況下，中國人民一面堅持自力更生精神，艱苦創業，一面求助蘇聯。1949年12月，毛澤東訪問蘇聯同史達林談話時提出：「我們還想在建立海軍方面得到你們的幫助。」史達林稱：「可以在旅順口為中國海軍培訓幹部，你們提供人員，我們提供船隻，訓練過的中國海軍幹部可以乘這些船隻返回中國。」1950年2月，毛澤東、周恩來兩次同蘇聯政府簽訂海軍訂貨協議，將蘇聯對華3億美元貸款中的1.5億美元用於購買海軍裝備。同年5月13日，周

恩來致電蘇聯部長會議主席布林加甯，請他速將中國向蘇聯訂購的海軍器材「加速趕運和派出，使其能在本年5月底以前到達上海地區，以供我發動奪取舟山群島戰役時使用」。

經中國政府的努力與蘇聯政府的援助，人民海軍於1950年4月14日正式成為中國人民解放軍的一個軍種。肖勁光任海軍司令員，劉道生任海軍副政委兼政治部主任。初建時海軍共有戰鬥艦艇51艘，登陸艦艇52艘，輔助船30艘，總噸位4.3萬噸，與國民黨海軍10萬餘噸位相比還有相當差距。為了迅速擔負起奪取臺灣與保衛海防的歷史重任，人民海軍制訂了一條比較切合實際的具體實施方針：「從長期建設著眼，由當前情況出發，建設一支現代化的、富有攻防能力的、近海的、輕型的海上戰鬥力量。首先組織利用和發揮現有力量，在現有力量的基礎上，以發展魚雷艇、潛水艇和海空軍等新的力量，逐步建設一支堅強的國家海軍。」毛澤東對海軍建設的總任務、總方針作了完整的表述：「為了肅清海匪的騷擾，保障海道運輸的安全；為了準備力量於適當時機收復臺灣，最後統一全部國土；為了準備力量，反對帝國主義從海上來的侵略，我們必須在較長時期內，根據工業發展的情況和財政的情況，有計劃地逐步地建設一支強大的海軍。」

由此可見，海軍建設同空軍建設一樣，需要週期較長。如果在短期內發動渡海攻臺作戰，以海軍當時的條件而言，很難適應作戰需要。但海、空軍的創立，進一步增強了人民解放軍攻臺的軍事實力，如果沒有朝鮮戰爭的爆發，奪取臺、澎，的確只是時間問題。

第二項舉措：進軍東南與攻打金門

渡江戰役後，中央軍委命令三野向福州進軍，並準備伺機解放閩浙乃至華東所有沿海島嶼。5月27日，上海戰役剛結束，三野10

兵團葉飛部收到三野指揮部要其部提前入閩的通知。7月2日，10兵團從蘇州、常熟等地出發，冒著酷暑進軍福州。8月17日，10兵團奪取福州。福州戰役的勝利為人民解放軍乘勝南下奪取金門、廈門等地準備了條件。

10兵團由福州揮師南下的首要目標是奪取泉州與漳州，對廈門、金門形成包圍之勢。9月，10兵團先後奪取湄州島、大練島、平潭島、南日島、大小練島，同月25日解放漳州等地，完全控制了廈門週邊大陸沿海的陣地。

9月26日，10兵團在泉州召開軍師級幹部參加的作戰會議。會上提出「金廈同取」、「先廈後金」、「先金後廈」三種方案。會議權衡三種方案的利弊：

「金廈並取」可以造成國民黨指揮及兵力火力的分散，使其顧此失彼，可求全殲；但徵集船隻問題一時難以解決。

「先金後廈」可以形成對廈門的完全包圍，暴露廈門的側背防禦弱點，便於乘隙攻擊；但攻金可能使廈敵逃跑，不能全殲。

「先廈後金」便於準備，攻擊易於奏效，但廈門奪取後，金門的國民黨軍可能逃跑，不可能全殲敵軍。

會議權衡再三，鑑於敵人恐慌，有逃跑跡象，決定同時攻取廈門與金門；同時決定10兵團28軍攻打金門，29軍和31軍攻打廈門。但在戰役打響前的工作檢查中，發現各軍準備船隻嚴重不足，10兵團遂即決定改變原定方案，先廈後金。經報三野總部後，總部令10兵團「依實情辦理，自行決定之」。10兵團決心先攻取廈門，並定10月15日發起總攻。

廈門是一個海島，是中國東南沿海的重要門戶之一，面積128

平方公里，東與金門隔海相望，西南北三面被大陸環繞，最近處與大陸相隔不足2公里。島上國民黨守軍湯恩伯憑藉堅固的工事與優良裝備，宣稱廈門防禦「固若金湯」。10月15日，攻打廈門的戰役打響，經過浴血奮戰，翌日拂曉登陸成功。17日，廈門全島與鼓浪嶼等島嶼已在人民解放軍的控制之下。該役共殲國民黨軍2.7萬人，其中俘虜2.5萬餘人。廈門之戰是人民解放軍進軍東南中一次成功的渡海登陸作戰，它為攻打金門乃至臺、澎積累了一定的經驗。

奪取廈門後，10兵團一面接管廈門，一面展開對金門島的包圍之勢。

金門島位於廈門島以東10公里，主島大金門約124平方公里，小金門約15平方公里，周圍還有大膽、二膽等幾個小島。控制金門既可封鎖福建廈門的出海口，又可屏障臺灣島。由於金門島具有極重要的戰略地位，故蔣介石令守軍指揮官湯恩伯固守。10月22日，湯恩伯接到蔣介石電令，內容是：「金門不能再失，必須就地督戰，負責盡職，不得請辭易將。」湯恩伯不敢怠慢，急令守軍趕修工事，同時調胡璉第12兵團所屬2個師增援金門，使守軍總兵力達3萬多人。此時，兩軍隔海劍拔弩張，一場血戰迫在眉睫。

10月24日，負責攻擊金門的28軍進行了多方面的渡海準備工作後，在29軍主力師的協同作戰下，發起了對金門的進攻。當晚19時，第一梯隊3個團開始登船啟航，翌日凌晨3團登陸成功。登島部隊因缺乏師級指揮員統一指揮，都沒有組織船隻返航接運第二梯隊，也沒有鞏固灘頭陣地。據10兵團司令葉飛後來回憶說：「登陸部隊也沒有按照我事先交待的行動，沒有先鞏固灘頭陣地，只留一個營兵力控制古寧頭灘頭陣地，就分兩路向敵縱深猛插，把縱深敵

人李良榮兵團擊潰，一直向料羅灣方向追擊。」敵胡璉12兵團主力在金門島料羅灣登陸後對人民解放軍登陸部隊反包圍，後撤敵人發起反撲，在海陸空的立體進攻下，因潮水退落而在古寧頭海灘擱淺的船隻全被敵人炮火擊毀，國民黨攻占了古寧頭灘頭陣地，切斷了解放軍登島部隊的後路。由於船被炸毀，原定船隻返回運送第二梯隊的計畫成為泡影。解放軍登島部隊想到了缺船，想到了敵人增兵，但沒想到退潮時船會擱淺，又被炸毀。這一訊息令金門戰役總指揮、28軍副軍長肖鋒懊悔不已。他後來回憶說：「第二梯隊各單位，因無船可渡，只能隔岸觀火，急得跺腳流淚，我內心更是如同火焚。」

　　25日夜，肖鋒派出第二梯隊，因船隻有限，僅有4個連。增援順利登島，與堅守金門古寧頭部隊會合。26日拂曉，國民黨軍對古寧頭解放軍登島部隊發起猛攻。激戰終日後，解放軍登島部隊於夜間突圍，同國民黨軍周旋。當天下午3時左右，登島部隊向指揮部發出最後一次報告：「敵三面進攻，情況嚴重！情況嚴重！」從此，金門戰役指揮部與金門登島部隊聯絡全部中斷。至28日，解放軍登島部隊苦戰3晝夜，傷亡殆盡，無1人投降。慘烈的金門之戰，使解放軍兩批登島部隊9086人（內有船工、民伕等350人）大部分壯烈犧牲，一部分被俘。此役也使國民黨軍傷亡9000餘人。

　　金門之戰是人民解放軍的一次嚴重失利，一次戰役導致全軍覆沒，這在人民解放軍戰史上是僅有的一例。金門之戰之所以失利，有著多方面的原因：

　　第一，金門失利的最主要原因「為輕敵與急躁所致」。金門之戰失利震動了全軍。在總結教訓時，葉飛承認，當時將主要精力用於接管廈門工作，「而把解放金門的任務交給28軍執行」。「輕視

了金門，認為金門沒有什麼工事，金門守敵名義上是一個兵團，即李良榮兵團，實際只有2萬多人，而且都是殘兵敗將，……認為攻取金門問題不大。」作為攻打金門的28軍，上上下下均不同程度地存有輕敵思想，特別是攻克廈門後，遲遲不打金門，肖鋒怕說不過去，故在敵情不明與船隻缺乏的情況下，仍按原計劃攻打金門，以致釀成金門戰役失利。葉飛也承認：「指揮員尤其是我的輕敵，是金門失利的最根本原因。」毛澤東在得知金門失利的訊息後，以軍委名義向各部隊發出了《關於攻擊金門島失利的教訓的通報》，認為「輕敵與急躁」是金門之戰失利的主要原因。

第二，缺乏渡海登陸作戰經驗，缺乏周密部署。葉飛後來沉痛地回憶道，28軍是山東部隊，「沒有海島登陸作戰經驗」。葉飛承認：「渡海作戰和渡江作戰畢竟不同，例如颱風和潮汐的問題，我們當時沒有這個經驗，後來吃了大虧。」

葉飛也承認，在戰鬥指揮上缺乏周密部署。按常規，渡海登陸作戰，無論你兵力多大，首先要奪取和鞏固登陸灘頭陣地，然後才可以向縱深發展。這是渡海登陸作戰的規律。「金門失利恰恰是違背了這個規律。」「28軍登陸，首先奪取了金門古寧頭灘頭陣地，這是對的；但是，第一梯隊登陸部隊沒有立即構築工事，鞏固灘頭陣地，後續第二梯隊尚未到達，只以一個營兵力控制古寧頭，就向縱深發展，又犯了違背渡海登陸作戰的規律，犯了兵家之大忌。」葉飛還說：「第一梯隊3個團的兵力登陸，竟然沒有一名師指揮員隨同登陸統一指揮，這也是我完全沒有預料到的。」這是一個深刻的教訓。

第三，缺乏船隻，沒有海空軍支援。第一次準備攻打金門時因船隻不夠而推遲。正式攻打金門時船隻也不夠，一次只能運載3個

團,由於第一梯隊登陸後船隻未能及時返回被擱淺,後又被炸毀,致使第二梯隊無法增援。渡海登陸作戰沒有船隻,就意味著喪失戰鬥力。葉飛認為:攻打金門時沒有海軍空軍的支援,渡海登陸作戰僅僅使用木帆船,遭到海空攔截,造成重大損失。特別是國民黨空軍轟炸擱淺船隻時,肖鋒在望遠鏡中看到這悲壯的一幕只有懊悔萬分。

　　第四,判斷敵情有誤。攻擊金門前葉飛與肖鋒掌握金門島有國民黨軍李良榮兵團2萬餘人,且殘兵敗將,防禦工事也不如廈門堅固。戰役發起前的當天中午,肖鋒與葉飛均知胡璉兵團已撤出潮州、汕頭等地,去向不明。此時,機要人員送來一份情報,是胡璉向臺灣蔣介石請求撤回臺灣。但蔣嚴令胡派兵增援金門的回電未被截獲。葉飛判斷:「胡璉兵團的行動有兩個可能:一是增援金門,一是撤回臺灣。」葉決定「趁胡璉尚未到達金門之時,發起登陸,攻取金門,是最後的一個時機,如再延誤,金門情況就可能發生變化」。這種僅憑猜測、準備倉促、一味強調抓住時機實施攻擊的錯誤,構成了金門之戰的失利。

　　金門戰役後,國民黨當局全力鼓吹此次戰役的勝利。10月26日,蔣介石派其子蔣經國前往金門慰問。10月30日,蔣介石在一次講話中稱「此次金門保衛戰的結果」對來此之敵「予以徹底的殲滅,不使有一人脫逃漏網,這是我們剿匪以來,最徹底的一次勝利」。蔣介石還要求各級負責主官,對金門戰事的經過,「必須實地調查、研究,提出一個具體的報告」。蔣經國在抵金門後的當晚日記中寫道:金門之戰為年來「第一次大勝利」,是「反共復國」的「轉捩點」。直至1970年代,臺灣還拍《古寧頭大捷》的電影,聊以自慰。殊不知連大陸都丟了,在一個地圖上都很難找到的小島

上打了一個勝仗，便大吹特吹，這與魯迅先生筆下阿Q的「精神勝利法」有什麼兩樣？

　　金門之戰失利告誡中共中央軍委，在進行渡海登陸作戰時，必須對島嶼作戰的特殊性進行認真思考與深入研究，必須克服麻痺輕敵思想。毛澤東在金門戰役失利的第二天就將此事通報全軍，要求各部隊「必須以金門島事件引為深戒」，「務必力戒輕敵急躁」；要「周密部署，須有絕對把握時，再行發起攻擊」。11月4日，毛澤東為中央軍委起草的《關於同意定海作戰方案給粟裕等的電報》中，要求他們「採取慎重態度，集中優勢兵力，事先作充分準備，力戒驕傲輕敵」。10天後，毛澤東再電粟裕，要他吸取金門島失利的教訓，「嚴重注視」對敵作戰兵力與時機等，提出如準備不周，「寧可推遲時間」。12月18日，毛澤東致電林彪，就四野準備攻打海南島提出下列意見：「渡海作戰，完全與過去我軍所有作戰的經驗不同，即必須注意潮水與風向，必須集中能一次運載至少一個軍（4-5萬人）的全部兵力，攜帶3天以上糧食，於敵前登陸，建立穩固灘頭陣地，隨即獨力攻進而不要依靠後援。」毛澤東要林彪吸取金門作戰失利的教訓，「以免重蹈金門覆轍」。

　　金門之戰並未影響人民解放軍渡海作戰的士氣，也未增加國民黨殘軍的鬥志。11月5日的新華社廣播聲色俱厲，仍重申向全國進軍與渡海作戰的立場。1950年初，三野在粟裕領導下仍加緊進行解放臺灣的各項準備。1月9日，華東軍區為攻臺作軍事部署調整。同日，粟裕擬定了攻取舟山、臺灣的作戰方案，並於1月上旬和下旬兩次向部隊作解放臺灣的動員報告。2月4日，毛澤東致電粟裕，要求對起義的傘兵第3團加強政治訓練，以這批傘兵作基礎訓練一個傘兵部隊，「作為臺灣登陸作戰之用」。2月9日，粟裕致電中央軍

委，要求調4個師赴膠東，以便日夜練習航海，使其擔負起海軍陸戰隊任務。2月10日，毛澤東致電劉少奇，同意粟裕「調4個師演習海戰」。2月11日，中共中央軍委致電粟裕，同意其要求。2月13日，三野指揮部決定，以23軍為攻台主力集中訓練。3月11日，新任海軍司令員肖勁光同粟裕專門商討了攻臺的準備工作。中央軍委同意華野領導和海軍會商的意見，設想投入50萬兵力用於渡海攻臺，分兩次運送。中央軍委作這一構想是基於國民黨兵敗退臺的軍隊實力。國民黨陸、海、空軍全加起來不足60萬，攻臺時登陸部隊分兩次運送，總兵力應同守軍大致相當。

為順利攻臺，必須掃清屏障臺灣的週邊。3月28日，毛澤東再電粟裕，「確定先打定海、再打金門」的方針。

於此同時，四野部隊做加緊攻打海南島的準備。4月16日夜，四野一部一舉橫渡瓊州海峽，在中國第二大島——海南島登陸成功。至30日，海南島國民黨守軍薛岳所部3萬餘人被殲，6萬餘人倉皇撤往臺灣。海南島戰役的勝利，開創了人民解放軍陸軍乘木帆船大規模橫渡海峽登陸作戰的先例。

5月19日，人民解放軍粟裕所部吸取攻打金門失利的教訓，一舉攻占舟山群島。

至此，東南沿海除臺灣、澎湖、金門、馬祖外，已全部被人民解放軍占領，臺灣週邊的屏障已經基本掃清。很顯然，人民解放軍下一個攻擊目標將是金門、馬祖和國民黨當局偏安的臺灣孤島。

第三項舉措：聯合國代表權抗爭

在中國歷史上，曾形成過多次分裂的局面。分裂時期，各據一方的兩派之間經常發生爭鬥與爭論，爭論的焦點問題之一，即誰是

中國的正統派。

中華人民共和國的建立與國民黨兵敗退臺，標誌著中華民國政府的覆亡。但國民黨「政府」雖退守臺灣，卻仍賴在聯合國不走，在外國勢力的支持下，仍以全中國代表自居。

在中華人民共和國成立之前，國民黨當局代表中國出席世界最大的國際組織——聯合國大會。隨著國民黨政權在大陸的覆滅與新中國的建立，國民黨當局已經淪為一個地方政府，失去了代表整個中國的資格，中華人民共和國政府已經成為中國唯一合法的政府。從這個意義上講，中國在聯大的代表權應屬於中華人民共和國，而不是臺灣國民黨蔣介石集團。但是，美國從其遏制共產主義與亞太地區戰略利益考慮，無理阻撓中華人民共和國恢復在聯大的合法席位，繼續讓蔣介石集團的代表占據中國的席位。

為了恢復新中國在聯大的合法席位，早在新中國成立的前一天，中國人民政治協商會議就通過決議，否認蔣介石集團的代表出席第四屆聯大的資格。11月15日，中華人民共和國總理周恩來分別致電聯合國祕書長賴依與聯大主席羅慕洛，聲明如下：「中華人民共和國中央人民政府是代表中國人民的唯一合法政府，國民黨集團已喪失代表中國人民的任何法律和事實根據，要求立即取消所謂『中國國民政府代表團』繼續代表中國參加聯合國的一切權利。」

面對新中國的外交攻勢與周恩來的正義呼聲，國民黨當局害怕被從聯大趕出去，因此拚力進行反撲。臺灣的「外交」幹才、駐聯大代表蔣廷黻按蔣介石指令於11月25日向聯大提出《控蘇案》，迂迴反擊中共。在《控蘇案》中，蔣氏指責蘇聯違反1945年8月14日蘇聯與國民黨政府簽訂的《中蘇友好同盟條約》，並違反了聯合國憲章，而以軍械及經濟援助中共。他請求聯合國判定蘇聯的侵略行

為，並建議一切會員國停止供應中共戰略物資及其他物資，又建議所有會員國不得承認中華人民共和國。

對於蔣氏所提《控蘇案》與代表權問題，古巴、厄瓜多爾和祕魯等國提出一個決議案，主張將此案移交「小型大會」作進一步調查研究。吉普賽則代表美國代表團另提一個替代的決議案，刪去「抵制中共政權」、不許中共加入聯合國及懲罰蘇聯等規定。經修正，吉普賽所提決議案於同日獲大會通過。

對於臺灣國民黨當局與美國的做法，蘇聯政府憤怒異常。1950年1月7日，蘇聯外交部長維辛斯基同正在蘇聯訪問的毛澤東會談時，建議中國外交部給聯合國安理會發一聲明，「否認前國民黨政府代表蔣廷黻繼續為安理會中國代表的合法地位」。維辛斯基還說：如果中國發了這個聲明，蘇聯準備採取一項行動，即如果蔣廷黻還留在安理會為中國代表，則蘇聯將拒絕出席安理會。當日，毛澤東致電中共中央周恩來，要外交部發一否認前國民黨政府代表在安理會的合法地位的聲明。1月8日，周恩來代表中國政府外交部宣稱：「中華人民共和國中央人民政府認為中國國民黨反動殘餘集團的代表留在聯合國安全理事會是非法的，並主張將其從安全理事會開除出去。」1月19日，周恩來照會聯合國，通知中國政府已任命張聞天為出席聯合國和安理會的首席代表。同時再次要求將蔣介石集團的非法代表立即開除出去。中國政府也曾致電聯合國所屬機構和其他國際組織，要求取消國民黨集團的代表資格。

就在周恩來發表1月8日聲明的第三天，蘇聯外交部開始採取行動，蘇聯駐聯大代表馬立克在1月10日的聯合國安理會上，提議將臺灣代表從安理會開除出去，同時支持中國總理周恩來的合法要求。由於美英兩國聯手反對馬立克的提議，致使該提案擱淺。於

是，馬立克立即發表聲明，在蔣介石集團代表蔣廷黻未退出聯大安理會之前，蘇聯代表團將不參加安理會工作。

對於劍拔弩張的安理會內爭，祕書長賴依企圖打破這一僵局，於3月8日公布了一件備忘錄，建議將中國在聯大的席位給予中華人民共和國政府。他還宣稱：「聯合國會員國地位與承認中華人民共和國政府問題應分開，凡拒絕承認中華人民共和國政府的國家，不應以此為理由阻止中華人民共和國加入聯合國。」實事求是地講，賴依的建議並非根本解決之道，因為他是在承認臺灣的同時承認中華人民共和國政府，說到底這是搞「兩個中國」，不可能為海峽兩岸中國人民所接受。當然這一方案對於美蘇兩國主張而言，也是一個妥協的方案，對於平息安理會內爭起到了緩衝作用。此間美國對華政策出現了前後矛盾的現象。美國總統杜魯門於1950年1月5日發表棄臺棄蔣聲明，1月10日美國駐聯大代表又反對蘇聯代表馬立克的建議，但在解釋杜魯門聲明時，又宣稱美國將聽任各國代表團自由接受中共政權加入聯合國。稍後，國務卿艾奇遜進一步解釋稱：「美國政府對中共政權加入聯合國只作象徵性的反對，如果安理會贊成中共政權加入，美國將不行使其否決權。」美國對華政策的自相矛盾說明其既想抽身中國、拋棄蔣介石，又害怕蘇聯，在亞太地區推行共產主義政策。

5月間，賴依分別訪問了華盛頓、倫敦、巴黎與莫斯科，帶回了准許中華人民共和國加入聯合國的幾點辦法。很顯然，形勢的發展對臺灣不利。筆者以為，如果沒有朝鮮戰爭的爆發與美國入侵朝鮮與臺灣，美中、美蘇與中美蘇關係不會變得如此複雜，中國代表權案有可能在50年代初得到公正合理的解決。當然，歷史沒有如果，這種假設不能成立。

朝鮮戰爭爆發後，周恩來代表中國政府再電賴依，重申中華人民共和國政府是中國唯一合法的政府，應將國民黨在聯大所有機構的代表驅逐出去，同時指控美國武裝侵略中國領土臺灣。就在周恩來致電賴依的次日，臺灣外交部長葉公超非常蠻橫地在聯大上宣稱：臺灣反對在聯合國討論臺灣的地位問題，美國沒有侵略臺灣。葉公超的聲明並未受到大會的重視，在蘇聯等國的支持下，周恩來所提美國侵略中國領土臺灣案被列入聯大會議議程，並准許中華人民共和國特派代表伍修權及顧問喬冠華等，出席聯大安理會討論控訴美國武裝侵略臺灣案會議。11月28日，伍修權就美國武裝侵略臺灣問題作了重要發言，闡明了中國人民的政治立場。會後，加拿大外交部長在聯大政治委員會中提出《朝鮮停戰五項原則》，其中最後一條稱：將來召開一次遠東會議，由中國與蘇聯參加，以解決一切遠東糾紛，包括臺灣及中國代表權問題。此一提案被聯大政治委員會接受並通過。臺灣對此案反應特別強烈，認為此案出賣了臺灣，因此蔣廷黻表示強烈抗議。於此同時，蔣介石也開始考慮萬一被聯合國開除時不得不採取的態度。蔣介石後來回憶說：「1951年的時候說，我政府派駐在聯合國的蔣代表問我，『萬一共黨羼入聯合國，則我們將採取何種態度？』當時，我即答覆說：『我們復國的基礎有二：在國際上，法律地位的憑藉，則為聯合國；在內政上，則為復興的基地臺灣。這兩個基礎，皆為重要。但其根本，還是在臺灣。如果兩者不可兼得，則我寧可放棄聯合國，而確保臺灣。這是我政府到了最後不得已時之唯一政策』。」

正當蔣介石為國際形勢「逆轉」坐臥不寧之際，美國參議院的議員們聯合舉行反對聯大《朝鮮停戰五原則》的活動，蔣廷黻乘機聯手反擊，借聯大六次會議在巴黎召開之際，再度提出《控蘇案》。聯大指導委員會在美國的操縱下，以9票對3票通過了蔣廷黻

提出的《控蘇案》，後被大會所通告。由於美國的橫加干涉與無理阻撓，致使中華人民共和國在聯大的代表權問題再度被擱置，直到20年後，才獲得公正合理的解決。儘管中華人民共和國代表權案在當時沒有獲得解決，但其上述舉措已向世人表明中華人民共和國是中國唯一合法的政府，臺灣在聯合國的席位是非法的。

第四項舉措：清匪反霸與鎮壓反革命

國民黨在兵敗大陸之際，一面部署逃臺，一面在華東、中南、西南和西北等地作「應變部署」，有計劃地在大陸潛留了大批特務和黨政軍骨幹分子，妄圖推行什麼「游擊計畫」，建立大陸「游擊根據地」，等待時機配合國民黨軍隊「反攻大陸」。他們還積極網羅舊軍官、惡霸地主以及形形色色的封建會道門，組織土匪武裝，形成一股極為猖獗的反動勢力。這股反動勢力在各省的結合部、偏僻山區和沿海島嶼盤踞後，四處製造謠言，燒殺搶掠，欺騙群眾，舉行暴亂，破壞新生的人民政權。僅在1950年春秋間，就有4萬名群眾和幹部被殘害。觸目驚心的是，帝國主義特務妄圖於1950年10月1日國慶日檢閱時，製造炮轟天安門的反革命陰謀案件，只是由於9月26日被公安機關破獲才未能得逞。

匪患的存在不僅影響人民生命與財產的安全，而且威脅著新生的人民政權，更不利於追殲國民黨殘敵與渡海攻臺作戰。為此，毛澤東在渡江戰役勝利後提出「剿匪是肅清殘餘反動力量的一個重要部分」。從1950年3月起，中共中央多次發出堅決肅清和鎮壓土匪、特務、惡霸的指示。毛澤東在中共七屆三中全會的書面報告中，進一步強調：「人民解放軍在新解放區仍有繼續剿滅殘餘土匪的任務，人民公安機關則有繼續打擊敵人特務組織的任務。」人民解放軍按照中央戰略部署，先後抽調41個軍部140個師大約150萬人

的兵力，擔任剿匪任務。從1949年10月到1953年底，殲滅土匪共260多萬人，平息了匪患，鞏固了新生的人民政權，粉碎了臺灣國民黨當局企圖利用特務土匪顛覆人民政權的圖謀。

在清匪反霸的同時，中共中央還在全國範圍內大張旗鼓地展開了鎮壓反革命運動。透過鎮反運動，基本上肅清了大陸上的國民黨殘餘勢力，造成了我國歷史上從來沒有過的社會安定局面，大大鞏固和加強了人民民主專政，並給予蔣介石的「反攻大陸」戰略迎頭一擊。

以上是中國共產黨人為達成武力解放臺灣的戰略構想所採取的有力措施。上述舉措為肅清國民黨殘敵，實施渡海攻臺準備了條件。但就當時攻占的準備條件而言，還不夠成熟，最主要的問題是中國共產黨還沒有強大的空軍和海軍。毛澤東在1949年7月25日給劉少奇轉交史達林的電報中稱：「攻占臺灣的軍事行動要在我們建立了空軍部隊後才能進行，這也許要在明年下半年才有可能。」毛澤東講的「攻占軍事行動」要有空軍支援，能夠掌握海上制空權，才有可能。而空軍雖在1949年11月11日成立，但當時空軍的力量非常弱小，與國民黨空軍相比還有相當差距。連毛澤東本人都承認。「我空軍要壓倒敵人空軍，短期中（例如一年）是不可能的。」海軍與空軍情況類似，不可能在短期內建設起一支強大的人民海軍。因此，在1950年奪取臺灣是相當困難的。指揮奪取漳州、廈門戰役並實施攻擊金門戰役的10兵團司令葉飛後來也承認：「在現代戰爭的條件下，沒有制海權、制空權，要實行大規模渡海登陸作戰是非常困難的。50年代初，在我海空軍還處於劣勢的條件下，要僅僅靠木帆船橫跨臺灣海峽，解放臺灣，現在來看，恐怕是會吃比攻金失利更大的苦頭。」直到1954年8月，周恩來在會見南日外相時還

稱：「我們總的口號是『解放臺灣』。但是，這是要有步驟地進行，因為中國海軍還未鍛煉好，各方面的準備還需要時間。」武力攻臺的戰略計畫被擱淺，除了上述原因之外，最主要的原因就是美國侵略臺灣。關於此點後面將作詳論。

透視武力解放臺灣的政策與實踐，從當時海峽兩岸狀況、中國共產黨所肩負的歷史任務和從中美關係角度分析，這一政策是完全正確的。之所以如此說：

其一，美國仍然奉行其敵視中國人民政權的政策。中華人民共和國成立之前，美國一直在從事種種分離臺灣出中國的陰謀活動。中華人民共和國成立後，美國不甘心其在中國的失敗，他們還要做最後的掙扎，他們繼續承認國民黨蔣介石集團與奉行其敵視人民政權的政策，並且正在扶植日本以取代國民黨「政府」在東亞地區的戰略地位。他們還要利用臺灣加強對中國內政的干涉，後來的歷史證明了這一點。所有這些都對剛剛誕生的新中國的獨立與安全構成了嚴重的威脅。無論是從同中國結盟的社會主義陣營的反帝角度而言，還是從「絕對不能容忍美國帝國主義對臺灣……非法侵犯」的民族主義立場出發，武力解放臺灣都是正確的，是中國民族革命在新形勢下的繼續與發展。

其二，國民黨蔣介石集團兵敗大陸退守臺灣之後，繼續堅持反共反人民的立場，並同美國相勾結，宣稱要用武力「反攻大陸」。加之在中華人民共和國成立後，「國民黨反動派在大陸若干地區內採取了土匪游擊戰爭的方式，煽動了一部分落後分子，和人民政府作鬥爭。國民黨反動派又組織許多祕密的特務分子和間諜分子反對人民政府，在人民中間散布謠言，企圖破壞共產黨和人民政府的威信，企圖離間各民族、各民主階級、各民主黨派、各人民團體的團

結與合作。特務和間諜們又進行了破壞人民經濟事業的活動，對於共產黨和人民政府的工作人員採取暗殺手段，為帝國主義和國民黨反動派收集情報」。因此，肅清國民黨殘餘軍事力量，既是新中國建立之後完成民主革命遺留任務，實現國家統一的需要，又是鞏固新生人民政權的必要手段。

其三，當時國內主要矛盾仍是廣大農民同封建地主階級間的矛盾，這就決定了代表廣大農民階級、工人階級和勞苦大眾的中國共產黨同代表大地主、大資產階級的國民黨間的矛盾仍是誰戰勝誰的問題。在這種情形下，國共兩黨除了兵戎相見之外，實難有談判妥協之可能。毛澤東在總結中國革命歷史經驗時就曾說過：「和帝國主義的走狗蔣介石國民黨及其幫兇們決無妥協的餘地，或者是推翻這些敵人，或者是被這些敵人所屠殺和壓迫，二者必居其一，其他的道路是沒有的。」

其四，毛澤東歷來認為：凡是反動的東西，你不打他就不倒。他也非常贊同魯迅痛打落水狗的精神，主張「宜將剩勇追窮寇，不可沽名學霸王」，用槍桿子解決革命與反革命之間的對立問題。

由於武力解放臺灣符合當時的客觀形勢，加之毛澤東本人與中央軍委決心很大，故而渡海作戰、解放臺灣的各項準備緊鑼密鼓地開展起來。

二、第一次「臺海危機」與武力解放臺灣口號的調整

朝鮮停戰後，臺灣海峽風雲再起，中國共產黨出於制裁國民黨與警告美國不要干涉中國內政的考慮，於1954年9月3日炮擊金門

島。炮擊金門規模雖不大，但被西方輿論稱之為「臺海危機」。由於美國介入「臺海危機」，致使臺海局面日趨動盪。出於緩和危機的考慮，中國共產黨在停止炮擊金門的同時，提出願同美國政府談判以及同國民黨當局談判，爭取用和平方式解決臺灣問題。中共的建議不僅化解了所謂的「臺海危機」，而且營造了國共兩黨透過和談形式解決臺灣問題與實現祖國統一的良好氛圍。但由於國民黨的極端反共立場與錯誤判斷，葬送了和平解決臺灣問題的良好契機，為臺灣海峽再度發生危機埋下了導火線。

1. 中國共產黨炮擊金門及其原因

朝鮮戰爭爆發之前，中國共產黨力爭武力解放臺灣，儘早實現祖國統一。朝鮮戰爭爆發後，美國艦隊侵入臺灣海峽，以武力阻止人民解放軍解放臺灣。中國共產黨出於「保家衛國」和履行國際主義義務的考慮，斷然決定改變原定攻打臺灣的計畫，集中全力抗美援朝。朝鮮戰爭結束後，中國共產黨再次將武力解放臺灣問題提到議事日程。

朝鮮停戰不久，作為華東軍區司令員兼政委的陳毅，首先提出用5個軍兵力攻擊金門，並提議修建福建幾個機場和鷹廈、福州鐵路以及廈門海堤。中央軍委、毛澤東審慎考慮陳毅的提議後，當即予以批准。同時責令華東軍區參謀長張愛萍組織福建前線指揮所。然而毛澤東在極短時間內改變了上述決定，要求暫緩攻打金門，提出應首先解放浙江沿海島嶼。毛澤東之所以很快改變決定，主要考慮到朝鮮停戰後國際形勢已不適於組織大規模渡海登陸作戰。1953年12月，華東軍區根據中央軍委命令組建了浙江海防作戰聯合司令部。於此同時，中央軍委確定了從小到大，逐島進攻，由北向南打

的解放沿海島嶼的方針。根據這一方針，浙江沿海大陳島被選定為解放沿海島嶼的第一個目標。1954年1月，在張愛萍主持下，華東軍區詳細研擬了陸、海、空三軍攻打大陳島的計畫，報經中央軍委批准後，進入了戰役準備階段。

1954年日內瓦會議結束不久，毛澤東就向周恩來提出：我們在朝鮮停戰後，沒有即時提出「解放臺灣」的任務是不妥的。現在若還不進行此項工作，我們將犯嚴重的政治錯誤。周恩來根據毛澤東的指示，在一次會議講話中指出：「我們應不應該提出解放臺灣的問題？我們早就提出過這個問題，現在提更是時候。」如果「我們不提出解放臺灣，保持不了祖國的完整版圖，我們就會犯錯誤，也對不住自己的祖先」。重提解放臺灣，「我們主要對付蔣介石集團，也指責美國的侵略」。

1954年7月23日，《人民日報》根據毛澤東的指示精神，發表了題為《一定要解放臺灣》的社論。7月24日，《人民日報》又發表了題為《人民解放軍的光榮任務》的社論，強調人民解放軍今後的主要任務是「努力建設成為一支優良的現代化的革命軍隊，以保衛我國社會主義建設，防禦帝國主義的侵略，解放臺灣，消滅蔣介石殘餘匪幫的反革命勢力」。8月1日，朱德總司令在紀念中國人民解放軍建軍27周年大會的講話中稱：「不徹底消滅蔣介石匪幫，不把臺灣解放，我們解放全中國的任務就還沒有完成。臺灣一天不解放，我們全國人民，首先是人民解放軍指戰員，就一天沒有洗清自己身上的恥辱。」朱德要求陸、海、空三軍指戰員加強政治、軍事訓練，「為解放臺灣，保衛祖國而奮鬥」。8月3日，《人民日報》又刊載了東北、華東、西南、中南四大軍區部隊紀念八一建軍節之際的宣示「為解放臺灣而奮鬥」。8月11日，周恩來在中央人民政

府第33次會議上所作的外交報告中指出:「解放臺灣是我國人民光榮的歷史任務。只有把臺灣從蔣介石賣國賊的統治下解放出來,只有完成這個光榮任務,才能實現我們偉大祖國的完全統一。」同日,中央人民政府作出決議,批准周恩來的報告,同時號召全國人民和中國人民解放軍「從各方面加強工作,為解放臺灣、消滅蔣介石賣國集團,以最後完成我中國人民的神聖解放事業而奮鬥」。8月22日,中國各民主黨派各人民團體發表了《為解放臺灣的聯合宣言》。宣言稱「臺灣是中國領土不可分割的一部分」,「解放臺灣……是中國的內政,絕不允許任何外國干涉」。為了進一步突顯臺灣問題,人民解放軍繼1953年初小規模炮擊金門後,於1954年9月3日、22日,兩次重炮轟擊金門,引起世界矚目。

據新華社9月3日訊:「3日下午2時到4時左右,福建前線我海防炮兵向大、小金門島的蔣賊軍陣地和停泊在金門港內的蔣賊海軍艦艇進行猛烈轟擊。大批炮彈飛越海峽徑直落在蔣賊軍陣地和艦艇上,大、小金門島上一片煙火。我軍炮兵共計擊沉蔣賊海軍炮艇一艘,擊傷驅潛艦、拖輪各一艘,擊毀大金門水頭活動碼頭一個,並給予大金門古寧頭蔣賊軍陣地嚴重破壞。小金門蔣賊軍炮在我軍大炮猛烈轟擊下,毫無還擊。」另據美國通訊社供認,人民解放軍炮兵「非常精確地打中金門島和國民黨在這個地區控制的其他島嶼的每一個角落」,蔣軍傷亡「很重」。22日下午5時15分到6時35分,人民解放軍福建沿海炮兵部隊二度炮擊大、小金門島。據新華社福建前線9月23日電,當炮擊開始後,蔣軍炮兵企圖還擊,但立即遭到我軍威力巨大的大炮的壓制,金門炮兵陣地被打成啞巴,小金門島上的炮兵陣地更為狼狽,在我軍炮擊的一個多小時中,一彈也未敢還擊。我軍炮彈95%都命中了目標,嚴重摧毀蔣軍陣地。炮擊金門不僅使臺灣恐慌萬狀,而且還擊斃了兩名美軍中校,引起了美國

朝野一片喧囂。

炮擊金門的作戰規模雖不大，但在國際上卻引起了巨大的震動，被西方輿論稱之為「臺海危機」。那麼，這場所謂「臺海危機」是怎樣發生的呢？有輿論認為是人民解放軍9月3日炮擊金門引起的。筆者以為，如從表面上看，的確是9月3日炮擊金門引發了「臺海危機」，但從深層分析，「臺海危機」實質上是中美兩國關係與國共兩黨鬥爭發展的必然產物。

第一，炮擊金門是為了進一步制裁國民黨軍對大陸的軍事騷擾與「政治反攻」。

如前所述，朝鮮戰爭期間，國民黨當局不斷派兵對大陸沿海進行騷擾。毛澤東與中央軍委命令華東軍區在做好剿匪工作的同時，「一切工作要以美國和蔣介石登陸進犯為假想的基礎去作布置」。

1951年1月13日，毛澤東針對美國與臺灣密謀對廈門、汕頭大規模進犯以配合朝鮮作戰的陰謀，電令陳毅「迅速研究對策」，同時增加廈門防守兵力，「務達擊退進犯匪軍，確保廈門之目的」。華東和中南軍區根據中央軍委指示，按照「確保要點，誘敵深入，聚而殲之」的作戰原則，立即調整了野戰軍的部署。同月16日，毛澤東再電陳毅：「同意你的第一步和第二步計畫。」電文要其「確保廈門和加強沿海防務」。同月29日，毛澤東三電陳毅，提出「大陸兵力，位於縱深地區，敵來應讓其登陸然後伺機殲滅之，不要到處防守，不要阻其登陸。」蔣介石看到人民解放軍防範嚴密，只好放棄竄犯大陸的企圖。其後，國民黨軍小股部隊將主要目標以沿海地區轉向內陸山區。他們從廣東海南島的瓊東縣，浙江的象山、樂清縣和福建的惠安縣，分成6股登陸內竄。人民解放軍對內竄的國民黨軍採取迅速追擊、就地殲滅的方針，派精幹部隊堵擊、圍剿、

追殲，使6股國民黨軍除極少數從海上逃竄外，全部被殲。

蔣介石不甘心失敗，遂於1952年起採取所謂「以大吃小，速進速退」的戰術，以幾倍、十幾倍的優勢兵力，在海空軍的配合下，突襲大陸沿海島嶼。人民解放軍在打退偷襲敵人進攻的同時，為進一步打擊國民黨軍的氣焰，遂於1953年1月幾次炮擊大小金門和大膽、二膽。2月至3月間福建人民解放軍守島部隊連續幾次炮擊金門島。由於當時解放軍炮兵不占優勢，又沒有制空權，故這種炮擊只能是對其軍事目標進行短促打擊。儘管這種打擊有限，但限制了國民黨軍的偷襲與竄擾活動。

朝鮮停戰以後，人民解放軍移重兵於浙、閩前線，準備進一步教訓國民黨軍。蔣介石一方面害怕朝鮮停戰會造成中美關係的緩和，另一方面派重兵偷襲福建與廣東交接的東山島，同時在美國庇護和支持下，日益猖獗地在臺灣附近的公海上攔截各國商船。據統計，從1950年起至1954年7月，屬於英國、丹麥、挪威、義大利、葡萄牙、荷蘭、巴拿馬、希臘、西德、波蘭和蘇聯等國的船隻，都在臺灣附近海面受到國民黨的海盜攻擊。幾年來，臺灣國民黨軍共劫奪大陸及與中國大陸有貿易來住國家的商船達70艘之多，其中英國的商船就有40艘。1952年12月1日，一艘英國商船遭到蔣艦攻擊，船長竟被打死。1953年10月4日和1954年5月13日，蔣艦先後兩次截扣波蘭的商船。國民黨軍此舉已經破壞了中國同外國的正常貿易往來，造成了臺灣海峽地區的緊張局勢。同年3月23日，美製蔣機侵入大陸福建省沿海和內地達13批16架次。對於國民黨軍的海盜行徑，《人民日報》於1954年7月16日發表題為《不能容忍美蔣匪幫的侵略罪行和海盜罪行》的社論。7月23日，《人民日報》又發表了《一定要解放臺灣》的社論。9月3日，人民解放軍炮兵猛烈炮

擊金門，就是為了教訓國民黨對大陸沿海的騷擾與臺灣附近公海攔截商船的海盜行為。

朝鮮戰爭結束後，蔣介石出於反共需要，還在志願軍戰俘問題上大做文章。在朝鮮巨濟島戰俘營，臺灣特務與美國戰俘管理人員在志願軍戰俘額頭上刺一個國民黨黨徽，在胳膊和胸上刺上「反共抗戰」、「殺朱拔毛」等反動口號。對稍有不從者，輕則一頓毒打，重者剖心挖肝，活活折磨至死。於此同時，美、蔣聯手破壞國際慣例，違反志願軍戰俘意願，企圖將志願軍戰俘強迫押解至臺灣。9月26日，蔣介石指使臺灣各界代表3000餘人成立「中華民國各界援助反共義士委員會」，推反共中堅谷正綱為總主席，要求聯合國軍統帥部堅持「志願」遣返原則。此一所謂「援助」實為強迫的工作，分為四個步驟進行：

（1）舉行反對中共「暴行」大會；

（2）發起支援「反共義士」百萬人簽名運動；

（3）各界「援助反共義士委員會」舉行大會，決定1954年1月23日為「反共義士自由日」；

（4）推黃國書、方治、錢思亮3人為代表，赴朝迎接「反共義士」歸「國」。

1954年1月23日，14343名志願軍戰俘被押解到臺灣。在臺北市中山堂前廣場舉行所謂「自由日」慶祝大會，陳誠到會致詞。蔣介石也就志願軍戰俘被迫抵臺發表聲明稱：「自由中國全體人民，在自由日普遍表現之熱烈情緒，足以昭示我國對反對共黨，並接受民主生活之留韓義士歡迎之熱誠及欣慰。」「我淪陷大陸上之同胞，如能獲得同樣之選擇機會，其絕大多數，亦必一如我留韓反共義

士，為其自由立即起而奮鬥，實已不容置疑。」很顯然，蔣介石此舉是為了打擊中共與新生的中華人民共和國。對此，金日成元帥與彭德懷將軍就曾在1953年6月19日致函聯合國軍總司令克拉克，要求「立即全部追回被強迫扣留的戰俘」。1954年1月29日，中國外長周恩來發表聲明，強硬抗議美方強迫扣留朝中戰俘。聲明宣稱，美國政府破壞停戰協定，將21900名朝中戰俘分別押送到浦次和群山以及臺灣的基隆，參加南朝鮮和臺灣軍隊。中國政府對此提出「最強硬的抗議」，並要求追究美國扣留戰俘的責任。除了抗議之外，中國共產黨決定炮擊金門，就是要打擊國民黨的反共囂張氣焰。

第二，炮擊金門是為了警告美國不要插手臺灣事務、干涉中國內政。

朝鮮戰爭爆發後，美國政府改變對臺政策並入侵臺灣海峽。為了確保美國在亞太地區利益與遏制共產主義在遠東的發展，美國政府對新中國實行禁運與封鎖，同時扶植曾被其遺棄的蔣介石集團，妄圖利用臺灣國民黨「作為進攻中華人民共和國的工具」。可以毫不誇張地說，蔣介石集團對大陸的軍事騷擾、政治反攻、攔截商船，沒有美國的支持與庇護是很難奏效的。朝鮮停戰後，新中國國際地位有了明顯的提高，世界各國要求改善同中國間的關係的呼聲日益高漲，美國不僅沒有反省孤立中國的錯誤與入侵臺灣的罪行，反而害怕新中國國際地位的提高，變本加厲地擴大對新中國的侵略。

其一，進一步策劃「兩個中國」的陰謀活動。

美國國務卿杜勒斯在1954年8月人民解放軍炮擊金門前，就暗中策劃「兩個中國」的陰謀。杜勒斯在給美國總統艾森豪的報告中

稱：他曾找了一個國際法專家研究修改聯合國憲章的可能性，以圖「把中國排除出安全理事會的常任理事國」。杜氏希冀此舉將能出現「在聯大接納兩個中國的可能性」。同年10月，杜勒斯在一份遞交給艾森豪的祕密檔案中建議：「我們對中國和臺灣採取的政策，應當同我們正在德國和朝鮮奉行的政策屬同一類型」，宣稱他希望中國大陸與臺灣之間的分裂狀態長期繼續下去。

於此同時，杜勒斯與艾森豪在多種場合既不承認新中國，也反對恢復新中國在聯大的代表權。早在1953年5月14日，艾森豪在答記者問時反對承認新中國。同月28日，艾森豪對記者稱，他反對恢復中華人民共和國在聯合國的代表權，「如果聯合國接納紅色中國，我們將撤回對聯合國的財政支援」。6月3日，美國國會秉承艾森豪指示決議：「共產黨中國政府不應被接納為聯合國會員國作為中國的代表。」杜勒斯在1953年7月28日答記者問時，也反對恢復新中國在聯合國的代表權。1954年7月15日和7月29日，美國參、眾兩院分別重申反對恢復新中國在聯合國的代表權。8月4日，艾森豪再度宣稱反對恢復紅色中國在聯合國的代表權。儘管美國決策者的政策充滿了矛盾，但目的是一致的，都是為了分裂中國，破壞中國的完整與統一。美國的上述言行理所當然地受到了一切主持正義的國家和中國人民的強烈反對。

其二，美機、美艦不斷侵犯我國領空、領海。

美國入侵朝鮮和臺灣海峽後，不斷對中國領空、領海進行侵犯。早在1950年8月27日，美國侵朝軍用飛機侵入中國領空，沿鴨綠江右岸掃射我建築物、車站、車輛及人民以致傷亡等事，情形極為嚴重。周恩來外長代表中國政府向美國的入侵行為表示嚴重抗議，要求美國政府「立即懲辦美國空軍此次侵入我國領空、殺傷我

國人民及擊毀我國車輛的挑釁和殘暴罪行」;「負責賠償中國方面所受的一切損失」。同日,周恩來還致電聯大安理會主席馬立克和祕書長賴依,要求制裁美國侵朝軍隊的軍用飛機侵入中國領空的嚴重罪行。8月29日、9月22日,美國侵朝軍用飛機又兩度侵入中國東北上空,在中國政府的嚴重抗議下,美國駐聯大副代表葛羅斯致聯合國祕書長賴依函,承認美機侵犯中國領空事。朝鮮停戰後,美國不甘心在朝鮮戰場上的失敗,不斷在臺灣海峽製造緊張局勢,推行其侵略政策。1954年6月1日,美國第7艦隊的2艘航空母艦、1艘巡洋艦、6艘驅逐艦侵入我國浙江大陳島海面,美國飛機在大陳島附近盤旋的有49批134架次。6月23日,美國海軍又在臺灣附近公海對蘇聯商船「圖阿普斯」號實行武裝侵襲,並將該船及船員非法扣留。7月26日,美國政府利用7月23日中國一架巡邏機在海南島上空誤擊英國運輸機的偶然事件,公然派遣2艘航空母艦及若干艘驅逐艦進入我國海南島東部附近海面,從艦上起飛的戰機向中國兩架巡邏機予以攻擊,並將其擊落。這是對中國神聖的領空與領海的無理侵犯。對於美國這一暴行,中國副外長章漢夫向美國政府提出了最嚴重的抗議。7月28日,《人民日報》發表題為《美帝國主義狂妄的侵略和挑釁》的社論。社論指出:「美帝國主義者的這種瘋狂行動,顯然是美國好戰集團頑固地奉行其擴大侵略我國政策的表現。美帝國主義敵視我國人民,侵占了我國的領土臺灣,並企圖利用臺灣蔣介石殘餘匪幫作為對我國進行侵略冒險的工具。美帝國主義的這種狂妄橫暴的做法,是造成亞洲緊張形勢的根本原因之一。」

其三,組織東南亞、東北亞反共聯盟。在朝鮮停戰和印度支那和平恢復之後,美國政府不甘心其在亞洲的侵略政策的失敗,進一步擴大侵略範圍。首先,美國全力拼湊東南亞軍事反共聯盟。在杜勒斯看來,東南亞地區「具有重大的戰略價值」。東南亞是橫跨太

平洋和南亞之間最直接和發展得最完善的航海路線和航空路線。它有著重要的海、空軍基地。杜勒斯認為蘇聯與中國的目的是「要控制整個東南亞」。「如果共產黨控制了東南亞，那就會給菲律賓、澳洲和紐西蘭——它們是和我們訂有共同援助條約的——帶來嚴重的威脅。整個西太平洋地區，包括所謂『海外島嶼鏈鎖』，也會在戰略上陷於危險境地。」1954年9月8日，就在人民解放軍炮擊金門後的第5天，美國糾集英國、法國、菲律賓、紐西蘭、澳洲、泰國、巴基斯坦共8國在馬尼拉簽訂了《東南亞集體防務條約》，組織了一個「以中華人民共和國為主要敵對目標的東南亞軍事集團」。於此同時，美國政府還企圖拼湊日本反動勢力、李承晚集團和蔣介石集團組織所謂「東北亞防禦聯盟」。美國企圖透過這一系列舉措，以臺灣為樞紐，「形成對中華人民共和國的包圍，進行新的軍事冒險」。

上述事實說明，美國繼續侵占臺灣，庇護蔣介石集團，阻撓中國人民解放臺灣的行為，「不僅是侵犯中國的主權和領土完整，干涉中國的內政，準備擴大對中國的侵略，並且是增加遠東的戰爭威脅，緊張國際的局勢」。為了維護中國的主權與領土完整，為了保衛國際的和平與安全，中國政府除了對美國的侵略行徑提出強烈抗議之外，還希冀透過炮擊金門以警告美國不許干涉中國內政，停止對中國的侵略。

以上兩點說明臺灣海峽緊張局勢的根源絕不是人民解放軍「九三」炮擊金門，而是美國與臺灣國民黨當局在臺灣海峽製造事端的結果。

中國共產黨炮擊金門，進一步突出了臺灣問題，除了教訓國民黨當局之外，更主要的是警告美國不要插手臺灣事務，干涉中國內

政。當然，此舉也向世界表明，中國政府有能力解放臺灣和堅持祖國統一的原則立場及堅決打破分裂中國圖謀的決心。由此可見，突出強調「解放臺灣」與炮擊金門，並非立即實施大規模的渡海登陸作戰，而主要是出於政治上的考慮。關於此點，連蔣介石都意識到了。蔣在1954年11月30日答美國記者問時稱：中共炮擊金門有時也配合一些「政治作用」，「例如當東南亞反共協約簽訂的時候，他們開始炮轟金門；當美國選舉的前夕，他們開始空襲大陳」。「但是他們的主要目的，還是次第侵占週邊島嶼，最後奪取臺灣」。

2. 第一次「臺海危機」升級

「九三」炮擊金門後，臺灣對大陸實行報復主義，美國也在與臺灣加緊締結《共同防禦條約》的同時，準備對中國大陸實施核武打擊，致使臺灣海峽上空烏雲翻滾，「臺海危機」再度升級。

「臺海危機」升級首先來自臺灣國民黨當局的報復主義。據新華社9月7日訊：國民黨空軍6日分3批4架次竄入福建省平潭、仙游、福州等地上空騷擾。7日，國民黨空軍F-47型、PB-4Y型、B-25型飛機共兩批42架次，襲擊福建省廈門等地，投彈50餘枚，炸死炸傷各4人，炸毀房屋10餘間。人民解放軍炮兵對國民黨騷擾飛機予以猛烈射擊，共擊落蔣機3架，擊傷20餘架。於此同時，國民黨海軍5艘軍艦和金門島國民黨炮兵向廈門島猛烈射擊。人民解放軍炮兵予以還擊。

8日凌晨5時5分，國民黨空軍飛機32架竄擾至廈門島附近海面上空，其中2架飛臨廈門上空，被人民解放軍守島炮兵擊落。同日上午8時20分，國民黨空軍出動F-47型戰機72架竄擾廈門島附近地

區，其中6架竄入廈門島上空進行轟炸、掃射。人民解放軍守島炮兵擊落擊傷各2架飛機。同日下午1時32分，國民黨空軍又出動飛機70架，分10批襲擾廈門附近地區，其中12架飛臨廈門島上空投彈、掃射。這三批國民黨空軍飛機共向廈門島等地投炸彈104枚，炸死炸傷廈門島等地區居民51人。

9日，國民黨空軍又兩次飛臨廈門島上空投彈，被廈門守軍炮兵擊落、擊傷各一架。

10日，福建前線人民解放軍炮兵部隊向小金門上林西北國民黨軍一個榴彈炮連陣地猛烈轟擊，擊毀榴彈炮3門，擊傷榴彈炮一門。同日下午人民解放軍炮兵部隊再度炮擊小金門，全部摧毀了這個榴彈炮陣地。同日，人民解放軍高射炮部隊又擊落擊傷各一架竄入廈門上空投彈的國民黨空軍飛機。翌日，人民解放軍炮兵部隊又擊落擊傷國民黨戰機4架。12日，福建前線解放軍又擊落擊傷國民黨軍飛機3架。

22日人民解放軍福建前線部隊再度重炮轟擊金門後，又招致臺灣國民黨當局新一輪的報復。炮擊金門的第二天，國民黨空軍出動飛機11批42架次襲擾廈門地區，投彈、掃射。同日，臺灣又出動5批22架次飛機襲擾大登島和漳浦等地，炸毀房屋數間，炸傷居民5人。於此同時，金門島國民黨守軍向廈門石胃頭、德高山、後厝、象山等地和大、小登島進行炮擊。人民解放軍當即予以還擊，摧毀金門島國民黨軍一個炮兵連陣地。

據新華社10月22日訊：據福建地區初步統計：從9月1日至10月10日40天中，國民黨空軍飛機竄擾福建省沿海和內地共計523批1270架次。這些飛機在廈門、東山、海澄、漳浦、雲霄、龍溪、晉江、南安、惠安等地沿海的村莊和海灘上空，投彈900枚，投下和

放射八二炮彈和火箭炮彈48枚,掃射200多次。共炸死沿海居民32人,炸傷居民131人,毀損民房94座又8間,炸沉漁船和民船10隻。盤踞在金門島和大膽島上的國民黨軍,從9月1日到10月1日,先後向廈門、大、小登島、浯嶼、青嶼等地發炮轟擊29次,發射炮彈3800多發。從9月1日到30日,國民黨軍艦共14批26艘次竄入福建省內海,向廈門和海澄、晉江沿海地區打炮1200多發,劫去漁船9隻,綁架漁民21人。美國軍艦曾多次掩護國民黨軍艦進行搶劫。於此同時,國民黨軍還多次竄入浙江、廣東等地區進行騷擾。守衛在廣東沿海的人民解放軍沉重打擊了騷擾沿海地區的國民黨軍。從9月3日到10月13日40天中,共擊落擊傷國民黨空軍飛機B-25型、F-47型和PB-4Y型飛機62架,其中擊落17架。福建前線人民解放軍炮兵部隊4次猛轟大、小金門島的國民黨軍,共擊沉國民黨炮艇一艘、拖輪一艘、擊傷驅逐艦2艘、炮艇和運輸船數艘,擊傷活動碼頭一個,消滅一個榴彈炮連,另外擊毀大炮6門。

由此可見,由於國民黨的瘋狂報復,致使臺灣海峽海、空炮戰不斷,危機進一步升級。面對國民黨當局的瘋狂報復,中共華東軍區委員會在人民解放軍教訓與反擊國民黨軍襲擾的同時,於9月15日發出指示,號召「全軍做好解放臺灣戰鬥準備」。9月30日,周恩來在國慶招待會上的講話指出「美國的武裝力量至今還在侵占我國的臺灣,企圖阻撓中國人民解放臺灣」,並且利用蔣介石集團「用戰爭來威脅我國」。周恩來斷言:美、蔣陰謀必然會「遭到失敗」。「中國人民一定能夠解放臺灣,徹底完成全國的統一。」10月1日,國防部長彭德懷發布命令,要求人民解放軍全體指戰員「一定要把臺灣從美國帝國主義和蔣介石賣國集團的統治下解放出來,不達目的,絕不休止」。鑑於美、臺正在炮製《共同防禦條約》,華東軍區遵照中央軍委的命令,決心攻占上、下大陳和一江

山島以打擊美、臺協防陰謀。華東軍區成立了浙東前線指揮部,由張愛萍任司令員兼政委,具體部署作戰計畫。經多方研究,最後確定戰役分兩個階段進行,並制定了南面對披山島佯攻,北面攻占一江山島,最後以主力攻占上、下大陳島的方案。12月9日,華東軍區將該計畫上報中央軍委,毛澤東審閱後批准了這一計畫,但提出「因美軍正在浙東海面作大演習,攻擊一江山時機目前是否適宜,請加考慮」。華東軍區浙東前線指揮部決定:1954年12月18日至1955年1月10日為戰役準備階段。然後,視情況於1955年1月中下旬發起登陸作戰。

在人民解放軍的強大軍事、政治反擊下,蔣介石不甘示弱,在「九三」炮擊金門後,不斷叫囂「反攻大陸」。

10月7日,蔣介石在接見美聯社記者慕沙時宣稱:「國軍將來在大陸作戰,可無須他國軍隊參戰;國軍所需要者,僅軍械與裝配而已。」

10月10日,蔣介石發表「國慶」文告,要求臺灣全體軍民「趕緊要從戰鬥中動員起來,加緊推進我們反攻戰鬥的動員,完成我們反攻戰鬥的準備,來承擔我們復國救民的責任」。

11月12日,蔣介石在《國父建黨革命60周年紀念詞》中稱,深信「反共必勝,抗俄必成」。11月30日,蔣介石在接見美國記者史東時稱:「不論金門、大陳或其他各處,如遭受襲擊,我們為戰略所要求,將隨時隨地對大陸予以反擊。」又稱:「我們單獨反攻大陸,無論從民心士氣講,都是確有把握的。」「美國只要能予以後勤技術支援,助我反攻就夠了。」

蔣介石不斷宣稱「反攻大陸」的目的,一是企圖阻止中國人民解放軍進軍金、馬與臺、澎;二是為部下打氣;三是將美國拴在他

的「反攻」戰車上，以確保臺、澎、金、馬的安全。然而，不管蔣介石怎樣恫嚇與叫囂「反攻大陸」，人民解放軍奪取一江山島與大陳島的戰略目標仍按原計劃進行。

1955年1月12日，浙東前線司令員張愛萍下決心預定18日向一江山島發起登陸進攻。一江山島位於浙江台州灣椒島口海面，由南北兩島組成，面積1.7平方公里，距大陸13海浬，距大陳島7.5海浬，是防守大陳島的前哨據點。島上共有守軍1100餘人，構築了堅固的防禦工事與較強的火力配置。18日凌晨4時，人民解放軍陸、海、空三軍協同開始登陸作戰，經過僅十幾個小時的戰鬥，就全殲守敵，順利奪取了一江山島。

人民解放軍攻占一江山島後，只用105發榴彈炮即可控制大陳全島，就連飛機也要在下大陳海灣降落，以免遭擊落。在這種情況下，儘管蔣介石仍不斷宣稱誓死保衛金、馬，但胸無良策，只好接受美國軍方的建議，同意撤兵大陳。

蔣介石首先命令「國防部」等部門擬定撤退大陣軍民的「金剛計畫」。其後又令二級上將、「國防部總政治部」主任蔣經國具體負責執行此一計畫。

1955年2月2日，蔣經國飛抵大陳島，開始執行撤退大陳的「金剛計畫」。經過蔣經國的反覆動員與專員沈之岳發布的大陳島將有「最激烈的戰鬥」的布告，島上1.4萬多民眾被迫告別家園與軍隊相繼撤離。蔣經國當時的心情與其父一樣，十分沉痛，他對隨行人員說：「我們反共復國，是一件大事，為了百年大計，一時的忍痛是不能避免的。」12日，蔣經國撤退大陳之前，最後一次在大陳島升起青天白日旗。當時參加升旗的有「海軍副司令」黎玉璽、美軍顧問楊帝澤、沈之岳和《中央日報》記者劉毅夫等人。蔣經國升旗

後告訴在場的每一個人：「不要難過，不要失望，我們一定會打回來的！」

蔣介石曾多次發誓帶領子弟兵打回來，但他死了，他的「宏偉計畫」成了一場春夢。蔣經國也多次發誓，他要繼承其父遺願打回來。可惜，蔣經國也於1988年1月病逝，父子二人的上述誓言也就成了歷史的笑柄。

大陳撤退，為蔣介石宣稱「反攻大陸」蒙上了一層陰影。儘管蔣介石偕夫人宋美齡赴金門視察，安慰由大陳島「轉進」的子弟兵，還宣稱誓死保衛金、馬，但仍不能改變臺島民眾「反攻無望」的心理。蔣介石隨即發表《為大陳撤退告海內外軍民書》，宣稱大陳島「孤懸於臺灣基地250海浬之外，以今日軍事形勢而言，其對我反攻基地之臺灣防衛上，實已失去了戰略價值」。決定將大陳島駐軍調防金門、馬祖等地，認為此為集中兵力，增強整個反共復國軍事部署的重要措施，是「適應新的戰略」的需要。「要保證我反攻復國戰爭的勝利，首先必須鞏固臺灣、澎湖及屏障臺、澎之金門、馬祖等週邊島嶼為第一要務，自不能以一島一嶼之得失，只爭一時之短長，而置根本大計於不顧。」

蔣介石強調撤退大陳是因這裡已失去屏障臺灣的戰略價值。試問，如果沒有人民解放軍奪下一江山島，沒有美國出於自身利益考慮要求臺灣撤兵大陳，蔣介石還會這樣說嗎？把部隊撤至金、馬，硬說是「反攻」軍事部署的「重要措施」，是「適應新戰略」的需要，明顯又是在欺騙民眾，鼓吹他的「反攻」戰略。撤退海南、舟山，國民黨軍是因沒有美國人撐腰，臺灣的老百姓也許還相信蔣介石的謊言。然而剛剛同美國簽訂了《共同防禦條約》，有美國人做後臺仍不能阻止與避免撤退，恐怕不要說「反攻」，可能連自身的

安全都難以保證，那還有誰能相信蔣介石的上述言論呢？造成「臺海危機」升級不僅僅是臺灣國民黨當局，更重要的是美國政府對華的錯誤政策與舉措。

「九三」炮擊金門雖然引起美國情報部門與政府當局的高度重視，但其反彈不像臺灣那樣強烈。炮擊金門的第二天，美國中央情報局與其他情報機構會商後提交了一份特別情況報告，評估中國對外島作戰能力與意圖，分析了美國採取行動的影響和中國攻占沿海島嶼的後果。情報部門估計：中國集結在上海到廣東一線的兵力足以在幾天內攻克沿海島嶼。但攻克金門需要15萬兵力和付出巨大的代價。至今未採取行動的原因在於美國介入臺灣海峽使形勢變得複雜。情報部門判斷中國可能會較早地發動對沿海島嶼的進攻，因為中國希望在美國可能正式對外島承擔責任之前採取行動；中國想利用外島的進攻來引起美國與其盟國之間的分歧和矛盾；中國把奪取外島作為奪取臺灣的準備。報告推測，中國可能增加試探性行動，觀察美國的反應和意圖，一步步奪取外島。如果中國奪取外島，將提高威望，美國則遭受一些損失。報告還認為，美國承擔對外島義務，會引起英國、印度的反對，引起日本的擔心，只有南韓、泰國和菲律賓會高興。

9月8日和12日，美國決策部門認真分析了臺灣海峽的局勢，並提出了應對的方針。在討論應對方針時，會議出現了明顯的分歧：駐臺外交官藍金等人認為應採取祕密行動協助國民黨保衛金、馬等島嶼。雷德福在海、空軍參謀長的支持下，建議動用海軍力量幫助國民黨守住金、馬等島嶼，同時出動空軍對中國大陸進行空襲。這是雷德福在不到6個月的時間裡，第三次建議對中國採取侵略行動，包括投擲原子彈。李奇微則反對動用軍事力量介入這場衝突。

艾森豪反對了雷德福的建議，他認為：「如果我們進攻中國，我們將無法限制我們的軍事行動，就像在朝鮮一樣。」「如果我們打一場全面戰爭，合乎邏輯的敵人將是蘇聯，而不是中國，我們將必須在那兒打擊。」10月，雷德福不顧艾森豪在9月間的訓斥，仍認為如果中國進犯，美國將狠狠地打擊中國大陸。艾森豪告訴他不要這樣想。「美國與蔣介石沒有簽訂過條約；未經國會批准，總統不能把美國投入對中國（和或許對俄國）的戰爭，特別是為了像金門和馬祖那樣微不足道的小島的命運。」艾氏告訴雷德福：「如果中國進攻福爾摩沙（指臺灣），第7艦隊應採取守勢，同時他將立即召開國會。『在國會考慮這一問題期間』將不援引大規模報復理論，不對中國大陸進行報復。」11月份，以雷德福為首的參謀長聯席會議第五次建議干涉亞洲，甚至建議對中國使用原子彈（第一次是在4月奠邊府局勢危急的時候；第二次是在5月奠邊府陷落的前夕；第三次是在6月下旬，當法國說中國空軍即將參加印度支那衝突時；第四次是在9月中國開始炮擊金門、馬祖時）。此一建議再度被艾森豪擱置一邊。

　　艾森豪何以五次拒絕打擊中國大陸的行動呢？眾所周知的事實是：艾森豪雖然在支持臺灣反共、阻撓中國統一方面比杜魯門走得更遠，但他不願朝鮮停戰後再度大動干戈。他一方面堅持「不讓臺灣落入共產黨手中」，另一方面又擔心蔣介石利用同美國簽約將美拖入一場新的內戰。當然，艾森豪同杜魯門一樣，都企圖製造「兩個中國」。由此可見，美國對華政策充滿了矛盾色彩。同時也能解釋美、臺當局對「九三」炮擊金門的不同態度。美國人一直在鼓吹臺、澎「國際地位未定論」，分裂中國。然而建立「獨立的臺灣」必須要求臺灣放棄他們所控制的沿海島嶼，因為在美國眼中，金、馬等沿海島嶼與臺、澎的「國際地位」是不同的，中國沿海島嶼從

來沒有割讓給日本。如果美國捲入一場因爭奪沿海島嶼而發生的衝突，就會被世界輿論譴責為干涉中國內政。當然，艾森豪還認為中國大陸沿海島嶼對臺灣自身防衛可有可無，如果放棄這些小島，反會給其分裂中國的計畫掃清障礙，故而拒絕對中國大陸實施軍事打擊的計畫。

當人民解放軍奪取一江山島後，艾森豪改變了上述態度，採取兩個步驟作為對策：一是在臺灣海峽採取戰爭邊緣政策，二是在聯合國鼓吹「停火」說。

美國人是最大的實用主義者，他們在臺灣海峽的方針是：保衛臺灣，避免戰爭。這是一種戰爭邊緣政策。所謂戰爭邊緣，用杜勒斯的話講，是指為和平而冒風險走入戰爭邊緣，但又不捲入戰爭的行為。按照軍事學的觀點，戰爭邊緣行為要求明確劃出戰爭邊緣線。按照艾森豪的本意，邊緣線應劃在大陸沿海島嶼與臺、澎之間，但由於金、馬對蔣介石集團的極端重要性，迫使美國不得不把線劃在大陸與金、馬之間。其結果，一方面增加了美國與中國交戰的危險性，另一方面會招致國際社會的反對。因此，艾森豪一面在臺灣海峽採取戰爭邊緣行為，另一方面又在聯合國積極謀求在臺灣海峽實現停火，以擺脫上述的兩難境地。

1月19日，艾森豪同杜勒斯與雷德福進行磋商，確定三條方針：（1）「鼓勵國民黨放棄大陳和除金門以外的其他沿海島嶼；」（2）「美國提供海空掩護以利於有秩序的撤退；」（3）「鑑於中國共產黨人的侵略行為和他們宣稱的奪取臺灣的意圖，當前美國應表明協助國民黨保衛金門島。在目前情況下，金門被視為對於保衛福爾摩沙和佩斯卡多爾是重要的，在聯合國為中止中國共產黨人在福爾摩沙海峽的侵略活動而採取行動之前美國將堅持這一

決定。」同日，艾森豪在答記者問時宣稱：他願意看到「聯合國進行斡旋，以謀求一項協議，來停止中國沿海的戰鬥」。同時他又宣稱大陳等沿海島嶼不是保衛臺灣「所必需的」，而只是有「觀察哨的價值」。

1月24日，艾森豪向國會提出所謂「關於臺灣海峽的發展局勢」的特別諮文，公然宣稱中共採取了一系列的「政治和軍事挑釁行動」，具有「侵略目的」，宣稱「臺海危機」是「由於中國共產黨的選擇而造成的」，因此必須對中共採取「適當的軍事行動」。他提請國會授權總統「在必要時使用美國的武裝部隊來保證臺灣和澎湖列島的安全」，同時仍宣稱由聯合國尋求所謂「停火」。

1月25日與28日，美國國會參眾兩院通過決議：「授權美國總統，在他認為對確保和保護臺灣和澎湖列島不受武裝進攻的具體目標是必要的時候，使用美國武裝部隊，這項權力包括確保和保護該地區中現在在友好國家手中的有關陣地和領土，以及包括採取他認為在確保臺灣和澎湖列島的防禦方面是必要的或適宜的其他措施。」

上述事實表明：第一，美、臺在中國沿海島嶼的防守問題上存在著明顯的分歧。蔣介石始終認為中國沿海島嶼是臺灣的門戶，是「一座反共的堡壘」，如果中國沿海島嶼失守，臺灣的「堤防亦將崩潰」。因此必須固守金、馬等沿海島嶼。美國人從戰爭邊緣政策出發，既想利用臺灣國民黨當局以遏制共產主義在遠東的發展，又怕被蔣拖入中國內戰，故把中國沿海島嶼說成是只有「觀察哨的價值」，對保衛臺、澎安全沒有多少實際價值，即使在一江山島被人民解放軍占領後，美國並未從根本上改變這一立場，只是出於維持國民黨在台統治的考慮，才不得不宣稱「在目前情況下」保衛金、

馬是必要的，但「不存在一項永久的義務去防衛任何沿海島嶼」。因此艾森豪除派軍艦保衛金、馬之外，還逼蔣介石從大陳島撤退。由此可以看出，美國協防金、馬，也只是權宜之計，是換取蔣介石集團從大陳島撤退，以避免同中共軍隊直接作戰。第二，美國鼓吹「停火說」的目的有二：一是阻止人民解放軍進攻金門，二是迫使蔣介石集團減少金、馬駐軍，甚至撤出金、馬。美國此舉的實質是：分離臺灣，製造「兩個中國」。為了擺脫困境，艾森豪決定把臺灣海峽的衝突提交聯合國安理會，以便獲得一項維持臺灣現狀的停火決議案。

早在1954年9月29日杜勒斯會見英國外交大臣艾登和紐西蘭高級官員時，就讓紐西蘭在聯合國提出這個問題。艾登從「沿海島嶼是中國的一部分」和「臺灣從來不是中國的一部分」的立場出發，追隨美國宣稱解決「臺海危機」的第一步「是在這個地區停火」。在美國和英國的策動下，紐西蘭駐聯合國代表芒羅於1955年1月28日向安理會提出要求，討論臺灣海峽緊張局勢問題，提議要「使中國海岸附近的一些島嶼上的戰鬥停止下來」。芒羅還宣稱：如果臺灣海峽地區不能實現「停火」，可能「危及國際和平與安全的維持」。

紐西蘭「停火說」提出後，不僅為世界輿論所矚目，各國紛紛發表自己的主張，還引起了臺灣海峽兩岸的強烈反彈。

首先是美國駐聯大代表洛奇於1月28日當天宣稱：「我們同意紐西蘭政府的看法，期望安理會遵照紐西蘭政府的要求早日採取有效行動。」英國外交部發表聲明稱：「聯合王國女王政府完全支持紐西蘭建議」。加拿大外長皮爾遜於1月28日發表廣播演說：「敦促國民黨軍隊從一切中國沿海島撤到澎湖和臺灣的基礎上實行停

火」。同日，蘇聯外交部長莫洛托夫接見英國駐蘇大使海特爾時稱：臺灣是中國領土的「一個不可分割的部分」，因美國要將臺灣「從中國手中奪去」，從而「加劇了遠東的國際緊張局勢」。1月30日，蘇聯駐聯大代表索波列夫致安理會主席信函稱：「美利堅合眾國干涉中國內政以及美國最近在臺灣地區擴大對中華人民共和國的侵略行為，加劇了遠東的緊張局勢和加深了新戰爭的威脅。」信函要求安理會「有責任立即採取步驟，以制止美國對中華人民共和國的侵略行為和美國對中國的干涉」。信後附蘇聯提案《美利堅合眾國在中國的臺灣和其他島嶼地區對中華人民共和國的侵略行為》。1月31日，安理會通過決議，把紐西蘭「停火案」與蘇聯制止美國侵略中國案兩案均列入議程，先討論紐西蘭提案，後討論蘇聯提案，並決定邀請中華人民共和國代表參加討論紐西蘭提案。

對於美國分裂中國的陰謀與策動紐西蘭製造「停火說」，臺灣出於固有的民族主義立場，多次予以抨擊，始終堅持「一個中國」。

早在1947年美國製造分離臺灣的陰謀時，臺灣省主席魏道明就曾奉蔣介石之命，以強烈措詞駁斥分裂臺灣的企圖，迫使美國駐臺灣總領事克倫茨匆忙舉行記者會予以避謠。對於1949年中期美國製造的種種分離中國的方案，蔣介石當時均予以堅決抵制。據蔣經國日記記載：「英、美恐我不能固守臺灣，為共軍奪取而入於俄國勢力範圍，使其南太平洋島防線發生缺口，亟謀由我交還美國管理。」蔣認為「對美應有堅決表示，餘必死守臺灣，確保領土，盡我國民天職，絕不能交歸盟國」。1949年6月20日，蔣介石再度向美國及麥克阿瑟表明對「聯合國託管」說與各種分離臺灣方案的態度與立場：「臺灣移歸盟國或聯合國暫管之擬議，實際為中國政府

無法接受之辦法，因為此種辦法，違反中國國民心理，尤以中正本人自開羅會議爭回臺、澎一貫努力與立場，根本相反。」

當美國遠東事務助理國務卿羅伯遜帶著美國「沿海島嶼停火」計畫抵達臺北交給蔣介石時，蔣警告說：如果他本人同意紐西蘭的「停火」建議，將無法在島內對自己的行為作出解釋；允許安理會討論這一建議，還會導致聯合國討論中國的代表權問題。後來，蔣作了妥協，提出盡快締結臺、美《共同防禦條約》，而且締約時間應在紐西蘭提出議案之前，才能減輕其所造成的傷害。臺、美《共同防禦條約》雖然簽了字，但「停火」在臺灣看來，實等於要其放棄「反攻」，為「兩個中國」的合法化鋪平道路，這對於臺灣的打擊遠比丟失沿海若干島嶼要嚴重得多。為此，臺灣開始強烈譴責美國的行為。

2月5日，臺灣駐聯大代表蔣廷黻在紐約譴責「停火」和「兩個中國」的謬論。2月8日，蔣介石在臺北講述國際形勢時，宣稱大陸與臺灣均是中國的領土，「絕不容許任何人割裂」。他指責在外島「停火」是「別有陰謀」，鼓吹「兩個中國」「荒謬絕倫」。蔣還大罵英國等國「不守正義」、「不講公理」、「乘人之危」的「自私自利者」。同月14日，蔣介石為大陳撤退舉行答記者問時再度抨擊「停火」與「兩個中國」主張，宣稱聯合國須先「對侵略者施行制裁，非與之商談停火」同時宣稱確保金、馬，「中華民族不久終歸於一統」。3月3日，蔣介石在中國國民黨七屆五中全會的講話中，進一步抨擊「停火說」與「兩個中國」的謬論，並提出恪守的三項方針：（1）「自大陸撤退以後，其他週邊島嶼絕對不再撤退一步。」「即使美國不來協防金、馬各島，我們也要抱定決心，獨立作戰到底。」（2）「『兩個中國』的荒謬說法，我們要絕對予

以打消。」（3）「我們目前當然仍要繼續支持聯合國，堅決反對任何祕密形式的外交活動，並絕不與共匪同席，辯論任何國際問題。」蔣介石稱今後國際間發生任何惡劣形勢，都要堅持這三項方針。

3月18日，蔣介石對英國《泰晤士報》記者哈果夫稱：「聯合國做停火之安排」，就是要犧牲臺灣的外島，「對侵略者低頭」。此一建議是「荒謬的」、「不可想像的」。此間，前美國總統候選人史蒂文生和《紐約時報》採訪主任小沙茲伯格均發文要求蔣介石放棄金門、馬祖。3月19日，小沙茲伯格專程抵臺訪問蔣介石，蔣對他稱：「金、馬乃是『中華民國』的生命線，放棄金、馬，即等於放棄反共抗俄整個事業。」「不論美國協防與否，我們自己將不顧一切犧牲予以確保。」3月23日、25日，蔣介石在接見美國報人塞爾資伯格時，再度強調「在任何情勢下，都將不從外島撤退，我們將不對任何的壓力屈服」，決心「保衛金門、馬祖，戰至最後一人」。

對於美國的戰爭訛詐與分裂中國的「停火」陰謀，中國共產黨則堅持堅定的原則性與政策的靈活性，即在政治上採取攻勢，不接受「停火」安排，在軍事上採取守勢，採取謹慎的態度。首先從政治上看，中華人民共和國的原則立場是非常堅定的。關於此點，可以從下列事實中得到說明：1955年1月24日，周恩來代表中國政府就美國在聯合國提出在中國沿海停火一事發表聲明指出：「美國政府在中國人民最近勝利地解放了一江山島之後，就一面加緊軍事行動進行戰爭挑釁，另一方面策動通過聯合國進行所謂停火的詭計，來干涉中國人民解放臺灣。」「解放臺灣是中國的主權和內政，絕不容他人干涉。」美國軍隊必須從臺灣和臺灣海峽撤走。

1月28日，紐西蘭在美、英策劃下拋出「停火案」的當天，就受到中華人民共和國政府的強烈抨擊。周恩來接見英國駐中國代辦杜威廉，就其轉告英國將在聯大安理會上支持紐西蘭「停火」事駁斥說：中國人民解放自己的領土，從來沒有引起緊張局勢。中國在臺灣問題上的立場是：聯合國或者任何外國都無權干涉中國人民解放沿海島嶼、臺灣和澎湖列島。如果紐西蘭政府的提案是屬於干涉中國的內政，中國政府堅決反對。同日，毛澤東在接見芬蘭駐華大使時也發表談話稱：「我們有兩條：第一，我們不要戰爭；第二，如果有人來侵略我們，我們就予以堅決回擊。」「美國的原子訛詐，嚇不倒中國人民。」翌日，《人民日報》發表社論：《堅決反對美國的戰爭挑釁》。1月31日，周恩來在國務院會議上強調：美國想用恐怖嚇倒我們，但是嚇不倒我們。

　　2月3日，周恩來致電聯合國祕書長哈馬舍爾德並轉安理會主席貝朗德：中國政府堅決反對干涉中國內政、掩蓋美國對中國的侵略行為的紐西蘭建議。宣布只有在為了討論蘇聯的提案並在安理會驅逐蔣介石集團代表的情況下，中國政府才能同意派代表參加安全理事會的討論。同日，周恩來向出席全國計畫工作會議等專業會議代表作《動員和團結全國人民完成國家過渡時期總任務和反對國內外敵人的鬥爭》的報告中，分析了國際形勢和臺灣地區的局勢，闡明了中國政府對臺灣問題的立場、方針、策略和對鬥爭前景的估計。周指出，我們的原則立場是「不解放臺灣，絕不甘休」。我們的策略是：絕不能答應沿海島嶼停火，防止將臺灣與沿海島嶼分開；絕不能無條件到聯合國去，防止在聯合國造成兩個中國合法化的形勢；絕不能同意允許什麼臺灣「中立化」或「託管」的辦法。

　　2月5日，周恩來接見瑞典大使魏斯特朗時稱：紐西蘭提案「包

含一個陰謀」，即「把屬於中國內政的事情，把任何外國或聯合國都無權干涉的中國內政的事情，放在國際舞臺上。這就要造成兩個中國，要割裂中國的領土」。

上述事實說明：中國政府領導人的宣示一是警告美國停止對中國的訛詐與武裝干涉，中國政府對臺灣問題的原則立場不會改變；二是透過揭露美國與紐西蘭「停火說」的陰謀來爭取同情中國的國家的進一步支持；三是告訴聯合國，中國在原則問題上絕不會妥協。在表明中國政府的原則立場基礎上，中國政府在軍事上採取了非常謹慎的態度，特別是對美國機、艦活動，以免引起中美間的直接衝突。

早在「九三」炮擊金門之前，粟裕就舟山群島海面發現美艦隊與飛機向中央請示處理意見，毛澤東批示：「不要先向美軍開炮，只取守勢，儘量避免衝突。」人民解放軍攻占一江山島後，由於美國的強烈反對，中央軍委決定暫緩攻擊大陳。2月2日，毛澤東致電國防部長彭德懷，提出在國民黨軍從大陳撤退時，「無論有無美（艦）均不向港口及靠近港口一帶射擊」。當由美國護航的國民黨軍隊從大陳撤退時，人民解放軍遵照毛澤東與中央軍委指示，沒有追擊和射擊，而是讓其安全撤走。大陳撤退後，杜勒斯再度掀起反共聲浪。杜氏於1955年3月3日赴臺灣與蔣介石會談，認為中共「在臺灣海峽中的活動是針對臺灣和澎湖列島的」。杜氏返美後與艾森豪商討協防金、馬問題，艾森豪也認為：「如果我們不積極干預，中國國民黨人有無能力保衛臺灣？或者說，如果他們沒有這種能力，我們不用原子彈去同他們合作又有多大效果？」他認為：「西太平洋的所有非共產主義國家卻緊張地注視著我們下一步的行動。我擔心如果我們試圖迫使蔣作進一步撤退」，亞洲各國會認為應及

早同中共達成「最有利的協議」。由於形勢緊急,他決定「拉蔣介石一把」。他還認為:「把國民黨安置在中國的一旁,始終威脅著要進攻大陸,是具有重要意義的,因為這樣便拖住了中國軍隊。」3月15日,杜勒斯在得到艾森豪批准後宣布,如果臺灣海峽發生戰爭,美國準備使用戰術核武器。3月16日,艾森豪在記者招待會上也將這一考慮公之於眾。此舉致使世界局勢頓呈緊張狀態。為了避免同美國直接作戰,在達到了教訓國民黨軍和警告美國不要干涉中國內政、分裂中國的目的之後,決定停止進攻金門、馬祖,並適時地採取了緩和「臺海危機」的措施,最終使「臺海危機」化解,為推進兩岸關係作出了貢獻。

3. 中國共產黨倡議國共和談與和平解放臺灣

美國在臺灣問題上的錯誤立場,以及核訛詐和戰爭叫囂,使遠東局勢特別是臺灣海峽局勢處於極端緊張狀態。中國共產黨出於緩和遠東緊張局勢的考慮,於50年代中期,將武力解放臺灣政策調整為政治與軍事並重,以政治為主解決的政策,即和平解放臺灣。

早在1950年初,毛澤東就有用和平方式解決臺灣問題的想法。當年3月11日,毛澤東致電張治中,稱張正在從事的爭取和平解放臺灣的工作「極為重要,尚希刻意經營,借收成效」。毛澤東原力主武力解放臺灣,為什麼又贊同用和平方式解決臺灣問題呢?據筆者研究,這在當時是出於策略考慮,他的主觀意圖仍是用武力解放臺灣,和平方式只是對用武力解決政策的一種配合,如同解放戰爭時期對國民黨軍以武力消滅為主,同時配以和平方式,以減輕或避免損失。解放臺灣政策的真正轉變則是在1955年萬隆會議之後。

「臺海危機」發生後，為打破美國的戰爭叫囂與分裂中國的圖謀，周恩來於1954年12月5日，會見緬甸總理吳努時指出：「我們是不受戰爭威脅的。」同時提出爭取「和平解放臺灣」，但「和平解放臺灣的前提條件一定要肯定臺灣是中國的」。同月10日，周恩來致信毛澤東，指出臺、美《共同防禦條約》的簽訂進一步加強了美國對中國領土臺灣的侵占和中國內政的干涉，加大了戰爭危險性。「如果美國政府願意緩和緊張局勢，從臺灣、澎湖和臺灣海峽撤走它的一切武裝力量，停止干涉中國內政，那麼，臺灣就有和平解放的可能。」1955年2月3日，周恩來在一次報告中宣稱「不解放臺灣，絕不甘休」的同時，特別強調「只要美軍撤退，臺灣可以和平解放」。「我們要提出這樣的響亮口號。這個口號什麼時候公開提出，要看形勢的發展。就是談判和平解放，也要有力量才能實現」。3月10日，周恩來致信毛澤東，商談前國民黨要員從香港返回大陸及發表衛立煌《告臺灣袍澤朋友書》事，稱：「以在衛入境後即在廣州發表較妥。因為等衛到北京並要在修改後再發表，那就需要一段時間，作用不如現在大。」13日，毛澤東批示：《告臺灣袍澤朋友書》「一字不改，照原文待衛到廣州時即行發表為好。在廣州發表時，即送香港登報」。「同時由新華社發來北京，播發北京及全國登報併發口語廣播，譯成外文發表。」3月15日，衛立煌抵達廣州，17日，《人民日報》與香港《文匯報》全文刊載了《告臺灣袍澤朋友書》。衛立煌在文中抨擊美國侵占臺灣與蔣介石「反攻」必敗，解放臺灣必成，呼籲袍澤、朋友「效忠革命」、「為人民盡力」，「以贖前愆」。

上述事實說明，中國共產黨對臺政策正在逐漸發生變化，由武力解放轉變為和平解放，強調和平解放的同時，始終未承諾放棄使用武力，而是以武力解放為和平解放的後盾。當美國在3月份再度

鼓噪對中國實施核打擊時，中國共產黨決定藉萬隆會議之機，公開宣布同美國改善關係，同時宣布和平解放臺灣的方案。關於此點可以在童小鵬回憶錄《風雨40年》中得到說明：「1955年4月，周恩來率中國政府才赴印尼參加萬隆會議，行前，毛澤東和中共中央確定：『可伺機提出在美國撤退臺灣和臺灣海峽的武裝力量的前提下和平解放臺灣的可能』。」

4月15日，周恩來出席萬隆會議途中抵緬甸，在同緬甸總理吳努會談中稱：「中國同蔣介石集團之間的戰爭是內戰的繼續，過去沒有現在也不允許外來干涉。如果美軍撤退，我們是可能用和平的方式解放臺灣。」23日，周恩來在緬甸等8國代表團團長會議上，闡釋中國政府在臺灣問題上的立場和意見。當有人問到臺灣和平解放後是否可以委任蔣介石為將軍時，周回答說：「完全可以。」隨後，周恩來發表聲明稱：「中國人民不要同美國打仗。中國政府願意同美國政府坐下來談判，討論和緩遠東緊張局勢的問題，特別是和緩臺灣地區的緊張局勢問題」。4月25日，周恩來接見美國《民族》週刊記者時稱：「臺灣地區的緊張局勢是美國的干涉造成的。」「為了和緩臺灣地區的緊張局勢，中國提議，中國和美國應該坐下來談，解決這個問題。」美國在4月23日當天就注意到了周恩來的聲明，並就此聲明發表公報稱「美國一向歡迎替世界帶來和平的任何努力」，但要中國政府拿出實施和平步驟的善意表現。4月26日，杜勒斯對記者發表談話，願意同中國政府對話，但他再度大談「停火」問題。周恩來於5月9日接見英國駐中國代辦維廉時稱：「我們注意杜勒斯最近關於中美談判的聲明中所說『可以沒有蔣介石參加』這一點，但杜勒斯說中美坐下來談的題目是停火問題，這是文不對題。」「中美談判的題目是緩和臺灣地區的緊張局勢。」儘管中美關於談判內容有著明顯的分歧，但雙方均同意坐下

來透過談判方式解決「臺海危機」問題，從而使劍拔弩張的軍事對峙局面有所緩和，為進一步化解「臺海危機」打下了基礎。

當美中關係有所緩和之際，中共中央認為公開提出和平解放臺灣的時機成熟了。1955年5月13日，周恩來在全國人大常委會第十五次會議的講話中指出：「中國人民解放臺灣有兩種可能的方式，即戰爭的方式和和平的方式，中國人民願意在可能的條件下，爭取用和平的方式解放臺灣。」同年7月30日，周恩來在人大一屆二次會議的講話中代表中國政府宣布：「中國政府願意和臺灣地方的負責當局協商和平解放臺灣的具體步驟。」於此同時，從1955年夏季起，人民解放軍停止了對國民黨軍的主動攻擊，只是在遭到襲擾時才予以還擊。周恩來的兩次公開講話標幟著中國共產黨對臺政策發生了重大轉變，即由武力解放為主過渡到和平解放為主。

中國共產黨之所以在50年代中期對臺政策作重大調整，主要是出於以下考慮：

第一，基於緩和臺灣海峽緊張局勢，避免與美國軍隊直接作戰的考慮。鑑於朝鮮戰爭已使中國經濟建設遭受了巨大的損失，如果由於「臺海危機」再度導致中美之戰，將會在更大範圍內干擾中國經濟的發展。因此，毛澤東審時度勢，決定停攻金、馬，避免同美國直接衝突，力圖透過同美對話以緩和遠東緊張局勢，特別是臺海緊張局勢。關於此點，可從「臺海危機」發生後，特別是人民解放軍奪取一江山島後周恩來和毛澤東的講話中得到說明。1955年2月5日，周恩來在接見瑞典駐華大使魏斯特朗時稱：「國際上一切為和緩並消除遠東緊張局勢，包括臺灣地區的緊張局勢的真正努力，中國總是給予支持的。」翌日，周恩來接見印度駐中國大使賴嘉文時稱：緩和遠東緊張局勢的關鍵在美國「要打，我們不怕；要和緩，

那就得坐下來談。」4月5日，周恩來在中共中央政治局會議上提出：「我們主張透過國際協商和緩國際緊張局勢，包括臺灣地區的緊張局勢在內。」同年7月30日，周恩來在全國人大一屆二次會議的報告中稱：「本著和緩國際緊張局勢和協商解決國際爭端的原則，中國政府曾經採取一系列的步驟來和緩中國同美國之間的緊張局勢。」同年11月5日，周恩來接見印度新任駐華大使拉・庫・尼赫魯時稱：我們的方針就是「爭取局勢和緩下來，和美國和平共處」。毛澤東也強調：「國際緊張局勢的和緩，持久和平可能性的出現，則符合一切不願意戰爭的人民和國家的利益。」1959年10月5日，毛澤東在談到解決臺灣問題的方式時，強調不一定非得用武力方式，指出我們準備同蔣介石談判。1960年5月22日，毛澤東主持中共中央政治局常委會議，研究對臺問題。毛澤東認為：臺灣寧可放在蔣氏父子手中，不可落到美國人手中；對蔣介石我們可以等待，解放臺灣的任務不一定要我們這一代完成，可以留交下一代人去辦；現在要蔣過來也有困難，逐步地創造些條件，一旦時機成熟就好辦了。

同美國政府談判，中心問題是臺灣問題。在1955年8月1日於日內瓦舉行的中美級大使會談中，美國提出：「除防禦外，將不在臺灣地區使用武力。」對於美方的建議，中國政府的原則立場是：「和平解決中美之間的爭端而不使用武力；中美間在國際關係中不使用武力問題，絕不能同中國用和平的或武力的方式解放臺灣的內政問題混為一談；中國政府雖一再聲明願在可能條件下和平解放臺灣，但臺灣問題是中國的內政問題，絕不能成為中美會談的議題。」

會議因美國缺乏誠意沒有取得積極成果，但它使中美之間有了

一條透過談判解決問題的外交接觸管道,使得因美國的戰爭威脅而造成的中美間的極度緊張關係得到一定程度的緩解。

第二,基於國內主要矛盾的變化。隨著生產資源私有制的社會主義改造的基本完成,國內主要矛盾發生了根本性的變化,即由工人階級同資產階級的矛盾,轉化為人民對經濟文化迅速發展的需要,同當前經濟文化不能滿足人民需要的狀況之間的矛盾。這一變化決定了儘管國共兩黨仍然處於嚴重對抗狀態,但是如何肅清臺灣國民黨殘餘要服從國內主要矛盾的需要。

第三,基於對國民黨現狀的考慮。儘管國共兩黨當時還處於敵對狀態,但在堅持「一個中國」,反對「兩個中國」的基本原則上,始終具有共識。美國製造「兩個中國」的陰謀,遭到海峽兩岸國共兩黨的共同反對,因此在維護祖國統一這個雙方可以共同接受的前提下,求同存異,以和平方式解決臺灣問題,就逐漸具備了可能性。正如周恩來所說:「現在,和平解放臺灣的可能性正在增長,除了國際形勢趨向緩和與新中國強大之外,就是在那些從大陸上跑到臺灣去的國民黨軍政人員當中,也有越來越多的人看到,只有實現祖國的和平統一,才是他們的唯一出路」。

毛澤東、周恩來等中共領導人關於用和平方式解決臺灣的口號一經提出,立即受到海內外輿論的好評。「民革」中央主席李濟深呼籲臺灣軍政人員應「走和平解放臺灣的道路,為實現偉大祖國的完全統一而立功」。1956年2月29日,「民革」三大還發表了《告臺灣軍政人員書》,歡迎他們早日歸來。

中共倡議和平解放臺灣與中美會談,使臺灣海峽的緊張局勢迅速得到了緩解。

上述事實說明:中國共產黨將武力解放臺灣政策調整為用和平

方式解放臺灣，不僅順應了世界局勢的發展，也符合海峽兩岸的現狀，因而得到世界輿論的肯定。既然中國共產黨主張用和平方式解決臺灣問題，那為什麼沒有放棄「武力解放」這一口號呢？據筆者研究，原因主要有三條：

第一，考慮到美國政府雖在同中國進行政治談判，但從其自身在亞太地區的利益考慮，它還將不斷插手臺灣事務，製造「兩個中國」的陰謀，對此，中國人民「是絕對不容許其實現的」。因此，對於美國的政治企圖與戰爭訛詐政策，必須以武力作後盾，必要時不惜與美國一戰。

第二，考慮到蔣介石還沒有放棄武力「反攻大陸」的政策。毛澤東指出：「在臺灣國民黨沒有同我們舉行和平談判並且獲得合理解決以前，內戰依然存在。」既然蔣介石不願放棄「反攻大陸」的口號，當然只好「談談打打，打打談談」。

第三，毛澤東根據多年的政治鬥爭經驗認為：政治鬥爭是以軍事實力作為堅強後盾的，如果沒有軍事實力做後盾，和平談判是很難成功的。解放戰爭時期國共兩黨舉行的重慶談判與北平談判，進一步說明軍事實力在談判中的極端重要性。

基於上述三點考慮，毛澤東雖然主張用和平方式解決臺灣問題，但始終不作「放棄使用武力」的承諾。正是由於這一正確的抉擇，才使美國企圖將臺灣從中國分離出去的陰謀始終不能得逞。

中國共產黨提出「和平解放臺灣」後，中共中央領導人在多次闡明和平解放臺灣政策的同時，進一步強調國共第三次合作，並採取一些措施，以推進國共和談進程。

1955年12月23日，周恩來在會見香港大學英籍教授談及臺灣問

題時稱：「我們可以同蔣介石談判和平解放臺灣問題。我和蔣介石是老朋友，合作過兩次。20年前我還放了他一次，不是我一個人放的。」「既然合作過兩次，當然還可以合作第三次囉！」

1956年1月25日，毛澤東在第六次最高國務會議上提出：「臺灣那裡還有一堆人，他們如果是站在愛國主義立場，如果願意來，不管個別的也好，部分的也好，集體的也好，我們都要歡迎他們，為我們的共同目標奮鬥。」毛澤東還宣布：「國共已經合作了兩次，我們還準備進行第三次合作。」根據毛澤東的指示精神，周恩來於1月30日在政協二屆二次會議上正式宣布了對臺灣的方針、政策：「凡是願意回到大陸省親會友的，都可以回到大陸上來。凡是願意到大陸參觀學習的，也都可以到大陸上來。凡是願意走和平解放臺灣道路的，不管任何人，也不管他們過去犯過多大罪過，中國人民都將寬大對待，不咎既往。」同時號召：「臺灣同胞和一切從大陸跑到臺灣的人民，站到愛國主義旗幟下來，同祖國人民一起，為爭取和平解放臺灣，為實現祖國的完全統一而奮鬥。」2月4日，《人民日報》發表題為《為和平解放而奮鬥》的社論，重申周恩來在政協二屆二次會議上發出的為爭取和平解放臺灣而奮鬥的號召。7日，全國政協二屆二次會議通過決議，闡明中國人民積極爭取用和平方式解放臺灣的原則立場，號召一切從大陸跑到臺灣的國民黨人員同祖國人民一起為和平解放臺灣而努力。

4月，毛澤東針對國民黨軍政人員對大陸政策存在的疑慮表示：「和為貴……愛國一家，愛國不分先後，以誠相見，來去自由。」6月28日，周恩來在全國人大一屆三次會議上代表政府正式表示：「我們願意與臺灣協商和平解放臺灣的具體步驟和條件，並且希望臺灣在他們認為適當的時機，派遣代表到北京或其他適當的

地點，同我們開始這種商談。」「我們對於一切愛國的人們，不論他們參加愛國行列的先後，也不論他們過去犯了多大罪過，都本著『愛國一家』的原則，採取既往不咎的態度，歡迎他們為和平解放臺灣建立功勳，並且還將按照他們立功大小，給予應得的獎勵和適當的安置。」毛澤東在審閱了周恩來的這個發言時扎到：「此件很好。」

中國共產黨在公開場合宣布新的對臺政策的同時，還透過多種管道向臺灣國民黨當局傳遞和平解放臺灣的資訊與邀請。

首先是與國共兩黨高層均有私誼的無黨派人士章士釗，在周恩來提出和平解放臺灣後主動提出去香港找關係，做蔣介石的工作，以促成第三次國共合作。毛澤東、周恩來批准了章士釗的請求，並給蔣介石寫了一封信，請章轉交。信中對國共第三次合作提出了一些原則性的做法：

第一，除了外交統一中央外，其他臺灣人事安排，軍政大權，由蔣介石管理；

第二，如臺灣經濟建設資金不足，中央政府可以撥款予以補助；

第三，臺灣社會改革從緩，待條件成熟，亦遵重蔣介石意見和臺灣各界人民代表協商；

第四，國共雙方要保證不做破壞對方之事，以利兩黨重新合作。

信中還說：「奉化之墓廬依然，溪口之花草無恙。」歡迎蔣介石在祖國統一後回故鄉看看。章士釗在周恩來安排下於1956年春赴港，找到派駐香港負責國民黨文宣工作、主持《香港時報》的許孝

炎，同他談了第三次國共合作之事，並將中共中央致蔣介石的親筆信委託許轉交。後許至臺北，將信交蔣，蔣不置可否。

1956年3月16日，周恩來接見李濟深前衛士長、英人馬坤說：「如果你這次或者以後到了臺灣，請你向蔣介石或你的其他朋友轉達幾句話：『蔣介石是我們的老朋友，他認識毛主席，也認識我。我們同他合作過兩次』。」周提出可以同蔣再度和談，還說：「蔣介石還在臺灣，槍也在他手裡，他可以保住。主要的是使臺灣歸還祖國，成為祖國的一個組成部分。這是一件好事，如果他做了這件事，他就可以取得中國人民的諒解和尊重。」

5月13日，周恩來接見並宴請曾任李宗仁祕書、國民黨中央副祕書長程思遠和宋子文祕書郭增愷。在談話中，周說：「只要大家以民族和祖國的利益為重，國共兩黨仍然可以重新攜手團結起來，爭取第三次合作，實現祖國的完全統一。」他還說：「我們希望臺灣全部過來。臺灣如要瞭解大陸情況，盡可以派人來考察，我們將提供一切幫助。」「國民黨軍政負責人來大陸探親、訪友、觀光，我們將給予各種方便和協助，並保證來去自由，允許保留自己意見。」7月13日、16日、19日，周恩來三次接見原國民黨中央通訊社記者曹聚仁。曹是浙江人，蔣經國的老部下，與蔣交誼甚厚。1956年7月1日，他攜妻、子以新加坡工商考察團身分抵京訪問。北京之行的目的如曹氏回憶所說：「我這回訪問北京，乃是站在人民的立場，以記者的客觀地位，一本正經的工作。我們的背後，有著千百萬海外華僑，急待知道大陸中國的社會動態，急欲明瞭大陸中國的政治進展，我們自請為他們做真實的報導。」曹氏赴京之際，正是北京公開首倡和平解放臺灣之時，因此港澳報紙猜測他此行與國共和談有關。應當說，曹氏回大陸時不一定帶有特殊使命，但在

周恩來接見他後，則肩負起了為兩黨和談穿針引線的神聖工作。周對曹說：國共兩黨合作「有過兩次，第一次合作有國民革命軍北伐的成功，第二次合作有北伐的勝利，這都是事實，為什麼不可以第三次合作呢？」提出國共兩黨要「彼此商談」。曹聚仁問周在全國人大會議發言中談到「和平解放臺灣」的票面有多少實際價值，周答：「和平解放臺灣的實際價值和票面價值完全相符。」陪同會見的邵力子對曹提出要求，請他為祖國統一多做些工作。曹欣然接受，並向周恩來提出想到臺灣去說服蔣經國「易幟」。同年8月14日，《南洋商報》刊載了曹聚仁文《頤和園一夕談——周恩來會見記》。9月8日，印尼華僑主辦的《生活週刊》又發表了曹文《周總理約曹聚仁在頤和園一夕談》。曹的兩文向世界特別是向臺灣進一步傳達了中共中央關於國共和談的主張與構想。同年10月，曹聚仁再度赴京，受到毛澤東的接見，據曹的《北行小語》披露：「毛澤東從蔑視蔣介石的角度轉而走向容忍的態度。」曹氏認為：「在黨的仇恨情緒尚未完全消逝的今日，毛氏已經冷靜下來，準備和自己的政敵握手，這是中國歷史又一重大轉變。」

　　上述事實表明：中國共產黨人提出和平解放臺灣，實行第三次國共合作的主張是真誠的、完全是出於緩和「臺海危機」與實現祖國完全統一的考慮，是當時條件下能夠為兩岸兩黨所能接受的唯一可行的方案。第二，上述方案與做法表現出中國共產黨人高舉愛國主義大旗，富有創意，在不失原則的同時，又表現出高度的靈活。如果臺灣國民黨當局也以國家民族利益為重，捐棄前嫌，求同存異，國共兩黨重開和談，恐怕臺灣在50年代中期就已經回到祖國的懷抱了。遺憾的是臺灣國民黨當局頑固堅持反共政策，拒絕和談，致使50年代中期臺灣歸回的一次契機喪失了。

三、中國共產黨和平解放臺灣構想未能達成的原因

在中國革命史上，國共兩黨曾有過多次談判，舉其大者有第一次國共合作談判、第二次國共合作談判、重慶談判、北平談判。每次談判合作的最終結果都以國民黨撕毀、破壞、背棄協定而告終。與前幾次談判不同的是，這次國共和談則因國民黨當局拒絕和談而未能達成。當然，在國民黨退臺之初，國民黨也曾進行過和談試探。

1. 李次白和宋宜山祕密訪問大陸

早在1950年6月人民解放軍準備攻臺、臺灣社會一片混亂之際，蔣介石一面宣稱「反攻大陸」，一面派出李次白祕密前往大陸，試探國共和談的可能性。

李次白畢業於黃埔軍校第6期，因其哥嫂均是中共黨員，其妹嫁給陳毅胞兄陳孟熙，被懷疑是中共黨員，遂脫離軍、政界，在臺北開了家「凱歌歸」飯店。1950年初，李的兩位老同學與蔣經國部下胡偉克光臨「凱歌歸」，告訴他：「目前黨國的處境非常困難，……如在火山之顛。」「令妹是陳毅的大嫂子，這就是請你和共產黨對話的資本。你如能出山，到大陸走一趟，就等於救了我們的性命。不，應該說是整個黨國的命運。」李次白受命後又受到蔣經國接待，蔣對李稱：「現在國共合作，我看希望不大。」「你和陳毅是至親，我看可以深談。最低限度，希望不進攻臺灣。」

5月下旬，李次白由臺赴港，月底至大陸。李經陳孟熙引見同

陳毅會面，對陳說：「臺灣要給你談國共合作的事，共走美國兩黨制民主的道路，最低限度要求不進攻臺灣。」陳則答：「國共合作的話題，現在先不提。現在提為時尚早，以後會有機會的。」陳毅之所以作此答覆，是因為人民解放軍攻打臺灣在即，蔣介石難逃失敗命運，故認為此時談國共合作不適時機。李次白返臺不久，朝鮮戰爭爆發，美國侵入臺灣海峽，使蔣介石集團從杜魯門手中意外地獲得了一張人壽保險單，故而試探和談自動終止。

　　1955年至1956年中國共產黨重開和談的建議，也曾引起蔣介石的極大關注。他曾經與部下進行反覆研究，遂於1957年初召見許孝炎。蔣對許稱：「基於『知己知彼，百戰不殆』的原則，針對中共發動的和平統一攻勢，決心派人到北平一行，實際瞭解中共的真實意圖，至於人選，不擬自臺灣派出，而自海外選擇。」

　　許深解蔣意，提出原「立法院長」童冠賢、「立法院祕書長」陳克文和「立法委員」宋宜山作為北上試探和談的人選。經蔣抉擇派宋宜山前往北京。蔣之所以選中宋，據海外資料分析：宋既是蔣介石的學生，又是原國民黨中央候補委員，現任臺灣「立法委員」，對蔣介石與國民黨都比較忠誠。加之他是國民黨戰犯宋希濂的哥哥，宋希濂當時正關在北京功德林戰犯管理所，他可以探親名義赴京，不引起外人的注意。蔣選中宋還有一個原因是，宋是湖南人，時任中共中央統戰部部長的李維漢也是湖南人，對話比較方便。

　　宋宜山4月抵京後，曾同周恩來與李維漢進行了會談。李維漢代表中共中央向宋轉達了下列幾點：

　　（1）國共兩黨透過對等談判，實現和平統一；

　　（2）統一後，臺灣作為中國政府統轄下的自治區，實行高度

自治；

（3）臺灣的政務仍歸蔣介石領導，中共不派人前往干預；

（4）國民黨可派人到北京參加全國政務的領導，但外國軍事力量一定要撤離臺灣海峽。

上述方案與中共中央關於和平解放臺灣的講話，表明可以採用「一國兩制」解決臺灣問題的思想已具雛形。

宋宜山在京期間，還參觀了石景山鋼鐵廠，四季青農業生產合作社等地。宋於1957年5月返抵香港，曾寫就1.5萬字的報告，經許孝嚴轉呈蔣介石。因宋對北京各種見聞頗有好感，在報告中有所流露，故蔣閱後不悅。蔣對許講：請轉告宋宜山不必再回臺灣了，他「立法委員」的薪金可以按月匯給。至此，蔣介石最終關閉了國共和談的大門。

2. 國民黨蔣介石關閉了和談大門

實事求是地講，蔣介石派宋宜山赴大陸「實地考察」，只是想「瞭解一下中共的真實意圖」，根本沒有和談的誠意。關於此點，可以從下列幾點中得到說明：

第一，蔣介石不能接受中共所提出的條件。按照蔣介石的邏輯，「漢賊不能兩立」，如果承認中共統治，是「決為中國歷史所不許的」，是「空前的罪惡」。因此他宣稱「絕不放棄收復大陸」。於此同時，臺灣國民黨當局從6月1日至18日，不斷派飛機襲擾大陸沿海地區，先後共計131批319架次。6月30日，臺灣宣布繼續對大陸沿海港口實施禁運封鎖。8月4日，臺灣外交部長葉公超宣

稱：「反攻大陸」是一貫的政策，絕不妥協。10月3日，蔣介石在國民黨七屆六中全會開幕式上致辭稱：要堅定「反共信念」，完成「反攻準備」。11月12日，蔣介石在臺灣紀念孫中山誕辰90周年會上稱「要解除亞洲和世界的禍根，必須要由我們先來反攻大陸」，消滅「朱毛」著手。1956年1月19日，金門國民黨駐軍炮擊廈門地區村鎮，再度引起隔海炮戰。同月28日，蔣介石接見美國記者密勒與白斯時稱：如果他不受外力阻撓，「現在能以反攻恢復大陸，消滅共黨政權。」3月15日，蔣介石對美國記者賓克雷稱：國民黨軍「必將重返大陸」。

第二，蔣介石錯誤地認為中共急於談判的根本目的是要使臺、美《共同防禦條約》「失作用」，要脅美國「迫我退出金、馬等週邊島嶼」，並「唾手而得臺、澎」。因此，蔣介石提出：「堅持立場，固守金、馬，確保我反攻基地。」翌年1月28日，蔣介石再度向美國記者重申：「金門、馬祖將予誓死堅守。」

第三，蔣介石認為中共倡言和談，是「30年來一貫的伎倆」，企圖用和談的方式「來達成他武力所不能達到的目的」。因此，蔣介石在1955年6月4日答美國記者稱：對中共我「絕不做任何方式的談判，亦絕無任何影響可以促使我對中共的談判」。1956年12月31日，蔣介石接見伊朗參議員馬蘇弟時稱：吾人曾多次同中共談判，已有太多的經驗，「絕不致再受共黨最近和平攻勢之欺騙。我政府絕不考慮任何共黨和平倡議」。

蔣介石在主持的國民黨八大上，更錯誤地認為中共發動「和平攻勢」是什麼「統戰陰謀」，「改換了一個新花樣」。其目的「就是要混亂國際間對我反攻復國決心的認識，同時欺騙大陸的反共革命群眾，使他們不再對我們的反攻，寄託其全部的希望」，進而奪

取臺、澎、金、馬。在此認識基礎上，國民黨進一步宣稱不與中共談判，從而再度關閉了由中共開啟的和談大門。於此同時，臺灣國民黨當局不斷「策進反攻大陸」，宣稱臺灣已經奠定了「反攻復國」的基礎，「隨時可以伺機反攻」。在貫徹「軍事進攻」的同時，更注重「心戰」與「政戰」工作的重要性，將「大陸政策」調整為：「以政治為主，軍事為輔。」

國民黨八大前後為什麼在拒絕中共和談倡議的同時，將「大陸政策」由「軍事反攻」為主轉為「政治反攻為主，軍事為輔」呢？據筆者研究，主要原因有：

第一，國民黨失掉了美國對「軍事反攻」的支持。眾所周知，國民黨的「反攻大陸」始終是以美國在太平洋的武力為其後盾的，但在「臺海危機」發生後，美臺之間在防守與撤離金門、馬祖兩島嶼問題上發生了激烈的爭論。美國為了避免與中國人民解放軍直接衝突，同時為了分割臺灣與大陸的聯繫，逼迫國民黨軍隊撤出金、馬，製造「劃峽而治」的分裂局面。美國的「撤退說」不為蔣介石所接受，並招致蔣的激烈反彈。進入60年代之後，隨著臺、美「蜜月」的結束與美國陷入越南戰爭不能自拔，美國對國民黨所謂「反攻大陸」的神話已明顯失去了支持的興趣。美國對蔣的冷淡態度使蔣的「反攻」調門越唱越低，後來索性將「反攻大陸」改為「光復大陸」，即「恢復大陸人民之自由」。

第二，蔣介石「軍事反攻」大陸政策遭到破產。國民黨退臺以來，蔣介石不斷派出的多股騷擾大陸的特務及武裝偷襲均遭粉碎，海南、舟山、大陳諸島撤退，均表明「軍事反攻」難以奏效，遂使島內產生「反攻無望論」。連蔣介石都不得不承認島內黨內外人士「投機取巧的心理」，成為「反共革命的致命傷」。加之大陸上的

反共組織,「還沒有強固基礎,人民亦沒有接應我們反攻的條件」。因此,「軍事上雖已粗具反攻準備的力量,但並不能說反攻的行動,就越早越好。」在軍事「反攻」無望的情形下,國民黨當局認識到光靠軍事手段無以完成「反攻」任務,因而提出「政治為主,軍事為從」的「反攻」新戰略,同時執行「建設臺灣」以「策進反攻」,開始將注意力放在臺灣的經濟建設與厚積反共實力上。

綜上所述,在臺海發生危機之際,中國共產黨從國家與民族利益出發,首倡和平解放臺灣。這一建議較為集中地反映了中共在兩岸處於冷戰對峙狀態下解決臺灣問題的基本立場和主張,符合兩岸的客觀實際和包括臺灣同胞在內的全體中國人民的根本利益。中共的和平倡議和為實現和平解放臺灣所作的真誠努力;雖被臺灣蔣介石集團所無理拒絕,但卻贏得了政治上的主動。國民黨當局雖將軍事「反攻」調整為「政治為主,軍事為從」,但其極端的反共立場與美國不斷插手臺灣事務的現實,很難避免「臺灣危機」的再度發生。

第二章 第二次「臺海危機」與「一綱四目」主張的提出

　　1958年8月23日，中國人民解放軍再度炮擊金門，國共兩黨軍隊在臺灣海峽發生了國民黨退臺以來規模最大的一次隔海炮空戰。此次炮空戰不僅牽動著大陸、臺灣同美國關係的神經，而且令世界矚目。那麼，這場規模空前的炮空戰是怎樣發生的？中、美、臺三方如何動作？它對海峽兩岸關係及中美關係將產生什麼影響？這是研究50年代末60年代初海峽兩岸關係從武力解放向和平解決轉變過程中必須首先搞清的問題。

一、第二次「臺海危機」的發生及其原因

1. 中國共產黨再度炮擊金門的原因

　　1958年8月23日，中國人民解放軍炮擊金門的行動，絕不是偶然的，是中國共產黨出於支援中東人民，警告美國不斷插手臺灣事務與懲罰國民黨多方考慮的結果，是一項以軍事手段達到政治、外交目的有力行動。具體說來，原因有四：

　　第一，炮擊金門是為了支援中東人民的反帝鬥爭。照常理而言，無論如何也很難把「八二三」炮擊金門與萬里之遙發生的中東事件緊密相連，然而事實又的確如此。

眾所周知，隨著世界民族獨立運動的高漲，阿拉伯地區人民的鬥爭風起雲湧。1958年5月，黎巴嫩人民掀起了反對本國親美當局夏蒙的鬥爭，美國趁機對黎巴嫩事務進行野蠻的干涉。

同年7月14日，伊拉克人民進行民族革命，建立了伊拉克共和國，採取了反帝的立場。7月15日，美國在「保衛黎巴嫩主權」的藉口下，派遣武裝部隊在貝魯特附近登陸。17日，英國出兵約旦，並在地中海集結軍隊。美英兩國干涉阿拉伯地區民族獨立運動的戰爭冒險行為，不僅遭到了阿拉伯和世界人民的反對，而且也遭到中國人民的強烈譴責與抗議。7月16日，中國政府發表反對美國武裝干涉黎巴嫩的聲明，譴責美國的「侵略行為」，不僅「是對阿拉伯各國人民的狂妄挑釁」，而且「嚴重威脅著西亞和世界和平」。號召全世界愛好和平的國家和人民「必須堅決要求美軍立即撤出黎巴嫩、制止美國的戰爭挑釁」。

眾所周知，毛澤東歷來主張被壓迫民族的民族解放運動同帝國主義的鬥爭是國際政治鬥爭的焦點。帝國主義國家借反共產主義之名來爭奪地盤，「目前他們的爭奪集中在中東這個具有重大戰略意義的地區」。因此對於亞、非、拉美地區的人民反帝鬥爭，對各國人民的革命鬥爭，「我們就是要支持」。毛澤東在7月18日布置東南沿海的軍事鬥爭會議上指出：支援阿拉伯人民的反侵略鬥爭，不能僅限於道義上的支援，還要有實際行動的支援。毛澤東還指出：炮擊金門「對美帝國主義則有牽制作用。」當然，1958年春，人民解放軍空軍部隊進入福建後，福州軍區擬定了炮擊封鎖金門的作戰方案，準備在適當時候，對金門實施大規模炮擊封鎖。中東事件的發生，被毛澤東認為這正是為採取軍事行動提供的一個師出有名的絕佳時機，因此，中東事件就與炮擊金門緊密聯繫起來，成為炮擊

金門的導火線。

　　第二，炮擊金門有警告美國和摸美國協防臺澎底牌的意圖。第一次「臺海危機」之後，儘管中美之間仍在談判之中，但美國始終沒有放棄插手臺灣事務、干涉中國內政的立場。1956年，美國對臺「經援」1.01億美元，翌年又增加700萬美元，同時將顧問團擴編至2500人。1957年3月1日，《人民日報》發表觀察家評論：《美國加緊控制臺灣的陰謀活動》。同年5月8日，美國向中國人民進行武力示威。美國駐臺大使館和臺灣外交部就美國此舉發表聯合聲明稱：「採取這一行動完全是為了阻遏在必要時擊退攻擊的防禦性目的。」

　　5月10日，《人民日報》就此發表社論《絕不容忍美國的侵略行為》。11日，中國外交部發表聲明，就美國執意推行侵略中國、加劇遠東局勢的又一嚴重挑釁行為，表示極大憤慨並提出強烈抗議。10月29日，中國代表在第19屆國際紅十字大會全體會議上，發言反對美國企圖利用會議製造「兩個中國」的陰謀，要求會議制止臺灣國民黨蔣介石集團分子以任何名義參加會議。11月2日，《人民日報》發表題為《反對美國製造「兩個中國」的陰謀》的社論，支持中國紅十字代表團就美國企圖利用第19屆國際紅十字大會製造「兩個中國」的陰謀提出的強烈抗議。一週後，《人民日報》再發社論：《「兩個中國」是永遠不能實現的妄想》，重申中國政府在臺灣問題上的一貫立場。美國對中國政府的抗議與譴責置若罔聞，反而不斷叫囂：中共倘進攻臺灣海峽，必遭飛彈報復。當中東事件發生後，美國於7月15日宣布其遠東地區陸海空軍進入「特別戒備狀態」。8月4日，美軍協防臺灣司令部宣稱：美國F-101型超級軍刀戰鬥機調駐臺灣。翌日，美國援助國民黨空軍第一批F-100型戰

鬥機運抵臺灣。8月8日，美國海軍參謀長伯克叫囂說，美國海軍正密切注視臺灣地區局勢，隨時準備像在黎巴嫩那樣的登陸。8月11日，美國國務院又公布了《關於不承認中國的備忘錄》，大肆攻擊中華人民共和國的現行政策是進行「從事破壞全世界自由國家生活方式和在全世界建立共產主義統治的長期鬥爭」，制止中共的「進一步擴張」，不能夠「只限於軍事威懾力量」，而且拒絕「給予外交承認」。8月16日，《人民日報》發表評美國國務院不承認我國的備忘錄——《美國侵略者的舊調可以休矣》，予以批駁。

鑑於美國仍不斷插手臺灣事務、干涉中國內政，加劇遠東特別是臺灣海峽緊張局勢，也出於實現中國統一的考慮，毛澤東希冀透過有限的軍事行動來警告美國，並摸清美國對新中國的戰略意圖，特別是美、臺《共同防禦條約》的底牌到底如何。關於此點，可從9月13日毛澤東致周恩來、黃克誠的信中得知：「華沙談判，三四天或者一週以內，實行偵察戰，不要和盤托出。」

第三，炮擊金門也有懲罰國民黨軍隊騷擾大陸的因素在內。第一次「臺海危機」結束之後，蔣介石不僅沒有從金門、馬祖等島嶼撤兵，反而加強經營兩個島嶼。1956年6月27日，臺灣確定金門、馬祖為戰地政務區，到1958年夏，有1/3的國民黨陸軍兵力被部署在這兩個島嶼上。

蔣介石為何不惜與美國人鬧翻也要堅守金門、馬祖呢？據臺灣學者稱：從地理位置上講，臺灣是一個丘陵起伏的島嶼，防禦上缺乏縱深，因此，臺灣的防禦必須有效地控制臺灣海峽。要控制臺灣海峽，就必須首先控制海峽的前哨陣地——金門、馬祖。只要控制住金門、馬祖，中共絕不可能在毫無預備的情形下突襲臺灣本島。其實這種說法不過是蔣介石講話的翻版而已。在第一次「臺海危

機」期間，蔣介石就曾多次宣稱：「今日東南亞的金門，可比之如今日歐洲的西柏林及第二次世界大戰期間的瑪律達島，這是一座反共的堡壘。」「如果金門失守，馬祖亦勢必難保，而臺灣的堤防亦將崩潰。」

正是由於金、馬兩島地位的極端重要性，這個反距大陸幾千米的彈丸之地，便成為國共兩黨爭奪的焦點。於此同時，金、馬國民黨守軍在第一次「臺海危機」之後不斷向福建地區發炮射擊，並於1957年11月28日舉行退臺以來規模最大、以大陸為假想敵的「昆陽」軍事演習，從而使海峽兩岸已降溫的軍事對峙再度升級。

1958年2月22日，海峽兩岸國共兩黨海軍在馬祖島附近爆發激烈海戰。3月14日，美國國務卿杜勒斯訪問臺北，與蔣介石共商加強美臺合作問題。同時，美國在臺軍事顧問團特在金門設立了顧問組。經與美國顧問團協商，臺灣於7月17日宣布其軍隊進入「特別戒備狀態」。8月4日，蔣介石在臺北陽明山召開黨政軍聯席會議，討論金、馬作戰問題。翌日，臺灣國防部長俞大往向美國提出三項要求：就外島之立場發表聲明；美國在臺灣海峽進行武力示威；向臺灣運交響尾蛇導彈。8月6日，臺灣「國防部」宣布：「臺澎金馬地區進入緊急備戰狀態。」10日，蔣介石派蔣經國親赴金門會晤金門守軍司令胡璉，將蔣介石指令告知胡璉：「總統預料共匪在最近期內將進犯金門，故應提早完成隧道工程，並將所有彈藥藏於地下；從速加強炮兵陣地，多儲糧食，注意飲水設備等。除金門本島外，必須特別注意大膽、二膽及列嶼之防禦。」11日，蔣介石赴馬祖視察防務。20日，蔣介石再赴金門視察，並發表訓話說：「為國家復興而忍恥受辱，已有10年之久，今日是打勝仗的最好機會。復仇雪恥在今朝，金門部隊負有打一次勝仗的任務，決心與犧牲是打

勝仗與成功的先決的條件。」

臺灣之所以這樣做，是他們認為7月31日赫魯雪夫訪問北京時鼓動毛澤東「發動臺灣海峽戰爭，陰謀登陸金門」。這種判斷與準備炮擊金門的毛澤東思路可謂是風馬牛不相及。毛澤東主張炮擊金門，就是要懲罰襲擾大陸的國民黨軍。當炮擊金門事件發生後，臺灣宣稱中共的最終目標就是要奪取臺灣。周恩來在會見蘇聯駐華使館參贊蘇達利柯夫時指出：中國炮擊金門、馬祖「並不是就要用武力解放臺灣，只是要懲罰國民黨部隊，阻止美國搞『兩個中國』。」

第四，炮擊金門也有借此事件加強對敵鬥爭、激發人民鬥志的意圖。毛澤東歷來認為：以對敵鬥爭激發人民的革命熱情，調動一切積極因素促進革命和建設。第二次「臺海危機」間，他就曾說：「臺灣的緊張局勢究竟對誰有利些呢？比如對於我們國家，我們國家現在全體動員，如果說中東事件有三四千萬人遊行示威、開會，這一次大概搞個3億人口，使他們得到教育鍛煉。」由此可見：「帝國主義自己製造出來的緊張局勢，結果反而對於反對帝國主義的我們幾億人口有利。」周恩來也認為「緊張給我們帶來好處，如幹勁更大，工作更好，速度更快」。上述事實說明：炮擊金門的目的就是，透過有限的軍事行動，用炮火與臺、澎、金、馬來保持「聯繫」，維持中國內戰的態勢，並利用美、蔣的矛盾，打擊美蔣的囂張氣焰。打擊美國企圖霸占臺灣和分裂中國的陰謀，顯然這是一場政治仗、外交仗。在這一場鬥智鬥勇的中美較量中，以毛澤東、周恩來為首的中國共產黨表現出高超的政治智慧、鬥爭藝術與大無畏的勇氣，在中美與海峽兩岸關係史上寫下了奪目與傳奇的一頁。

2. 炮擊金門的決策及實施

炮擊金門，是中共中央1958年北戴河會議時決定的，是由毛澤東坐鎮北戴河直接指揮的。7月17日，就在美國入侵黎巴嫩的第三天，臺灣宣布軍隊進入「特別戒備狀態」的當天，國防部長彭德懷根據毛澤東的指示，向總參謀部傳達了中央軍委的決定：空軍和地面炮兵立即開始行動；空軍轉場入閩越快越好；地面炮兵和海岸炮兵的任務是封鎖金門及海上航運，利用一切時機打擊國民黨軍的運輸船隻。7月18日晚，毛澤東召集中央軍委副主席與海空軍負責人，部署東南沿海的軍事鬥爭任務。

毛澤東指示：以地面炮兵實施主要打擊，準備兩三個月；以兩個空軍師於炮擊同時或稍後，轉場南下，分別進駐汕頭、連城。當晚，中央軍委召開會議，彭德懷根據毛澤東指示具體部署了炮擊金門的作戰事宜。中央軍委最後預定對金門、馬祖實施大規模炮擊的時間是7月25日。於此同時，毛澤東點將葉飛具體負責戰役指揮。毛澤東之所以點將葉飛，是因為葉飛是三軍之中唯一同金門國民黨軍有過多次較量的高級指揮官。他雖曾指揮了1949年10月攻打金門全軍覆沒之戰，也曾在第一次「臺海危機」間打了一個非常漂亮的反偷襲戰；他受到過毛澤東的批評，也曾受到毛澤東的通令嘉獎。點將葉飛就是考慮他曾在金門吃過虧，一定會記取攻打金門失利的教訓，不會重蹈失敗的覆轍。葉飛作為福建省委書記與福州軍區政委，在接到命令當夜，立即召集軍區領導人及有關人員開會研究，決定集重兵分別打擊金門、馬祖之敵，參戰部隊定於7月24日晚全部進入射擊位置。

18日當夜，空軍根據中央軍委指示決定：立即建立福州軍區空

軍指揮機構,由志願軍空軍司令員聶鳳智具體負責指揮;使用戰鬥力較強、有作戰經驗的部隊,力爭打好第一仗;加強各機場的保障機構,從東北、華北、華東地區各抽調一個場站,緊急調運必要的車輛裝備和確立作戰指導思想,大力開展政治動員。根據人民解放軍總參謀部的部署,海軍在封鎖金門作戰中的主要任務是:協同陸、空軍,以海岸炮兵打擊敵人的運輸和戰鬥艦船,控制敵艦船停泊點和飛機場,壓制敵遠程炮兵陣地。水面艦艇則在海岸炮兵協同下伺機襲擊敵航行和停泊之艦艇,切斷敵人海上交通線。海軍航空兵配合空軍作戰,奪取福建沿海的制空權。

7月19日,人民解放軍總參謀長粟裕召集海、空軍、炮兵及總參謀部有關部門的領導人,研究炮擊金門及海、空軍入閩的具體部署問題。當日,空軍司令部發出空軍入閩作戰令;海軍司令部也向東海艦隊下達預先號令,炮兵司令部駐華北的3個加農炮兵團做好入閩參戰的準備。作戰方針確定後,葉飛命令各部隊向集結地開進。3天之內奉令參戰的陸、海、空三軍全部到達預定位置,為7月25日炮擊金門做好了各方面準備。正當炮擊金門在即之時,毛澤東總是感覺7月25日不是炮擊金門的最佳時機。經審慎考慮;毛澤東於7月27日給彭德懷、黃克誠寫了一封信,信中稱:「睡不著覺,想了一下。打金門停止若干天似較適宜。目前不打,看一看形勢。彼方換防不打,不換防也不打。等彼方無理進攻,再行反攻。」

毛澤東之所以推遲攻打金門的時間,一是認為7月下旬以來中東形勢有所緩和,炮擊金門的首要因素是支援中東人民與警告美國,在中東形勢緩和的情形下,毛澤東反覆推敲「政治掛帥」,認為推遲炮擊金門更為有利。因此毛澤東說:「中東解決,要有時間,我們是有時間的,何必急呢?」「暫時不打,總有打之一

日。」二是認為「彼方如攻漳、汕、福州、杭州」，再行炮擊為「最妙」。三是認為「一鼓作氣，往往想得不周」。要運籌帷幄，制敵千里之外，就必須堅持「不打無把握之仗這個原則」。

由於推遲了炮擊時間，又進行了一個月的準備工作，完成了地面炮兵的集結和展開，炮兵對金門炮擊的所有目標，都進行了現場交叉測量、觀察，把目標都一一標準在地圖上。於此同時，空軍緊急轉場任務最終完成。

眾所周知：拉開「八二三」炮擊金門帷幕的是7月下旬至8月中旬的馬祖空戰。要教訓國民黨蔣介石集團在金、馬的軍隊，就必須拿到福建地區上空的制空權。從1950年始至1956年止，福建機場已全面竣工。但中共中央考慮到如果逼蔣介石太緊，很可能使蔣投美，故空軍一直未入閩，海上制空權一直控制在臺灣手中。隨著臺灣海峽形勢趨緊與國際風雲的變幻，毛澤東決定空軍入閩協同地面部隊作戰。根據毛澤東指示，空軍以逐步推進的方式轉場入閩。7月27日，第一批轉場部隊順利進駐連城、汕頭。7月29日，蔣介石派遣4架F-84戰鬥機飛入閩粵邊境南澳島地區，遭到大陸空軍4架米格-17攔截，擊落蔣機2架，擊傷一架，以3:0獲得全勝。首戰告捷，此役揭開了福建上空爭奪制空權的序幕。奪取制空權的鬥爭，既是軍事問題，又是複雜的政治問題。因為當時不僅要對付擁有一支準備600多架飛機、戰鬥力較強的國民黨空軍部隊，而且還要準備對付隨時可能支援國民黨的美國航空兵部隊。為奪取制空權，人民空軍採取了以下三項措施：一是進駐相當的部隊，保持兵力優勢；二是嚴格執行中央軍委規定的不進入公海上空作戰，不首先轟炸國民黨占據的島嶼，美機不進入大陸領空就不主動對它攻擊等作戰政策；三是每次戰鬥認真對待，力求達到控制這一帶地區制空權的目

的。從7月29日至8月22日，人民空軍共出動飛機255批1077架次，空戰4次，共擊落擊傷國民黨飛機9架（其中擊落4架），自己被擊落1架，四戰四捷。至此，人民空軍奪取了福建地區的制空權，為「八二三」炮戰準備了有利條件。當陸、海、空三軍一切準備就緒之後，毛澤東於8月20日電令炮擊金門福建前線總指揮葉飛速至北戴河。21日下午3時，葉飛在毛澤東住處一一彙報了炮擊金門的準備情況、炮兵的數量和部署，和實施突然猛襲的打法。彙報時，彭德懷、林彪與總參作戰部長王尚榮均在座。

毛澤東一面聽彙報，一面看地圖。當葉彙報完後，毛突然問葉：「你用這麼多的炮打，會不會把美國人打死呢？」當時美國在臺顧問一直配備到國民黨部隊的營一級。葉飛立即答道：「那是打得到的啊！」毛澤東考慮了十幾分鐘後又問：「能不能避免不打美國人？」葉回答非常乾脆：「主席，那無法避免！」毛澤東之所以有此一問，很顯然，他是希冀透過炮擊金門警告美國不要插手中國事務，又不希望引起同美國的直接衝突。經審慎考慮，毛澤東於8月22日宣布：「照你們的計畫打。」同時要葉飛留在北戴河，前線具體由張翼翔、劉培善負責。

中央軍委根據毛澤東指示最後確定：8月23日開始，對大、小金門島實施一次大規模的炮擊，著重打擊指揮機關、炮兵陣地、雷達陣地和停泊在金門料羅灣碼頭的國民黨艦艇。同時還確定先打3天，走出第一步，看看臺灣的動態後，再決定下一步。8月23日下午5時30分，隨著毛澤東一聲令下，人民解放軍福建沿海炮兵陣地萬炮齊發，約2小時即落彈5.75萬發，火力的猛烈和密集「與攻擊柏林的炮火差不多，甚至有過之而無不及，金門島立即陷入火海之中」。據臺灣「國防部新聞局」的劉毅夫追記：「下午5時30分，

我金門太武山下的翠谷湖心亭中，餐會已散，胡司令官（指胡璉）陪著俞大維（臺灣『國防部長』）在張湖公路的山下漫步回司令部，趙家驤、吉星文、章傑3位副司令官站在翠谷湖的對岸橋頭上談天。」「突然有嘶哮聲，掠過太武山頭，馳落翠谷湖，緊接著是山搖地動的不斷爆炸聲，整個翠谷煙霧瀰漫，彈片橫飛……在小橋上的3位副司令官，於第一群炮彈落地爆炸時，就都犧牲殉難了。」胡璉回到司令部，「他的第一個動作，就是要用電話指示炮兵指揮官下令金門炮兵全面還擊反炮戰，但是他懊悔極了，電話線已經被匪炮打斷，他再拿起多處電話機，叫炮兵陣地，傳達命令，糟，所有電話線都炸斷了」。另據報導：「副司令長官吉星文，從外面視察回來，全身暴露在炮火下，被密集彈片所重創，3天後不治身亡。」

　　從上面記載看，蔣介石與金門防守核心，包括美軍顧問團未料到「八二三」炮擊金門的發生，因而金門處於一片混亂之中。直到20分鐘之後，才開始自發的反擊，但很快被人民解放軍炮火壓了下去。當日炮戰，國民黨方面承認中將以下官兵傷亡600餘人。該島的機場、彈藥庫、油庫、炮兵陣地，均受到重創。8月24日，國共雙方軍隊海、空、炮戰不斷。國防部長彭德懷奉毛澤東之命令，前線部隊全面封鎖金門島。至9月初，金門海、空運輸線完全被人民解放軍切斷，陷入彈盡糧絕的極端困境之中。

　　「臺海危機」再度升級是由臺灣與美國的強烈反彈引起的。「八二三」炮擊金門首先震驚了臺灣全島。就在炮擊當日，「外交部長」黃少穀宣稱中共此次炮擊行動早有預謀，是大規模進攻臺灣的準備，呼籲各國充分注意。處在極度驚恐中的蔣介石對中共炮擊金門行動的判斷同樣錯誤，認為中共「對金門的挑釁行為，實在就

是進犯臺灣的序幕」。其目的「第一，當然是占領臺灣，企圖以戰爭威脅美國退出臺灣海峽，即清算美國在亞洲的威信及其勢力。第二，是要闖入聯合國，以奪取『中華民國』的代表權。第三，是要取得五強之一的大國地位，廁入今後大國間的高層會議」。蔣介石從上述錯誤判斷出發，命俞大維向「美軍協防臺灣司令部」司令史慕德提出兩項要求：

（1）美軍盡一切力量協助增強外島的防禦，美軍協助加強外島之運補能力；

（2）建議美方派海軍顧問與「海軍總司令」梁序昭協商金門運輸問題。

8月27日和9月4日，蔣介石兩次致函美國總統艾森豪，提出五項要求：

（1）美、臺聯合顯示武力以遏制中共；

（2）同意臺灣轟炸中共海軍空軍基地和金門對岸的炮兵陣地；

（3）艾森豪發表聲明表示對金門的攻擊即構成對臺灣的攻擊，美國將使用武力來反擊這種行動；

（4）第7艦隊對金、馬運補提供護航；

（5）授權美軍駐臺司令有權不請求白宮直接採取必要的措施。

9月17日，蔣介石對《美國人報》記者呼籲，要求西方世界主要是美國「採取具體有效行動」，同時宣稱國民黨保衛臺灣有絕對的信心和把握，相信美國不會妨礙國民黨軍隊採取「有效的報復行

動」。

9月29日，蔣介石在招待海外記者時稱：「今日金門戰爭，乃是很單純的屏障臺灣海峽的保衛戰。」他稱「金門保衛戰」必將取得「勝利」。於此同時，蔣介石為死守金門不遺餘力。在金門炮戰期間，蔣介石偕夫人宋美齡親臨金門地下戰壕巡視，令部下不惜一切代價「與陣地共存亡」，「不成功，便成仁」。蔣介石還令蔣經國與蔣方良冒著炮火5次登上金門慰問。可見蔣介石防守金門決心之大。然而從蔣介石的言論中，也可意識到如果沒有美國「盟邦」的支援，蔣介石的確保金、馬安全，就只能是一句空話。

「八二三」炮擊金門還震驚了白宮的當權者們。就在炮戰發生的當日，國務卿杜勒斯收到了中央情報局關於金門炮戰的情報。杜勒斯認為中共炮擊金門意在「設法奪取金門島和馬祖島」，而這些島嶼同臺灣的聯繫「變得更加緊密」。如果中共奪取金、馬，就會構成「對這個地區的和平的威脅」。同日，杜勒斯還起草了致副國務卿赫特和助理國務卿羅伯遜的備忘錄。杜勒斯認為：

（1）如果大陸炮擊造成局勢危險，可能需要第三國，亦即美國進行干預；

（2）臺灣對大陸的「反攻」活動，有利於國民黨軍士氣，但對大局恐難有巨大的影響，因為要改變中共或東歐，決定的因素在於內部自然的力量，它比外部刺激更為有效；

（3）可能的話應把臺灣局勢交給安理會討論。

杜勒斯在得到「八二三」炮擊金門的消息後，為什麼會有如此激烈的反彈呢？據杜勒斯自己稱：「假如金門失守，不管透過交戰還是投降，那都將嚴重地影響福爾摩沙現政府的權威和軍事力量。

該島將經受顛覆與軍事行動，結果可能產生一個主張與共產黨中國聯合的政府；假如此種情況發生，將大大地破壞反共陣線，包括日本、大韓民國、泰國和越南；東南亞和其他政府，諸如印尼、馬來西亞、柬埔寨、寮國與緬甸，都將統統置於共產主義的影響之下；有著巨大工業潛力的日本將可能陷入中蘇的軌道中，澳洲和紐西蘭將在戰略上被孤立起來。」

很顯然，杜勒斯對中共炮擊金門的意圖不甚瞭解，同時把金門問題同美國在遠東的利益結合在一起，就形成了上述看法。

8月24日，美國國防部命令第7艦隊和美國在東亞的其他海軍部隊採取「防禦措施」。翌日，艾森豪親自主持會議，決定向臺灣提供導彈和登陸艇，準備承擔臺灣防務，準備提供護航，做好對中國大陸目標實施核打擊的準備。27日，艾森豪就中國沿海島嶼問題發表談話，重申美國將不放棄它已經承擔的以武力阻撓中國人民解放臺灣的「責任」。翌日，美國國務院根據艾森豪的旨意發表聲明，宣稱美國不會把對沿海島嶼的進攻看成是「一種有限的軍事行動」。9月4日，艾森豪與杜勒斯會晤，進一步討論中國沿海島嶼問題。杜勒斯從狂烈的反共立場出發，全力支持使用戰術原子彈。當時艾森豪「猶豫不決」。艾森豪之所以「猶豫不決」，主要是出於兩點顧慮：一是他認為如果美國使用原子武器攻擊中共的機場，中共很可能用核武器攻擊臺灣來報復；二是他認為這次炮擊金門肯定得到了「俄國人的支持」。

由上可見，美國當局對炮擊金門有兩個明顯的錯誤認識：一是認為炮擊金門是解放臺灣的前奏曲，如果金門、臺灣不保，共產勢力就將威脅日本、菲律賓等國，「因而使美國的根本利益受到嚴重的損失」。二是仍認為中共炮擊金門是得到了蘇聯人的支持，美國

人不能姑息與妥協。實事求是地講，中共炮擊金門前夕，蘇共中央第一書記赫魯雪夫來華訪問，因中蘇間「長波電臺」事件與蘇聯艦艇使用中國基地事，兩國領導人會談除中東問題取得一致意見之外，其他問題並不融洽，因此毛澤東並未將炮擊金門之事向赫魯雪夫通報。炮擊金門後，赫魯雪夫很不放心，決定派外交部長葛羅米柯來華瞭解情況。9月5日，周恩來在接見蘇聯駐華使館參贊蘇達利柯夫時，一面表示歡迎葛羅米柯訪華，一面談了中國對臺灣海峽形勢的分析、美蔣矛盾以及中國的立場、策略和所採取的行動，同時聲明「如果打出了亂子，中國自己承擔後果，不拖蘇聯下水」。事實說明蘇聯人決沒有介入中共炮擊金門的行動。當然，蘇聯《真理報》發表文章支持中共炮擊金門行動只是道義上的，並非實際介入。艾森豪與杜勒斯從錯誤判斷出發，提出了錯誤的對策。

　　杜勒斯在與總統會談後發表聲明稱：「我們業已體察到確保金門和馬祖與保衛臺灣已日益相關。」他宣稱要直接以武力介入金、馬外島，又稱現在還未判定有此必要，如果總統「判斷情勢迫使必取此行動……將毫不猶豫作出這一決定」。9月7日，美國海軍根據艾、杜指令開始為國民黨軍隊向金門運送補給的船隊提供護航（當時集結了6艘航空母艦，後又調來1艘，3艘巡洋艦，40艘驅逐艦，2個航空隊的飛機，3800名海軍陸戰隊。杜勒斯事後說：這是美國歷史上最大的一次兵力集結，過去從沒有在一個地點集結過這麼多的兵力）。8日，美、蔣海軍在臺灣南部舉行海灘登陸演習。美國對中國人民進行的戰爭挑釁，不僅使第二次「臺海危機」達到了頂點，同時造成了對亞洲和世界和平的最嚴重的威脅。

二、中國共產黨化解危機的努力與中

美較量

1. 中國共產黨化解危機的努力

　　美國與臺灣在臺海造勢使臺灣海峽局勢頓呈緊張，「八二三」炮擊金門加劇了美國對中國的戰爭訛詐與臺灣在臺海的報復主義，臺海緊張局勢不斷升級，其程度大大超過了第一次「臺海危機」。當中國共產黨達到警告美國與懲罰國民黨的目的時，還希冀透過全面封鎖金、馬進一步摸清美、臺協防的真正底牌。

　　「八二三」炮擊金門後，人民解放軍隨即對金門實施全面封鎖。封鎖金門之戰分兩個階段進行。

　　第一階段從8月23日起至10月5日止，其特點是以炮兵為主的陸海聯合封鎖。當大小金門及周圍海面被人民解放軍炮火全面封鎖後，金門與臺灣的海上交通全部被截斷。眾所周知，金門島的國民黨軍的補給完全靠臺灣從海上運輸，以海軍護航。人民解放軍在封鎖金門後，戰鬥重心放在攻打國民黨軍的海上運輸船隻上，致使金門海上運輸線被截斷，金門彈藥、糧食、燃料消耗殆盡，守軍不斷向臺灣發出告急電。蔣介石請求美艦護航，以恢復金門的海上補給線。艾森豪一方面認為應「必須援助我們的盟友蔣介石」，另一方面又認為「應當千方百計地避免擴大戰端，除非有絕對的必要」。很顯然，艾森豪奉行的仍是「戰爭邊緣」政策。在這種矛盾心理支配下，美國決定為國民黨運輸艦護航。

　　9月7日上午，美、臺14艘混編艦隻向金門進逼，編隊中有臺灣運輸艦2艘、作戰艦5艘，美艦7艘，其中2艘巡洋艦、5艘驅逐艦。中午，臺灣運輸艦在金門料羅灣碼頭卸下貨物。福建前線部隊因不

知如何處理美、臺混合編組船隊，故未開炮，同時將美艦護航情況及時上報中央軍委。當時，中國政府外交部對於美艦「侵犯我國主權的行為」，提出「嚴正警告。」8日，美、臺混編艦隊再抵金門。葉飛事前請示毛澤東打不打。毛澤東回答：「照打不誤。」葉問：「是不是連美艦一齊打？」毛答：「只打蔣艦，不打美艦。」如果美艦開火，我軍不予還擊。當美、臺混編艦隊將抵金門時，中國外交部發言人再次提出「嚴重警告」，並稱「這顯然是蓄意挑釁的最危險行動」。美、臺混編艦隊置若罔聞，仍抵金門料羅灣碼頭卸貨。此時毛澤東下令開火，人民解放軍萬炮齊發。沒想到解放軍一開炮，美艦丟下臺艦掉頭東逃，暴露在解放軍炮火下的4艘台艦遭到猛襲後，一艦中彈起火沉沒，3艦中彈後脫逃。美國護航軍艦的態度頗令葉飛等人感到意外，葉飛後來回憶說：「當時我在廈門雲頂岩前線指揮所裡，還準備應付美艦開火呢，當從望遠鏡裡看到美艦在我猛烈炮火之下溜走的情形，真感意外。」透過炮擊美、臺混編艦隊，毛澤東初步摸到了美臺協防的底牌。當9月11日美、臺混編艦隊再度駛近料羅灣時，人民解放軍照打不誤，美艦也是照跑不誤。美艦臨陣脫逃使毛澤東最終摸清了美、臺協防的戰略底牌。也如葉飛事後回憶：「事後我才明白，原來毛主席命令只打蔣艦，不准打美艦，並且規定如美艦向我開火，我軍也不予還擊，這一切都是在試探美帝國主義所謂美蔣共同防禦條約的效力究竟有多大，美軍在臺灣海峽的介入究竟到了什麼程度。經過這一次較量，就把美帝國主義的底牌摸清楚了。」由此看來，「所謂美蔣共同防禦條約也是有一定限度的，只要涉及美帝自身的利益，要冒和我軍發生衝突的危險，它就不幹了，就只顧自己，不顧別人了，如此而已」。「這對臺灣海峽的形勢已經非常清楚，蔣介石千方百計想拖美帝下水，而我們則力求避免同美帝發生直接衝突，美帝也極力避

免同我發生直接衝突,這就是當時臺灣海峽非常微妙的三方形勢。」在摸清美、臺協防底牌的基礎上,毛澤東對整個國際形勢與中美關係、臺美關係作出了一些新的判斷:

關於整個國際形勢,毛澤東指出:世界總的趨勢是「東風壓倒西風」,整個形勢對美國及幫兇不利。9月8日,毛澤東在第十五次最高國務會議上的講話指出:「美帝國主義9年來侵占了我國領土臺灣,不久以前又派遣它的武裝部隊侵占了黎巴嫩。美國在全世界許多國家建立了幾百個軍事基地。中國領土臺灣、黎巴嫩以及所有美國在外國的軍事基地,都是套在美帝國主義脖子上的絞索,不是別人而是美國人自己製造這種絞索,並把它套在自己的脖子上,而把絞索的另一端交給了中國人民、阿拉伯各國人民和全世界一切愛和平反侵略的人民。美國侵略者在這些地方停留得越久,套在它的頭上的絞索就將越緊。」毛澤東還預言說:「美國壟斷資本集團如果堅持推行它的侵略政策和戰爭政策,勢必有一天要被全世界人民處以絞刑。其他美國幫兇也將是這樣。」

關於中美關係,毛澤東認為:中美雙方都怕戰爭,「雙方都怕,但是他們比較怕我們多一點」,因此,中美間的「戰爭是打不起來的」。如果「帝國主義一定要打,那麼我們就得準備一切」。我們的態度是:我們不要打,而且反對打;「但是我們不怕打,要打就打。」

關於臺、美關係,毛澤東認為金門、馬祖也是套在美國身上的絞索。由於美、臺在金、馬問題上的分歧使美國「形成了金、馬的脫身政策」。如何脫身呢?「就是這11萬(金、馬國民黨守軍)走路。」

基於上述判斷,以毛澤東為首的中國共產黨人為化解「臺海危

機」，採取了一些新的措施。

　　第一，發表關於領海的聲明，為擊破美臺協防提供法律依據。9月4日，中國政府發表關於領海的聲明，宣布「中華人民共和國的領海寬度為12海浬」，此項規定適用於中華人民共和國的一切領土，包括、臺、澎、金、馬。聲明還宣布：「一切外國飛機和軍用船舶，未經中華人民共和國政府的許可，不得進入中國的領海和領海上空。」中國政府關於領海的聲明主要是針對美國的，早在8月20日周恩來同章漢夫、喬冠華等研究中國政府關於領海寬度的聲明時，主要考慮到：美國在中國臺灣海峽地區仍不斷製造緊張局勢，美國驅逐艦公然在中國沿海挑釁，已駛至離大陸12海浬以內的地方。眾所周知，中國有萬里海疆，由於清政府、北洋軍閥政府與國民黨政府腐敗無能，始終沒有提出過自己的領海界線。毛澤東和周恩來都希冀利用炮擊金門的聲勢來劃定領海界限，既達到保障中國合法權益，又擊破美臺協防的目的。儘管美國拒絕中國政府關於領海決定的聲明，英國、日本等西方國家也表示了口頭反對，但在行動上卻注意到了這條領海線。此舉表明，12海浬領海線符合中國實際狀況，對他國權益並無妨害，在事實上得到了世界各國的承認，是中國政治、經濟、外交上的一個重大勝利。

　　第二，在抨擊美國侵略行為的同時，提出恢復中美大使級會談。9月6日，周恩來代表中國政府發表《關於臺灣海峽地區局勢的聲明》，嚴斥杜勒斯的戰爭挑釁，表示中國人民「絕不能使美國的侵略行為合法化，更不能成為美國在臺灣海峽地區擴大侵略範圍的藉口」。宣告中國人民解放臺灣是「中國的內政」，「是中國人民的神聖不可侵犯的權利」。翌日，北京各界舉行擁護政府聲明，反對美國侵略示威遊行大會。《人民日報》也於同日發表題為《6億

人民動員起來，粉碎美國侵略者的軍事威脅和戰爭挑釁》。9月12日，《人民日報》又發表社論《真正的危險在於美國繼續軍事挑釁》。上述輿論形成了強大的反美聲勢，使美國對華政策也受到了一定的影響。周恩來在抨擊美國侵略的同時，仍倡議「同美國政府坐下來談判」，謀求臺灣地區緊張局勢的和緩和消除。9月8日，毛澤東在提出「絞索」政策的同時，重申了中國同美國透過談判和平解決彼此爭端的願望，並對中美華沙大使談判寄予希望。就在周恩來、毛澤東的聲明發表後，美國迅速作出了反應。9月9日，杜勒斯在記者招待會上明確表示：我們準備根據周恩來先生作出的，並且得到白宮聲明歡迎的建議進行這種會議。9月11日晚，艾森豪向全國發表廣播電視講話，一方面表示他準備根據美、臺《共同防禦條約》和臺灣海峽決議案採取行動，同時他又稱「除了訴諸武力以外，還有一條好得多的道路」，即「談判的道路」，「這條道路是暢通的和準備好了的」。很顯然，杜、艾聲明是對周恩來、毛澤東倡議恢復中、美會談的回應。9月15日，中美大使級會談在中斷了9個月之後重新開始，地點由日內瓦移至波蘭華沙。

　　美國之所以同意恢復中美大使級會談，除了他們不願為金、馬作出重大犧牲之外，還出於以下幾個方面的考慮：

　　其一，防止中蘇聯手參戰與第三次世界大戰的發生。杜勒斯大9月5日致英國首相麥克米倫信中稱：「如果國民黨中國人不能自己對付這次封鎖，那麼美國將給予幫助。這可能會也可能不會導致中美直接的相互衝突。」「美國只能以襲擊赤色中國的飛機場和大陸進行回擊。為了取得成效，這種襲擊可能使用核武器（千噸級）。這有可能導致俄國人參戰。這樣我們將處於第三次世界大戰邊緣。」杜勒斯的擔心也不是憑空產生的，因為美國在臺海的行徑已

經招致了蘇聯的警覺與反感、反彈。9月7日和9日，蘇聯領導人赫魯雪夫兩度致函艾森豪，呼籲美國對在中國臺灣及臺灣海峽地區所採取的行動要慎重從事，「不要採取可能招致不可挽回的後果的步驟。」信中還稱：遠東經常保持極不正常的緊張狀態，其根源是「美國政府的侵略政策、戰爭政策」。赫魯雪夫還稱，美國對中國的戰爭訛詐與威脅，既嚇不倒中國人民，也嚇不倒蘇聯和一切愛好和平的人民。如果美國敢使用原子武器對付中國，那麼美國「就將立即遭到應有的、同類武器的襲擊」。赫魯雪夫要求美國軍隊從臺灣及鄰近地區撤出去，蘇聯將「完全站在中國政府、中國人民這一邊。我們過去和將來一直都支持他們的政策」。蘇聯的警告，美國政府不能不認真考慮。

其二，為了平息國內的反對之聲。從「八二三」炮擊金門後，美國國務院每天收到幾千封來信，絕大多數是直接批評政府政策的。底特律《自由日報》發表社論稱：「我們十分懷疑，100個美國人中是否有一個願意去臺灣作戰。」前國務卿艾奇遜指責艾森豪的政府「正在暈頭轉向地」「聽任自己捲入中國的戰爭中去」。他說，這場戰爭，美國「既沒有朋友，又沒有盟國」，美國政府已經「不理智地」陷入了「無望的境地」，「失去了對於局勢的控制」。參議院外交委員會主席葛蘭在致艾森豪的信中也提醒他說：「美國軍事防衛金門，將不可能獲致美國人民的支持。」

其三，爭取他國的同情。美國在臺灣海峽的軍事冒險政策，在國際上非常孤立，除了南朝鮮李承晚集團和日本岸信介政府支持美國對臺政策之外，沒有一個國家支持和同情美國，就連英、法兩國也不願追隨它。

就是在國內外極端孤立的情況下，杜勒斯與艾森豪不得不做出

同中國恢復談判的決定。

　　第三，托曹聚仁向蔣介石轉達中共建議，重開國共和談。9月8日和9月10日，周恩來兩度會見來大陸採訪的原國民黨中央通訊社記者曹聚仁。周對曹說：「金門、馬祖的蔣軍有三條路可走，第一條是與島共存亡；第二條是全師而還……第三條是美國逼蔣軍撤退，這條路是很不光彩的。」周恩來要曹聚仁11日就返香港以最快辦法轉告臺方：「為了寬大並給予蔣方面子，我們準備以7天的期限，准其在此間由蔣軍艦只運送糧食、彈藥和藥品至金門、馬祖。但前提條件是絕不能由美國飛機和軍艦護航，否則我們一定要向蔣軍艦只開炮。」周還說：「內政問題應該自己來談判解決。可以告訴臺方，應該膽量大點。」「美國可以公開同我們談，為什麼國共兩黨不能再來一次公開談判呢？」

　　中國共產黨為緩和「臺海危機」的努力收到了一定的效果，不僅迫使美國同中國坐到談判桌上來，並逼迫蔣介石撤退金、馬，「臺灣危機」得到緩解，而且迎得了全世界一切愛好和平的國家和人民的贊同與支援。中國共產黨的新方針、新策略是「主動的、攻勢的和有理的，高屋建瓴，勢如破竹，是我們外交鬥爭的必需形態」。

2. 揭露美國分裂中國新陰謀與國民黨調整大陸政策

　　中美兩國在華沙恢復談判後，美國非但沒有表現出和平解決中美之間的爭端的任何誠意，相反卻在繼續干涉中國內政。首先美國在談判中再度玩弄「停火」陰謀。9月18日，杜勒斯在聯合國大會

的演說中攻擊中國共產黨企圖用武力奪取中國沿海的島嶼，說什麼美國「希望很快實現停火」。

眾所周知，早在第一次「臺海危機」時，美國就曾拋出「停火說」，那時美國鼓吹「停火」的目的是企圖剝奪中國人民解放臺灣的權利，而這次再度玩弄「停火」陰謀，意在阻撓中國人民收復金、馬等島嶼。兩次鼓吹「停火」的共同特點都是將中美之間的國際爭端同中國人民解放臺、澎、金、馬的內政混淆起來，使美國侵略中國臺灣合法化，使中國永遠不能實現祖國的完全統一。

於此同時，美國繼續在臺灣海峽加緊軍事部署，不斷派出軍艦和飛機侵入中國大陸的領海和領空。9月24日，美國在臺軍事顧問團竟指使蔣介石集團空軍使用「響尾蛇」導彈向中國空軍攻擊，企圖以武力迫使中國共產黨屈服。

面對美國再度拋出的「停火說」與新的戰爭挑釁，中國人民表現出大無畏的鬥爭勇氣。早在杜勒斯拋出「停火說」的前一天，周恩來致電在外地的毛澤東，估計在中美會談的第二次會議上美方會在「停火」問題上與我方糾纏，故要求中國會談代表王炳南在會上提出要求美國從臺、澎和臺灣海峽撤出一切武裝力量，停止向中國領海領空的一切軍事挑釁和干涉中國內政，以和緩和消除目前臺灣海峽緊張局勢的反建議。

9月18日，周恩來再電毛澤東，針對美國的「停火」陰謀，提出要求美軍從臺灣、臺灣海峽撤退的具體辦法：

（1）準備一個駁斥杜勒斯聯大演說的外長聲明；

（2）聲明發表後，動員各地報紙、各黨派、各人民團體廣泛回應；

（3）將我們的鬥爭策略分告蘇聯代辦和劉曉（中國駐蘇大使）轉告赫魯雪夫和葛羅米柯，以便蘇聯合兄弟國家配合我們行動；

（4）向外國朋友「解釋美國所謂的停火陰謀，說明我國收復沿海島嶼的決心和解放臺灣的權利，這些不容美國干涉」；

（5）將上述同樣內容以外交備忘錄形式遞交社會主義國家、亞非和北歐國家政府，喚起他們注意。

毛澤東認為所定辦法「極好」，在同美國鬥爭中，爭取了「主動」。

9月20日，中國外長陳毅發表聲明，嚴厲駁斥杜勒斯的謬論說：「臺灣海峽地區的緊張局勢完全是美帝國主義對我國侵略造成的。消除臺灣海峽地區的緊張局勢的關鍵，不是什麼『停火』問題，而是美國軍隊撤出臺灣地區的問題。中美之間沒有打仗，根本談不上什麼『停火』。至於中國人民同蔣介石集團之間的武裝鬥爭，那是從中國人民解放戰爭以來就沒有停止過，也從來沒有造成國際緊張局勢。中國人民為了解放自己的領土，不論用和平方式還是用武裝鬥爭方式，都是中國人民自己的事情。」陳毅還強調中國人民熱愛和平，但不屈服於帝國主義的戰爭威脅，如果美國膽敢把戰爭強加在中國人民頭上，中國人民將「不惜犧牲」，「為反抗侵略而戰，為維護祖國的主權和領土完整而戰，為保衛遠東和世界的和平而戰」。翌日，《人民日報》發表了題為《美國強盜滾出臺灣去》的社論。

9月21日，周恩來在接見印度駐華大使帕塔薩拉蒂和柬埔寨訪華經濟代表團副團長乃瓦朗丹時，一再聲稱：「我們是壓不倒、嚇不倒的。美國一定要把戰爭加在我們頭上，我們只能抵抗。」

9月30日，周恩來在國慶招待會的講話中，揭露美國「一貫利用和平談判掩蓋它擴大侵略的陰謀」。指出美國指使國民黨空軍用「響尾蛇」導彈向中國空軍進攻，說明美國還在「擴大對我國的侵略」。周恩來強調：「現在的問題很清楚，消除臺灣海峽地區的緊張局勢和戰爭危險的關鍵，絕不是美國所耍弄的「停火」把戲，而是美國必須立即停止玩火，從臺灣、澎湖和臺灣海峽撤走它的一切武裝力量。」中國人民的嚴正立場使美國政府看到，迫使中國放棄對金、馬使用武力是徒勞的，而要繼續在中國沿海島嶼地區為國民黨軍隊護航對美國來說有很大的風險。加之外國輿論的反對，美國當局想在臺灣海峽問題上對中國讓一步，即由「戰爭邊緣」政策轉為「脫身」政策，企圖以撤退金、馬換取中國不對臺、澎使用武力以實現它搞「兩個中國」的陰謀。同日，杜勒斯在記者招待會上公開表示：如果在臺灣海峽地區獲得「相當可靠的停火」，國民黨軍隊繼續駐在金門、馬祖等島嶼就是「不明智的」，「也不是謹慎的」，而且是「相當愚蠢的」。美國「沒有保衛沿海島嶼的任何法律義務。我們不想承擔任何這種義務。」10月1日，艾森豪也改變了他過去的說法，宣稱金、馬兩個島嶼對臺灣而言「並不是極為重要的。」由此可見，美國人之所以改變9月初對金、馬的立場，企圖迫使蔣介石集團撤退金、馬，其根本目的是：第一步是先用撤退金、馬國民黨駐軍，把大陸同臺灣隔離開來，以便控制臺灣，製造「兩個中國」；第二步是按原計劃踢開不聽話的蔣介石，宣布聯合國託管臺灣，使臺灣成為美國的殖民地與戰略基地。

美國對臺政策的變化首先引起了蔣介石集團的強烈反彈。蔣介石9月29日對美國記者發表談話稱，不贊成美國與中共在華沙舉行的談判，「不寄以任何希望」，認為華沙談判不可能取得「各方面

都願接受的結果」。蔣反對美國提出的「停火說」,並稱不撤退金、馬,決心金、馬「積極應戰」。蔣甚至說:金、馬戰爭已經到了「生死關頭」,他將不「考慮盟邦的態度如何」,「而瞻前顧後」。於此同時,蔣還接見黃少谷、葉公超等人,宣稱:美國與中共談判是十分不明智,國民黨絕不接受任何與大陸的接觸。「外交部」奉蔣介石令宣稱:任何涉及金門、馬祖中立化或非軍事化的任何決議,臺灣均視為有損其合法權益,不準備做任何退讓。當杜勒斯9月30日談話公之於眾後,國民黨中常會於10月1日舉行3小時緊急磋商,研討對策。當日,蔣介石對美聯社記者發表談話稱:「假定杜勒斯先生真的說了那句話,那亦只是片面的聲明,我國政府並無接受的義務。」臺灣已明確表示「堅守金、馬外島的決心」。10月6日,蔣介石在同英國記者談話時稱:華沙談判應「立即停止」,「國軍絕不向共產黨做絲毫退讓」,「更不同意臺海外島非軍事化,或甚至由外島做象徵性撤退的任何建議」。他的軍隊「絕不放棄金門」,準備「獨立作戰」。上述事實表明:美、蔣在金、馬問題上的分歧已達頂點,極端憤怒的蔣介石不惜公開點名道姓批評他的「好朋友」杜勒斯,重申確保金、馬的立場。

美、臺在金、馬問題上的分歧與爭鬥,促使中國共產黨領導人重新考慮對沿海島嶼的政策。10月3日、4日,中共中央政治局常委召開會議,討論杜勒斯9月30日談話與美、蔣爭執。周恩來發言指出:杜勒斯的談話,表明美國想趁目前這個機會製造兩個中國,要我們承擔不用武力解放臺灣的義務。以此為條件,美國可能要臺灣放棄所謂「反攻大陸」的計畫,並從金門、馬祖撤退。杜勒斯這個政策,一句話就是以金、馬換臺、澎,這同我們最近在華沙中美大使級會談中偵察美方底牌的情況是一致的。劉少奇、鄧小平都認為中美雙方都在摸底,現在雙方都比較瞭解對方的意圖了。毛澤東在

會上說：偵察任務已經完成，問題是下一步棋怎麼走。可以設想讓金、馬留在蔣介石手裡如何？這樣做的好處是金、馬離大陸很近，我們可以透過這裡同國民黨保持接觸，什麼時候需要就什麼時候炮打，什麼時候需要緊張一點就把絞索拉緊一點，什麼時候需要緩和一下就把絞索放鬆一下，可以作為對付美國人的一個手段。與會者都同意毛澤東提出的設想，讓蔣介石繼續留在金、馬，使美國當局背上這個包袱。周恩來還提出：中美會談以繼續下去為有利，可以拖住美國人，力求避免美方或其他西方國家把臺灣海峽問題提到聯合國去。毛澤東最後說：「方針已定，還是『打而不登，斷而不死』，讓蔣軍留在金、馬。可以採取『打打停停』。」在宣傳上，毛澤東力主大張旗鼓，堅持臺灣問題是中國內政，向金、馬打炮是中國內戰的繼續，任何外國和國際組織都不能干涉；美國在臺灣駐軍必須撤退；反對美國製造「兩個中國」，反對美國霸占臺灣合法化；我們和蔣介石透過談判解決金、馬以至臺灣問題。10月6日，毛澤東根據中共中央政治局常委會議精神起草了《告臺灣、澎湖、金門、馬祖軍民同胞書》，以國防部長彭德懷的名義發表。書中謂：「我們都是中國人，36計，和為上計。」重申「臺、澎、金、馬是中國領土」，「不是美國人的領土」，「世界上只有一個中國，沒有兩個中國」，「美帝國主義是我們的共同敵人」。毛澤東、彭德懷「建議舉行談判，實行和平解決」，同時宣布從10月6日起停止炮擊一週，以便臺灣「充分地自由地輸送供應品」，但「以沒有美國人護航為條件」。

10月13日，毛澤東起草了以彭德懷名義給福建前線人民解放軍的命令，宣布對金門炮擊再停兩週，「藉以觀察敵方動態」，並使金門軍民同胞得到充分補給，「以利他們固守」。毛澤東稱「這是為對付美國人的」，「這是民族主義」。但在臺灣國民黨當局沒有

同我們舉行和平談判並且獲得合理解決以前,「內戰依然存在」。毛澤東還提出:「金門海域,美國人不得護航。如有護航,立即開炮。」同日,毛澤東、周恩來還約見了曹聚仁。毛澤東說:只要蔣氏父子能抵制美國,我們可以同他合作。我們贊成蔣保住金門、馬祖的方針,如蔣介石撤退金門、馬祖,大勢已去,人心動搖,很可能垮。只要不同美國搞在一起,臺、澎、金、馬要整個回來,金、馬部隊不要起義。周恩來說:美國企圖以金、馬換臺、澎,我們根本不同他談。臺灣抗美就是立功。希望臺灣的小三角(指蔣介石、陳誠與蔣經國)團結起來,「最好是一個當總統,一個當行政院長,一個將來當副院長」。《人民日報》也於當日發表題為《休談停火,走為上計》的社論,批駁了美國的「停火說」,並要其從臺灣撤軍。10月14日,周恩來在接見安東諾夫時進一步闡述了中共對美、臺的新方針:「我們的這一方針簡單講來就是要臺灣、澎湖、金門,馬祖仍留在蔣介石手裡,不使之完全落到美國手裡。清朝統治階級的方針是『寧予外人,不給家奴』,我們則是『寧予家奴,不予外人』。我們把臺、澎、金、馬留在蔣介石手裡那就總有一天會回來。」

上述事實表明:第一,中共中央政治局常委會議與兩個文告、命令「截然劃清了國際和國內兩類問題的界限,徹底粉碎了美國的停火陰謀,堵住了國際干涉的道路」。

第二,粉碎了美國企圖「用金、馬換臺、澎的陰謀」,使美國策劃「兩個中國」的陰謀遭到徹底破產。

第三,擴大和加深了美蔣矛盾,並且利用蔣介石不肯撤出金、馬,來拖住美國,寧使臺、澎、金、馬留在蔣介石手中一個時期,「絕不能讓美國拿去」。

第四，標誌金門炮擊進入了新的鬥爭階段，即以政治鬥爭、外交鬥爭為主的階段，打打談談，打打停停，半打半停。充分顯示了中國共產黨以民族大義為重和高超的政治、外交與軍事鬥爭藝術。

事實證明：中共中央新的沿海島嶼政策是正確的，它為保持兩岸聯繫與反對美國分裂臺灣的鬥爭起了十分突出的作用。

就在毛澤東的文告與命令發布後，美國人為了盡快從「臺海危機」中脫身，立即發表聲明：「美國在軍事上暫時沒有必要進行護航」，如果事實需要，「美國的護航活動將馬上恢復到需要的程度」。美國的聲明用了「沒有必要」和「如果」的字眼，來開脫所謂臺、美協防的「責任」。蔣介石對此宣稱毛澤東的聲明是「騙局」，是為了離間臺、美「感情」，勸美國不要上當。「我們已經戰勝了第一回合」，「寧願冒繼續炮擊封鎖的危險，亦絕不願意美國盟邦退出護航」。10月4日，蔣介石對澳洲記者發表談話稱：「不撤退，不姑息，準備隨時以更堅強的反擊。」由於蔣介石不願放棄對金門、馬祖的固有立場，導致美、蔣之間分歧日甚。在此情形下，艾森豪決定派杜勒斯赴臺見蔣，以協調臺、美雙邊關係。就在杜勒斯赴臺途經阿拉斯加之際，中國政府有意識地恢復了對金、馬的炮擊，2小時內共發1.1萬餘發炮彈。恢復炮擊金門的目的，就是警告美國不要插手臺灣事務。杜勒斯在與蔣介石的3天會談中，一再要求國民黨減少外島兵力並承諾不以武力打回大陸。杜氏還向蔣提交了供此次會談正式發表的檔案，檔案仍要求臺灣國民黨當局：

（1）表示出願意停火的意願；

（2）再次強調不以武力打回大陸；

（3）避免空襲和飛臨大陸；

（4）不以外島來封鎖廈門、福州，不使外島成為進攻大陸的踏板；

（5）接受除把外島交給共產黨之外的任何解決辦法；

（6）外島兵力裝備將變得更加機動化。

儘管蔣介石既不願意在停火前撤退金、馬，更不願放棄武力「反攻大陸」，但在美國強大壓力下，被迫作出讓步，美國也作了一定讓步，同意在草案中加上金、馬與臺、澎在防衛上「有密切的關聯」，同時刪去「『中華民國』不發動戰爭在大陸重建主權及『中華民國』不為攻擊大陸的武裝基地，它的基地早已在大陸及中國人民的內心」。蔣介石在接受上述觀點時雖然有些勉強，但也無可奈何。在1959年的元旦文告中，蔣介石不得不放棄武力「反攻大陸」的口號，代之以「光復大陸」。其戰略是：「始終是以政治為主，以軍事為從，以主義為前鋒，以武力為後盾，以大陸為本戰場，以臺灣為支戰場。」

因美國要求實現「永久停火」，與臺灣拒絕和談。中國共產黨認為不能結束戰爭狀態，遂於10月25日再度發布《告臺灣同胞書》，宣布逢單日炮打，雙日不炮打。此後打打停停、停停打打便成為中國戰爭史上的一種奇特鬥爭方式。這種形式上的炮戰一直延續到70年末才告終止。

1958年8月至10月，中國政府在圍繞炮擊金門、馬祖而進行的這一場軍事和外交鬥爭中，以巧妙的對策主動而有力地表達了自己堅決反對美國企圖在臺灣海峽劃線，製造「兩個中國」的原則立場。在中國人民和世界人民的聲討中，美國被迫於1958年12月10日宣布自臺灣地區撤出部分海空軍。國共兩黨之間的鬥爭也由軍事為

主演變為政治為主、軍事為從的狀態。這一鬥爭勝利不僅使美國「戰爭邊緣」政策再度破產，而且支援了阿拉伯各國人民的鬥爭，並為後來海峽兩岸關係的進一步發展奠定了基礎。

三、中國共產黨「一綱四目」主張的提出及其內涵

自1958年金門炮戰後至1978年中共十一屆三中全會前的20年間，海峽兩岸的國共兩黨在一個中國共識的基礎上，形成了某種默契。中共對臺政策與臺灣國民黨的「大陸政策」經過兩次「臺海危機」都作了相應的調整，海峽兩岸由過去激烈的軍事對峙，轉變為政治對峙為主、軍事對峙為輔的冷戰對峙狀態。

冷戰對峙階段，臺灣國民黨當局全力投入經濟建設，企圖求得穩步發展，以奠定「反攻復國」的基礎。當然，一遇適當「時機」，國民黨仍念念不忘被人稱為「笑柄」的「反攻大陸」。就中共對臺政策而言，「文化大革命」前，仍沿著和平解放臺灣的軌跡向前發展，提出了「一綱四目」方針，並為實現祖國和平統一作了艱辛的努力。實事求是地講，「一綱四目」方針的提出，是兩岸國共兩黨之間政策調整的必然結果。

1. 中國國民黨「經營臺灣」主張的提出

50年代末、60年代初，國民黨在軍事「反攻」無望的情形下，開始提出「建設臺灣，策進反攻」的口號。1963年11月召開的國民黨九大進而提出「經營臺灣」與「建設臺灣為三民主義的模範省」

的方針。

眾所周知,把臺灣建設成為「三民主義模範省」並非始自國民黨九大。早在1950年8月,蔣介石在講述《本黨今後努力的方針》時指出:「今後建設臺灣的工作,只要我們繼續不懈的努力,……我相信臺灣必能建設為三民主義的模範省,為收復大陸以後建國事業奠定堅實的基礎。」從蔣介石的宣示看,建設臺灣為「三民主義模範省」的目的有二:一是使臺灣成為「光復大陸」後建設的藍圖;二是使臺灣成為「反攻復國」的基地,以保證「反攻復國」的成功。

為了「建設三民主義模範省」,國民黨在全島推展「反共抗俄總動員運動」。由於蔣介石堅持「反共第一」、「軍事第一」,當時臺灣的建設工作並未收到明顯的效果。後來,美、臺關係進入「蜜月」時期,「美援」不斷適時到達,才使臺灣經濟形勢逐漸由動盪趨向穩定。其後國民黨當局根據國際環境制定了「以穩定經濟為先」,「農工均衡發展」,實施「進口替代」的戰略,才使臺灣經濟得到了相當程度的發展。1958年炮擊金門後,海峽兩岸關係相對穩定,國民黨當局遂將主要精力再度放到「建設三民主義模範省」上。這一政策變化的突出表現,在陽明山會議與國民黨八屆五中全會和國民黨九大蔣介石的講話中均有所反映。

1961年7月,時任「行政院長」的陳誠奉蔣介石之命,根據國民黨八屆三中決議精神,主持召開了「以研究經濟的發展,配合反攻軍事,增強反攻力量為主旨」的陽明山第一次會議。此次會議主題如陳誠所說:「內容雖甚廣泛,但其要旨亦可歸納為下列四點:(1)商討反共復國大計,積極解救大陸同胞;(2)加速復興基地的經濟發展,增進人民生活,充實反共力量;(3)加強海內外的

團結,一致為復國建國而努力;(4)交換對政府應興革的意見,造成更多的成績和更大的進步。」陳認為「建國」工作比「復國」工作更為艱巨,要完成「復國建國」工作,就必須首先「建設臺灣」。如何建設臺灣呢?蔣介石提出:「必須先經由現代化政治、現代化經濟、現代化教育、現代化社會和現代化生活的建設,才能確實植基。」對於現代化經濟,蔣介石提出:「現代經濟的目的,與我們現代經濟的前提,乃在於均富與安和。」「而實業計畫與國民經濟建設運動,又為實現此一功能和屬性的正確途徑。」「經濟建設的起點和前途:由初期的以農業為重點的建設,促進農、工、商事業,並以促進國民經濟建設,使人人能生活,人人享幸福……仍力求民生與國防之配合,以策進國家之富強。」「在生產方面,必須發展交通,……謀求國際合作,提高生產技術。」「在分配方面,要使糧食利潤的分配很平均,勞資工商的關係很合理。」

國民黨九大召開時,蔣介石在開幕詞中宣稱:國民黨今後在臺灣的施政「除開軍事奮鬥之外,最重要者是社會建設、文化建設與心理建設」。根據蔣的旨意,國民黨九大通過的政綱宣稱:為貫徹「反共抗俄」的「國策」,要動員一切力量,團結海內外同胞,加速摧毀並消滅中共政權,完成「復國建國」大業。政綱強調,要完成「復國建國」大業,就必須加強臺灣建設,總目標是「確立三民主義政治、經濟、社會、教育各項制度,以為大陸重建之示範」。在政治上厲行法治,建立政務官責任制度,力求政治革新與進步,加強地方自治;在經濟上策進臺灣工業化,改善投資環境,厲行直接稅制,貫徹都市平均地權政策、耕者有其田政策;在軍事上充實三軍戰力,發揮「總體力量」,適時實施「軍事反攻」。

上述事實表明蔣介石集團已經從50年代初期的「軍事第一」、

「反共第一」過渡到「反共復國」與「建設臺灣」並重，更注重「建設臺灣」，以偏安臺島。根據蔣介石的旨意與變化了的經濟形勢，臺灣「行政院」在50年代發展經濟的基礎上，採取了比較正確的發展策略：即從發展內向型經濟為主轉向發展外向型經濟為主，大力發展勞力密集型的出口加工工業，拓展對外貿易，以帶動整個經濟的發展。為發展外向型經濟，臺灣採取了下列措施：

其一，實行財經改革，搞局部自由化，逐步向市場經濟轉變。

其二，改善投資環境，開辦加工出口區，開始大量引進外資。

其三，實施第三、四、五期四年計畫。

上述諸項措施的實施，使臺灣經濟發生了根本性的變化。在經濟結構上完成了從農業經濟向工業經濟的轉變；內向型經濟轉變為外向型經濟；重工業得到發展，紡織業、電子電器業發展尤為突出。總之，從60年代初至70年代初，臺灣經濟的綜合年增長率為10.37%。其中農業年增長率為4.99%，工業年增長率高達19.6%。10年中有5年工業增長率超過20%。經濟增長率以2位元數字的高速增長，持續成長不僅在亞洲地區少有，在世界範圍內也不多見。就國民所得而言，1952年國民生產總額是新臺幣172.4億元，到1978年增加到819億元，增加了幾乎5倍；平均個人所得從1952年的110美元增加到1978年的1904美元。

臺灣經濟的迅速發展，也為蔣介石集團的極端反共與「反攻」注入了新的活力，故在冷戰對峙的20年間，蔣介石與蔣經國仍不斷叫囂「反攻」、反共。特別是在大陸出現困難時期與「文化大革命」的動亂期間，這種「反攻」與反共叫囂就沒有中斷過，致使海峽兩岸關係一度進入極為緊張的階段。

1958年金門炮戰之後，臺灣海峽平靜了相當長一段時間。進入60年代之後，蔣介石與臺灣國民黨當局又開始到處散布「反攻」言論。

　　1961年3月29日，蔣介石對臺灣青年宣稱：「面對當前反共鬥爭的新形勢，真是報國救民千載一時的機會。」

　　1962年元旦，蔣介石發表新年文告，在強調「反攻」時機的同時，提出了「革新」、「動員」、「戰鬥」的口號。何謂「革新」、「動員」、「戰鬥」呢？據蔣氏字典解釋稱：

　　「革新」包括「心理革新、工作革新、生活革新，而著重在心理建設的上面，要從精神思想、觀念、生活，到實際行動，全面的、徹底的革新」。

　　「動員」乃是「精神動員和組織動員，要求發揮同志的潛力，以提振全黨的活力，並加強組織，深入群眾，依循國家動員的軌道，完成一切準備，以保證全民總動員的貫徹實施」。

　　「戰鬥」則是在於「發揮集中統一的戰鬥精神，結合全黨為一個戰鬥體的組織，並以戰鬥紀律，保證黨的政策、命令貫徹執行，使能在敵前、敵後、政治、經濟……各個戰場上，展開全面的戰鬥」。

　　蔣介石還宣稱：「以革新重啟革命的契機；以動員集結反共的力量；」「以戰鬥爭取反共革命的勝利。」3月29日，蔣介石在《告青年書》中提出：「今日反共形勢，我們已由掌握了復國之鑰，進而要打開鐵幕之門的時候了。」「青年子弟們必須確切準備」，響應「革新、動員、戰鬥」的號召。1962年11月13日，國民黨召開八屆五中全會，會議決定三大任務，其中首要任務就是進行

「反攻復國」的動員與準備。蔣介石對美國記者稱：目前是進攻大陸的「最佳時機」。「我可獨立反攻。」「一旦我們開始反攻大陸，我們預期少則3年，最多5年內，完成我們底定全國的任務。」當然，蔣介石沒有忘記告訴記者：「美國應針對業經改變並正在繼續改變之情況，重新檢討中、美兩國之共同防禦條約。」聽蔣介石的口氣，好像「反攻聖戰」迫在眉睫，他立刻就能扭轉乾坤了。蔣介石何以在1962年前後大肆鼓吹「反攻大陸」呢？

第一，是蔣介石錯估大陸的形勢所致。蔣介石宣稱中共「正處於公社失敗，工業倒閉，俄援不繼，災荒饑餓，空前未有的毀滅恐怖的當下；亦就是天災人禍，交相煎迫的當口」。蔣介石還認為「中共部隊的效忠精神已愈來愈糟」；「大多數中國人民，熱切盼望我反攻大陸，推翻匪偽政權」。蔣介石還宣稱大陸民眾對中共政權已到「不可忍受的程度」，加之國民黨游擊隊分批進入內陸，「已在各地分別進行建立基地」。他認為：「應該反攻大陸的時候到了。」「如果我們沒有利用共黨目前的弱點」，就會「造成可怕的錯誤」。的確，大陸發生饑荒是事實，有些人有些怨氣也能夠使人理解。但決沒有蔣介石所說的出現了「全民的反饑餓、反控制、反鎮壓的大潮大浪」，也沒有軍隊不忠現象，更沒有大多數中國人民熱切盼望蔣介石「反攻大陸」的事實。有的只是中國人民在中國共產黨的領導之下，同心同德，改正錯誤，戰勝困難，推進國家經濟建設，粉碎蔣介石集團的一切「反攻」、反共行動。

第二，蔣介石集團利用了中蘇兩黨之間的意見分歧。蔣介石在答記者問時稱：中共與蘇共之間「爭執激烈」，如果國民黨「反攻大陸」，「蘇俄將不會援助中共」。「中共與蘇俄之間的分裂」，已為國民黨「光復大陸造成一適當的機會」。從利用中蘇兩黨矛盾

的角度出發，蔣介石認為應立即展開「反攻」行動。

第三，企圖在臺灣造勢，拖住美國。進入60年代後，臺美間的「蜜月」關係結束了。當美國民主黨人甘迺迪入主白宮後，雖然他仍然宣稱堅持艾森豪對華政策的三條原則（（1）承認臺灣為中國的「合法政府」；（2）拒絕承認中華人民共和國；（3）拒絕中華人民共和國進入聯合國），但在具體做法上表現出極大的靈活性，特別是在中國大陸沿海島嶼問題上，表現出明顯差異。

早在1960年4月，美國民主黨政策委員會主席兼甘迺迪的外交顧問鮑爾斯在《外交季刊》上發表《重新考慮中國問題》的文章，主張美國應重新考慮同北京與臺北的關係，並主張鼓動金門、馬祖等沿海島嶼中立化。甘迺迪贊同鮑爾斯的主張，並稱鮑爾斯說出了他所要說的話。當10月份總統大選展開之際，甘迺迪與尼克森在競選總統辯論中，爭論的焦點問題之一，就是中國沿海島嶼問題。甘迺迪宣稱美國必須保衛臺灣，但應劃清防線。他從1954年以來就一直認為金門、馬祖對於防守臺灣並非必不可缺，美國的防線應僅僅劃在臺灣本島周圍。他甚至認為：為了防禦金門、馬祖，而被蔣拖入一場可能導致世界大戰的戰爭是不明智的。

對於甘迺迪這一說法，蔣介石表示了強烈的不滿。他於10月13日同美國記者談話時不點名地批評了甘迺迪的觀點，宣稱「戰至最後一人亦不放棄金、馬外島」。

10月14日，蔣介石令「外交部」批駁甘迺迪的競選辯論演說稱：「一位負責任的美國政治領袖，儘管是在激烈的競選期間，居然不負責任地，大慷他人之慨，而將另一個國家的領土隨便處置了，實在是件不可思議的事情。而且這個國家，正好是他的盟邦，我們願意確切地闡明我們的立場如下：在任何情形下，『中華民

國」絕不會答應任何人的要求——包括甘迺迪參議員在內——而放棄他的任何一平方英寸領土。……如果認為這些島嶼沒有軍事價值的話，那也是同樣荒謬。」同年10月底，蔣介石再度視察金門，並在金門題寫「經營戰場」、「培養戰力」等字，以顯示進一步固守金門的決心。

甘迺迪上臺後雖在對華政策上邁出一小步，但也令蔣介石憂心忡忡。他之所以在兩次「臺海危機」之後，再度燃起海峽戰火，除了上述兩個因素之外，其目的就是企圖透過臺海局勢出現一定程度的緊張，牢牢拖住美國，同時藉機試探一下美國對臺「反攻大陸」的真實立場究竟如何？還可在政治上造成一定的聲勢，配合自身的經濟發展，引起國際上的矚目。

正是基於上述三個原因，蔣介石認為1962年至1963年是他「反攻大陸」的「決定年」、「勝利年」。他遂在新竹召集國民黨軍隊將領會議，具體研討「反攻」部署。為了切實「反攻」，蔣介石並非只說不練，他的具體措施與步驟是：

第一，徵收「國防臨時特別捐」，籌措反共經費。1962年4月27日，臺灣「立法院」根據蔣介石的旨意通過了《國防臨時特別捐條例》。該條例規定，為完成「反攻聖戰」，徵稅金額：各類貨物稅的30%，娛樂稅的50%，筵席稅的50%，地價稅的40%，鐵路、公路票價的30%，電報、電話價的30%。4月30日，蔣介石明令公布此一條例。5月1日起該條例生效。

時任「財政部長」的嚴家淦解釋「國防臨時特別捐」不增加企業負擔，只從個人所得稅中增加，以增籌國防經費，並不會引起通貨膨脹。當日，「行政院長」陳誠也就開徵「國防臨時特別捐」發表談話，希望各界支持當局政策，承受暫時負責，增進集體安全。

儘管臺灣各界人士對徵收「國防臨時特別捐」表示不滿，並且根本不相信蔣介石的「反攻」神話，但都怕被扣上一頂紅帽子吃官司，故被迫上交。據臺報統計：從1962年5月1日開徵至1963年5月16日「行政院」宣布停徵「國防臨時特別捐」，13個月內共徵收6000多萬美元「國防臨時特別捐」。臺灣又狠狠敲了老百姓的一筆竹槓。

　　第二，設立「反攻」機構。全力進行「反攻」準備。1962年初，臺灣國民黨當局成立了以蔣介石、陳誠為首的「最高5人小組」（又稱「反攻行動委員會」）作為「反攻大陸」的決策機構。

　　1963年11月，國民黨召開第九次代表大會之際，蔣介石提議籌組「中華民國反共建國聯盟」。基於上述認識，蔣介石向大會提交了《反共建國共同行動綱領案》，要求大會議決。該案的要點是：

　　（1）「『中華民國反共建國聯盟』以集中海內外意志與力量，提供反共建國大計，爭取勝利為主旨；」

　　（2）「『中華民國反共建國聯盟』為在現行憲政體制下之全民性結合；」

　　（3）「『中華民國反共建國聯盟』以個人為主體。由各民族、各黨派、各社團、各僑團、各經濟團體、各學術文化團體、各婦女及青年團體——特別是敵後組織，具有聲望、成就與代表性之人士參加之。」

　　（4）「擬具反共建國共同行動綱領草案，融會各方意見，提出聯盟會議，以為今後共同行動之依據；」

　　（5）「『中華民國反共建國聯盟』會議決議事項，其屬於政府職權者，經由政府有關方面採擇施行；」

（6）「責成九屆中央委員會根據上項原則，研擬具體方案，付之實施，並望於最短期內達成此一任務。」

蔣介石提交的議案無人敢違，自然為大會所通過，並決議「遵照總裁指示積極貫徹」。

國民黨九大後，臺灣「行政院」於1964年4月30日成立「反共建國聯盟」籌備委員會，由堅決反共的谷正綱掛頭牌，其他成員均為蔣介石的準嫡系與忠臣：袁守謙、陶希聖、余井塘、張其昀、黃伯度、阮毅成。當時還煞有介事地下設祕書處於臺北，轄議事、聯絡、新聞、總務4個組，進行各項籌備具體事項。於此同時，蔣介石、唐縱公開號召海內外人士參加「反共建國聯盟」。然而海內外人士相信蔣介石「反攻」神話的越來越少，參加者寥寥無幾。

在「反共建國聯盟」的組建工作遲遲未獲得實質性進展的情形下，蔣介石乘大陸剛剛發動「文化大革命」之際，又提出建立「討毛救國聯合陣線」，以應對「反攻」新局面。蔣介石宣稱：「一切反毛的力量，在三民主義的思想與信仰之下聯合起來。」

1967年3月29日，蔣介石又向青年發出號召：「成立『討毛救國聯合陣線』。」「聯合所有反毛的、個人的、集體的勢力和組織，……不論工、農、兵、學、商，不論種族、黨派、成員，亦不論以往一切是非恩怨，只要其能實踐『不是敵人，就是同志』的信約，幡然改圖，抗暴反毛的，就都是『討毛救國聯合陣線』的盟友鬥士！」

蔣介石還要求大陸「反毛」力量組成「討毛救國聯軍」，擴大「討毛救國的青年運動」，並保持與臺灣國民黨的「密切聯繫」。

上述宣示不過是蔣介石的夢囈而已，不僅大陸沒有人回應，就

連臺灣的青年人也無人關注此一「反攻」機構。蔣介石不管這些，當「反共救國聯盟」提議建立之際，他便開始了「反攻」的軍事行動。

第三，派軍隊、特務突襲大陸。蔣介石集團在籌措「反攻」經費與建立「反攻」組織之前就下達了「徵兵動員令」，提前開始下年度的「現役徵集」。蔣介石還令各部門將臺灣的各種輪船、漁船和車輛，納入「船舶、車輛動員編組」。為了吸取在大陸失敗的教訓，蔣在「反攻」前不斷對部下進行「反攻」的政治教育。此刻，北投的政工幹校特別繁忙，臨時開設戰地政務班，為未來登上大陸培訓黨政幹部；政工部門要求士兵明確「為誰而戰」，要求官兵有獻身精神，並在每一個大兵的鞋上和皮帶上都刻有「光復大陸」字樣。蔣介石還令從日本購進大量血漿，準備與中共決一死戰。蔣介石不顧70多歲高齡，多次在陽明山和鳳山等基地召開軍事會議，詢問此次「反攻大陸」有無確切的把握。「陸軍總司令」羅列對「反攻大陸」缺乏信心，對勝利沒有把握，故被蔣介石撤職，改由劉安祺擔任。待一切準備就緒，蔣介石遂下令三軍集結高雄附近基地，預備從高雄港登船出發。

當蔣介石鼓噪「反攻大陸」之際，中共中央於1962年2月提出「整軍備戰」。為制止臺灣蔣介石集團的冒險行動，周恩來令中國駐波蘭大使王炳南立即中斷休假返華沙。周恩來囑王說：經中央認真研究，認為蔣介石「反攻大陸」決心很大，但還存在一些困難，關鍵要看美國的態度如何；要爭取讓美國來制止蔣介石「反攻大陸」的軍事行動。王炳南返華沙後與美國駐波蘭大使大伯特舉行會談。王一方面指責美國鼓動臺灣國民黨「反攻大陸」，另一方面正告美國稱：國民黨竄犯大陸之日，就是中國人民解放臺灣之時。直

到6月23日,美方才表示絕不會支持蔣介石進攻大陸。

中國政府一面透過中美華沙會談以制止蔣介石集團的軍事「反攻」行動,一面積極制訂粉碎蔣介石「反攻大陸」軍事行動的計畫。6月2日,周恩來在談形勢問題時,根據國際形勢與蔣介石準備「反攻大陸」,有可能發動局部戰爭的情況,進一步強調「整軍備戰」問題。6月10日,中共中央發出準備粉碎國民黨軍竄犯東南沿海地區的指示,要求全黨全軍和全國人民提高警惕,做好準備,絕不讓蔣介石的陰謀得逞。6月23日,新華社發表電訊,揭露國民黨軍隊妄圖竄犯大陸的陰謀,同時要求東南沿海各省及其縱深地區的軍民,更要提高警惕,從各方面做好充分的準備,「以便隨時迎擊蔣匪幫的竄犯」。電訊還提出:「如果蔣匪幫膽敢在哪裡冒險竄犯,就堅決、徹底、乾淨、全部地把它消滅在哪裡。」由於美國態度消極與中國大陸嚴陣以待,蔣介石被迫放棄了冒險的軍事行動,改由情報機構派遣特務人員偷襲大陸。

經蔣介石同意,臺灣情報局局長葉翔之具體部署了代號為「海威」的派遣武裝特務騷擾大陸沿海的情報作戰,企圖進行「游擊活動」與「滲透工作」,建立組織,配合大陸的所謂「抗暴」運動,擾亂社會,顛覆人民政權。

時任臺灣「情報局」督察室主任的谷正文在1990年承認,從1961年至1965年4年間,臺灣共派出1800餘名武裝特務人員,最後生還的還不到1/3。

在此前後,蔣介石不斷派遣美製飛機飛赴大陸進行高空偵察。從北京傳回的訊息是:蔣機不斷被人民解放軍空軍部隊、地面部隊擊落。美國對於蔣介石的空中偵察予以配合,也不斷派機飛到大陸進行偵察與破壞活動。人民空軍予以有力回擊,先後擊落美國若干

架U-2型高空偵察機。

　　一次次「反攻」偷襲的失敗，並未使蔣介石甘心。他為了重新鼓起國民黨軍官兵「反攻大陸」的勇氣，又於1964年12月20日視察金門時，手書「毋忘在莒」四字，夢想2200年前的田單復齊故事重演。蔣介石為將這一運動推展至社會每一個角落，「掀起舉國一致的心理革新，精神動員，人人走向戰鬥的新行動和新氣象」，特明令公布了《毋忘在莒運動實施綱要》。儘管蔣介石到處演講、動員，表面上搞得轟轟烈烈，實則無人真正響應。隨著新中國原子彈爆炸成功與國力的不斷增強，蔣介石本人不得不承認他的「反攻聖戰」失敗了。儘管蔣介石在他病逝的前一天還宣稱「日日完成反攻復國」，但他的「反攻」神話再也無人相信。

　　透視蔣介石的「反攻大陸」，他之所以在退臺後的26年間始終念念不忘，其根本原因在於蔣介石極端的反共立場。蔣介石後半生傾全力投入的「反攻聖戰」之所以遭到失敗的下場，筆者以為有以下幾點原因：

　　第一，蔣介石始終不能審時度勢，盡棄前嫌，實施兩黨談判方案，實現祖國統一。如果說在新中國建立之初，蔣介石出於不甘心失敗的心理與一貫的反共立場，提出「反攻大陸」的口號還能引起退臺國民黨官兵的一點思鄉興趣。但在中共伸出兄弟之手，再圖守反共、「反攻」立場，而不能審時度勢、重開兩黨和談，就大錯特錯了。加之他對大陸形勢的錯誤判斷，其「反攻」行動必然以失敗而告終。

　　第二，海峽兩岸軍事、經濟實力相差過於懸殊。大陸時期，蔣介石控制著全國政權，掌握著幾百萬軍隊，尚且不是中共的對手。退守臺灣之後，彈丸之地，軍事、經濟實力嚴重不足，後雖經整

頓，實力有所改觀，但「反攻大陸」實屬「以卵擊石，自取滅亡」。

第三，美國對蔣介石鼓吹的「反攻大陸」態度冷淡亦是其失敗的重要原因之一。美國當局採取扶蔣與棄蔣始終是以其在亞太地區的利益得到保護為其根本原則的。並不是美國不希望蔣介石「反攻大陸」成功，而是根本不相信他能夠「反攻」成功。同時鑑於新中國的強大，希冀從臺灣海峽脫身，重新考慮對華政策，鬆動同中國大陸的關係。失掉了美國的支持，蔣介石的「反攻」只能是一句空話。正是在上述大背景下，中國共產黨提出了「一綱四目」的方針。

2. 中國共產黨「一綱四目」方針的提出

1958年金門炮戰後，中國共產黨也將主要精力放在經濟建設上，大辦農業與大煉鋼鐵，提出15年內在主要工業產品上「超美趕英」。由於受「左」的思想的干擾，經濟建設偏離了正常運行的軌道，中國社會主義建設受到嚴重挫折，加之天災，大陸經濟進入了困難時期。中國共產黨及時修正錯誤，帶領中國人民自力更生，艱苦奮鬥，終於完成了國民經濟的全面恢復與發展。

就在大陸進行全面建設社會主義之時，中國共產黨仍不忘對臺工作的開展。1959年2月，毛澤東出於統一祖國的考慮，在一次對省、市委書記的講話中指出：對臺灣「給他飯吃，可以給他一點兵，讓他去搞特務，搞三民主義」。

同月17日，毛澤東在會見摩洛哥共產黨代表團時說：「現在我們又講跟蔣介石合作，他說不幹，我們說要。合作共同反美，他不

幹，我們說總有一天美國要整他，總有一天美國要承認我們，丟掉他。蔣介石懂得這一點。我們搞第三次合作，他透過祕密的間接的方法跟我們聯繫，公開不敢，怕美國，對我們不怕。」

毛澤東的兩個講話表明中國共產黨人在第二次「臺海危機」之後，仍然堅持「和平解放臺灣」，而且有了「一國兩制」方針的雛形。同時表明中國共產黨仍在為實現第三次國共合作而努力，以便盡快完成祖國統一。

為了盡快實現第三次國共合作，使臺灣問題得以和平解決，中國共產黨對臺工作採取了以下措施：

其一，特赦國民黨戰爭罪犯與武裝特務人員，透過他們向臺灣國民黨傳話。當新中國誕生10周年之際，中共中央主席毛澤東向全國人大常委會提交了關於特赦一批確實已經改惡從善的戰犯、反革命罪犯和普通刑事罪犯的建議。全國人大常委會通過了毛澤東的建議。9月17日，中華人民共和國主席劉少奇發布了特赦令，決定特赦33名戰犯，並於12月4日執行。33名戰犯是：杜聿明、王耀武、曾擴情、鄭延笈、宋希濂、楊伯濤、陳長捷、邱行湘、周振強、盧浚泉、趙金鵬、周震東、杜聚政、業傑強、唐曦、白玉昆、賀敏、孟昭楹、廖緝清、楊懷豐、曾仲麟、徐以智、甄肇麟、劉化南、羅祖良、李寶善、陳啟鑾、董世理、王中安、蔡射受、愛新覺羅・傅儀、郭文林、雄努敦都布。中國共產黨此舉受到海內外稱讚，在社會上引起巨大的回響。

12月14日，周恩來接見首批特赦戰犯溥儀、杜聿明等11人。周恩來希望杜聿明等人向臺灣國民黨傳話：「你們當中與臺灣有聯繫的人，可做點工作，慢慢做，不要急，個人寫信靠得住些。」從1959年9月至1966年8年中，中國政府先後特赦6批戰犯，其中國民

黨戰犯263名。於此同時，中國政府還陸續釋放1962年以來襲擾大陸被俘的美、蔣特務。到1975年，全部在押戰犯均被釋放。這些在押戰犯與特務人員極少數去了美國與臺灣，絕大多數留在大陸被安排工作，他們當中不少人利用同國民黨的關係，為國共兩黨早日實現第三次合作作出了貢獻。

其二，透過原國民黨起義人員和與國民黨有關係的人員，規勸臺灣國民黨當局走和平解放臺灣的道路。1960年1月3日，周恩來與原國民黨起義將領張治中、傅作義等共進午餐時談到與臺灣的來往問題，說：「寫給陳誠的信，可說相信陳不會將臺灣交給美國，水到渠成，要陳因勢利導，和蔣氏父子團結一致美就難鑽空子。信中要曉以大義，陳以利害，動以感情。我們寄予希望。將來他們必然回來。回來必有安排，這是必然性。」同年5月24日，周恩來為使蔣介石瞭解中共對臺政策，接見張治中等民主人士，請張致信蔣介石，要求信一定要送到蔣氏父子手中，並說我們對臺政策是：「臺灣寧可放在蔣氏父子手裡，不能落到美國人手中。」周恩來將毛澤東關於解決臺灣問題的原則概括為「一綱四目」。所謂「一綱」即「臺灣必須統一於中國」；「四目」即為臺灣統一於祖國後的四項具體政策：

（1）臺灣回歸祖國後，除外交必須統一於中央外，所有軍政大權、人事安排等悉委於蔣，陳誠、蔣經國亦悉由蔣意重用；

（2）所有軍政及建設經費不足之數悉由中央撥付；

（3）臺灣的社會改革可以從緩，必伺條件成熟並徵得蔣之同意後進行；

（4）互約不派特務，不做破壞對方團結之舉。

這一方針較之1955-1956年提出的「和平解放臺灣」的主張前進了一步，可以說是不叫「一國兩制」的「一國兩制」。

　　透視「一綱四目」的方針，它具有以下幾個特點：

　　第一，一個中國。「一綱」就是堅持一個中國原則。從1949年中華人民共和國成立到1979年全國人大常委會發表《告臺灣同胞書》之前，中共第一代領導集體始終認為「世界上只有一個中國」，「唯一能夠代表中國人民的只有中華人民共和國政府」，「臺灣是中國領土不可分割的一部分」，「中國人民一定要解放臺灣」。關於此點，可從周恩來代表中國政府的多次講話中得到說明。1949年11月15日，周恩來致信聯合國祕書長賴依時指出：「中華人民共和國中央人民政府是代表中國全體人民的唯一合法政府。」1950年6月28日，周恩來針對美國總統杜魯門入侵臺灣海峽的聲明指出：不管美國採取任何阻撓行動，「臺灣屬於中國的事實，永遠不能改變」。1956年6月28日，周恩來在一屆全國人大三次會議上講話中稱：「臺灣從來就是中國的一部分。」「世界上只有一個中國。唯一能代表中國人民的只有中華人民共和國政府。」

　　由上可見，中共第一代領導集體關於「一個中國」的內涵包含三層含義：

　　一是「世界上只有一個中國，唯一能夠代表中國人民的只有中華人民共和國政府」。這一點首先是針對國民黨蔣介石的所謂「法統」，當然也有針對美國「一中一臺」和「兩個中國」分裂政策的意思。

　　二是「臺灣是中國領土不可分割的一部分」，中國人民必須維護中國主權和領土的完整、反對外國干涉中國內政。這一點主要是針對美國的「聯合國託管」說與分裂政策，也包括「臺獨」觀點。

三是「中國人民一定要解放臺灣」，表達了中國人民實現祖國統一的嚴正立場。

當然「解放臺灣」既包括「武力解放」也包括「和平解放」，在當時情形下，主指後者。中國共產黨之所以特別強調一個中國原則，不僅因為它是解決臺灣問題的基礎和前提，還在於國共兩黨均堅持一個中國原則。對於美國分裂臺灣的政策，蔣介石總是明確地表示反對意見。應當承認當時中國共產黨關於「一個中國」的定義是基於當時的國內外形勢和認識水準。從當時的歷史狀況看，這一提法是正確的。

第二，和平談判。從50年代中期第一次「臺海危機」開始，中國共產黨對臺政策的立足點就是爭取用和平談判的方式解放臺灣。毛澤東對中共八大政治報告稿的批語和修改中寫到：「我們希望一切有愛國心的臺灣軍政人員，同意用和平談判的方式，使臺灣重新回到祖國的懷抱，而避免使用武力。」「如果不得以使用武力，那是在和平談判喪失了可能性，或者是在和平談判失敗以後。」周恩來多次講話均認為用和平方式會更好一點。特別是在1956年1月30日，周恩來代表中共中央在全國政協二屆二次會議上，講到對臺方針時，除了重申準備在必要的時候用戰爭的方式來解放臺灣外，明確強調要爭取用和平的方式解放臺灣。這是周恩來第一次在公開場合表達了中國共產黨願意同國民黨進行第三次合作的真誠願望。當然，由於當時的國際形勢與兩黨對臺灣問題認識的現狀，所謂的「和平談判」只是透過國共兩黨談判用和平的方式「解放臺灣」，而並非像後來鄧小平構想的「一國兩制」中的「和平談判」方式解決臺灣問題。

由於當時海峽兩岸就是國共兩黨執政，所以毛澤東、周恩來多

次強調透過兩黨合作解決爭端。應當說鄧小平主張國共兩黨談判，與毛澤東、周恩來在此問題上的看法是一致的，只不過沒有更明確提出第三次國共合作罷了。主張透過兩黨合作解決臺灣問題，就為和平解決臺灣問題奠定了堅實的基礎。從今天的角度觀察，當時的中國共產黨對臺政策是從大局出發的，能夠審時度勢，與時俱進。

第三，制度暫時不變。毛澤東在1956年10月同有關人士談話時指出：如果臺灣回歸祖國，「一切可以照舊，臺灣將來是要實行社會主義的，但何時進行民主改革和社會主義改造，則要取得蔣先生的同意後再做，現在可以實行三民主義，可以同大陸通商，但是不要派特務來大陸破壞，我們也不派『紅色特務』去破壞他們。談好了可以定個協議公布」。1958年10月13日，毛澤東在會見新加坡《南洋商報》撰稿人曹聚仁時說：「臺灣如果回歸祖國，照他們（指蔣介石等）自己的方式生活。水裡的魚都有地區性的，毛兒蓋的魚到別的地方就不行。美國不要蔣時，蔣可以來大陸，來了就是大貢獻，就是美國的失敗。蔣介石不要怕我們同美國一起整他。」他還說：「蔣同美國的連理枝解散，同大陸連起來，枝連起來，根還是他的，可以活下去，可以搞他的一套。」毛澤東兩次強調統一後國民黨蔣介石仍可以在臺灣搞資本主義，臺灣什麼時候搞社會主義，讓蔣介石自己去定。兩岸制度在不變這一點上，與鄧小平後來主張「兩制並存」有明顯的相同之處。不同之處在於鄧小平明確提出了兩岸實行兩種不同的社會制度，實行長期共存、共同發展。毛澤東主張的是兩岸早晚還是要實行一個社會制度，即社會主義制度。而鄧小平強調港澳臺50年後或者更長一些時間再實行社會主義，甚至大陸發展了，港澳臺與大陸均沒必要再去改變原有的社會制度。

第四，保存軍隊。關於統一後的臺灣，毛澤東說軍隊「可以保存，我不壓他裁兵」。在「一綱四目」中強調「軍政大權人事安排等悉由總裁與兄（指陳誠）全權處理」。1961年6月7日，周恩來同徐冰、傅作義談臺灣前途與祖國統一時指出：「只要臺灣一天守住臺灣，不使他從中國分裂出去，那麼我們就不改變目前對待他們的關係，希望他們不要過這條界。」對於是否從金、馬撤軍，蔣介石和陳誠之間存在矛盾，因為兩島守軍均為陳誠的部下，陳誠為了保存實力，主張從金、馬撤軍。美國藉此「拉陳抑蔣」。周恩來對此非常重視，曾對一位朋友說：陳誠有一些民族氣節，看來不會被美國牽著鼻子走，「這點就是我們寄厚望於辭修的原因」。周恩來讓這位朋友轉達陳誠：「為了不使美國的陰謀得逞，臺灣首先應該團結內部，也就是蔣氏父子和陳誠的團結，因為只有他們幾個在臺灣還有些力量。只要他們團結起來，把軍隊抓在手裡，美國就不敢輕舉妄動。」

第五，對臺灣政要委以重任。1956年10月7日，周恩來宴請曹聚仁時，曹聚仁問對蔣介石等如何安排？周說：「蔣介石當然不要做地方長官，將來總要在中央安排，臺灣還是他們管，如辭修（陳誠）願意做臺灣地方長官，經國只好讓一下做副的。其實辭修、經國都是想幹些事的。辭修如願到中央，職位當不在宜生（傅作義）之下。經國也可以到中央。」

以上是筆者對「一綱四目」方針特點的初步看法。

「一綱四目」方針提出後，受到了海內外熱烈的響應，但仍然被蔣介石加以拒絕。1961年6月，毛澤東同外賓談話時曾提到蔣介石拒絕「一綱四目」方針的情況：「我們現在還願意和他（指蔣介石）講和。我們又提出要跟他講和，他不幹。我們從來沒有放棄和

國民黨講和的口號，現在也未放棄。他是很怕的，我們就不怕。美國也很害怕，怕我們同國民黨講和」。1962年11月11日，周恩來再邀張治中、傅作義、屈武等人談對臺灣工作問題，希望他們寫信給臺灣，告訴他們不要輕舉妄動。1963年1月4日，張治中發出經周恩來修改的致陳誠函。函中說：今日臺灣問題之首要關鍵，在於促成國共第三次合作，使臺灣回歸祖國。只要臺灣回歸祖國，其他一切問題悉尊重臺灣領導人意見妥善處理。信中要點就是毛澤東與周恩來要張治中給蔣氏父子寫信的內容，即「一綱四目」。這封張治中致陳誠的信函是經周恩來修改後，曾送中共中央政治局常委傳閱過的。此間，屈武給于右任，張治中與傅作義給蔣經國，傅作義給張群分別寫了內容大致相同的信函，傳達了中共中央對臺政策。

　　既使在蔣介石宣稱「反攻大陸」之時，中共中央也沒有放棄對臺灣國民黨特別是對蔣介石的爭取。就在蔣介石提出「革新、動員、戰鬥」口號的當月，周恩來與鄧穎超還接見了蔣介石前妻陳潔如，周說：蔣介石的一切罪惡只能由蔣個人負責。蔣現在還有那麼一點點民族觀念，他還是反對美國製造「兩個中國」的。因此，我們對他仍寄予希望。

　　其三，爭取國民黨要員返回祖國大陸，以資證明中國共產黨不咎既往與和平解決臺灣的誠意。早在1950年冬，毛澤東就邀國民政府前行政院長翁文灝回國。1951年3月，翁文灝回到北京，投身於社會主義建設事業，並為新中國地質事業作出了新的貢獻。1955年，在周恩來的安排下，國民黨東北「剿總」司令衛立煌回到祖國，成為毛澤東與周恩來的座上賓。衛還發表了《告臺灣袍澤朋友書》，在海內外引起很大回響。1965年7月18日，前國民政府代總統李宗仁在周恩來的精心安排下飛抵廣州。20日，李宗仁抵京，黨

和國家領導人、各民主黨派代表負責人，無黨派知名人士、國民黨起義將領均到機場迎接。李宗仁在機場大廳宣讀了本人聲明：

「我本人尤為興奮，毅然從海外回到國內，期望追隨我國人民之後，參加社會主義建設，並欲對一切有關愛國反帝事業有所貢獻。今後自誓有生之日，即是報效祖國之年。」

聲明最後語重心長地說：「深冀我留臺國民黨軍政同志凜於民族大義，也與我採取同一步伐，毅然回到祖國懷抱，團結抗美，一致對外，為完成國家最後統一作出有用的貢獻。」

當晚，周恩來在人民大會堂設宴歡迎李宗仁與夫人。

7月26日，毛澤東在中南海接見了李宗仁、郭德潔、程思遠等。據程思遠回憶：毛澤東一再表示：「你們回來了，很好。」毛還幽默地對李宗仁說：「德鄰先生，你這一次歸國，是誤上賊船了。臺灣口口聲音叫我們做『匪』，還叫祖國大陸做『匪』區，你不是誤上賊船是什麼呢？」程思遠忙替李宗仁答道：「我們搭上這一條船，已登彼岸。」當李宗仁說海外許多人渴望回到祖國來時，毛澤東插話說：「跑到海外的，凡是願意回來，我們都歡迎，他們回來，我們都以禮相待。」7月31日，劉少奇接見李宗仁時說：「李先生的歸來，為臺灣國民黨人指明了一條光明的途徑。祖國的大門對臺灣是敞開著的。」8月26日，李宗仁在北京舉行中外記者招待會，指出臺灣問題是中國內政，美國無權干涉。他結合自己回國後的體驗，說明中共對國民黨一貫政策是愛國一家、愛國不分先後以及來去自由。他希望國民黨同仁和海外各方人士認清民族大義和大勢所趨，不要一誤再誤，要毅然奮起，相率來歸，為祖國最後統一作出貢獻。3天后，中國外交部長陳毅在北京舉行中外記者招待會，當記者問到國共合作時，陳毅指出：新中國就是以共產黨為

首的包括8個民主黨派合作的局面，歡迎李宗仁參加這個合作，也歡迎蔣介石、蔣經國像李宗仁這樣參加這個合作，歡迎臺灣省和臺灣的任何個人和集團回到祖國懷抱，參加這個合作。

李宗仁回國在海外引起更大的震動。儘管在臺灣的許多國民黨軍政人員沒能投入祖國的懷抱，但他們絕大多數絕不願再充當蔣介石「反攻大陸」神話的祭品，他們的心是嚮往大陸的。當時被困居臺北的于右任在他臨逝世前就曾寫下這樣的詩句：

葬我於高山之上兮，

望我大陸；

大陸不可見兮，

只有痛哭！

葬我於高山之上兮，

望我故鄉，

故鄉不可見兮，

永不能忘！

從于右任老先生的悲哀呻吟中，看到了國民黨高層軍政人員的思鄉之情。於此同時，國民黨空軍飛行員徐廷澤、黃天明等人紛紛駕機飛向祖國大陸的藍天，投入人民的懷抱。事實表明，中共對臺政策符合海峽兩岸的實際狀況，已經為越來越多的人所接受。

其四，透過祕密管道，與臺灣國民黨當局保持接觸。「文革」前國共兩黨祕密接觸的管道主要有兩條：一條是透過章士釗，一條是透過曹聚仁。童小鵬回憶：1960年7月，章士釗到香港透過祕密管道向臺灣高層轉達中共關於和談的訊息與條件。臨行前，章與周

恩來在北戴河會面，周對章說：「雷嘯吟已回港，吳鑄人可能來港（雷、吳均是為臺灣瞭解情況的人），和談時，可以將以下意思透露過去：蔣目前的關鍵問題是名和利。利的問題，只要把臺灣歸還祖國，國家是可以補助的。名的問題，當然不只在臺灣，而在全國。榮譽職務很多，可以解決的，中共自有善處。既有臺灣之實（權利），又有全國之名，不比只做臺灣一個小頭而且美國遲早要換掉更好嗎？但蔣大概是要等到同美國的矛盾要爆發時才會選擇的。美蔣的矛盾總是要爆發的。」章提到對臺寫信問題，周恩來說：「他們如果要求的話可以寫，但要經交通送來商量。」1962年和1964年，章士釗又曾兩次赴港，透過朋友給臺灣的于右任和胡適寫信，為國共兩黨和談進行多方面溝通。港臺許多報紙稱章士釗為中共的「和談專使」。由於臺灣反應冷淡，加之「文革」開始，章士釗溝通工作遂中斷。

　　這一時期，蔣介石透過各種名義與各種關係派一些人到大陸，說要與中共高層接觸。周恩來認為這是蔣介石的一種政治手腕，刺探我們的高級情報，來摸我們對臺政策的底牌。童小鵬回憶：有一次臺灣派來4個人，3個到北京，1個留香港。毛澤東和周恩來也會見了其中一些人。毛、周都說這些人帶來了各種消息，真真假假，假假真真，一時也判斷不清，我們要心中有數，以假當真，假戲真做，最後弄假成真。

　　1965年，擔負向海峽兩岸傳遞資訊任務的曹聚仁到臺北，受到蔣介石接見。曹、蔣2人就國共雙方條件進行了磋商。曹聚仁後來在海外雜誌上披露了當時國共雙方同意的6項條件：

　　（1）蔣介石偕同舊部回到大陸，可以定居在浙江以外的任何一省區，仍任國民黨總裁。北京建議撥出江西廬山地區為蔣介石居

住與辦公的湯沐邑。

（2）蔣經國任臺灣省長。臺灣除交出外交與軍事外，北京只堅持農業方面必須耕者有其田，其他政務，完全由臺灣省政府全權處理，以20年為期，期滿再行洽商。

（3）臺灣不得接受美國任何軍事援助；財政上有困難，由北京照美國支援數額照款補助。

（4）臺灣海空軍併入北京控制。陸軍縮編為4個師，其中1個師駐在廈門、金門地區，3個師駐在臺灣。

（5）廈門與金門合併為一個自由市，作為北京與臺北間的緩衝與聯絡地區。該市市長由駐軍師長兼任。此一師長由臺北徵求北京同意後任命，其資格應為陸軍中將，政治上為北京所接受的。

（6）臺灣現任文武百官，官階、待遇照舊不變。人民生活保證只可提高，不准降低。

從曹聚仁透露的6項條件看，總體與「一綱四目」方針是一致的，有些具體內容中共中央領導人不曾講過，因而還有待於進一步證實。

綜上所述，從1958年金門炮戰後至「文革」前，中國共產黨為了和平解決臺灣問題，盡快實現祖國和平統一，無論是在政策上，還是在措施上，都比1955年至1957年時前進了一步。特別是「一綱四目」方針的提出，它既豐富和發展了1955年至1957年中國共產黨關於「和平解放臺灣」的政策與實踐，又成為後來「一國兩制，和平統一」方針的雛形。當然，將「一綱四目」方針與「一國兩制」方針作一比較，既能看到它們之間一脈相承的聯繫與合乎邏輯的發展，又能看到它們之間還是有著質的區別。如果沒有「文革」的發

生，海峽兩岸政治對峙就會進一步降低，祖國統一的進程就將大大加快。然而歷史是不能假設的，「文革」的錯誤使中國共產黨人真正認識到了「左」的危害。中共清除「左」的干擾，特別是清除「左」的思想對解決臺灣問題的干擾，提出「和平統一，一國兩制」的方針，又使祖國統一進程邁進了一步。

3.「文革」時期對臺政策的反覆

從1966年至1978年，中國處於「文革」時期與徘徊階段，大陸對臺工作受到嚴重干擾，兩岸關係處於隔絕狀態。這一時期兩岸關係的重要特徵表現為政治對峙與激烈的外交鬥爭。

首先，這一時期中共對臺政策出現了搖擺現象，輿論宣傳又回到了「一定要解放臺灣」的口號上，放鬆了爭取用和平方式解決臺灣問題的努力。關於此點可從下列事實中得到說明：

第一，重提「一定要解放臺灣」的口號。眾所周知，「一定要解放臺灣」的口號是在海峽兩岸處於嚴重軍事、政治對峙和美國武裝入侵臺灣的情形下提出來的。為了化解「臺灣危機」，中國共產黨從堅持原則立場與策略靈活的角度出發，提出中美談判與「和平解放臺灣」的口號，使中共對臺政策從武力解放臺灣逐漸轉變為以政治為主、軍事為輔，從而緩解了「臺海危機」，推進了中美關係與海峽兩岸關係的發展。

「文革」發生後，中共對臺政策受「左」的思想干擾。1966年6月27日，《人民日報》發表題為《一定要把五星紅旗插到臺灣省》的社論，重提「中國人民一定要解放臺灣」。《社論》之所以從和平解決臺灣的立場退回到武力解放臺灣的立場，主要出於兩種

考慮：一是毛澤東認為「文化大革命」是在社會主義條件下「一個階級推翻一個階級的革命」，是中國共產黨「和國民黨反動派長期鬥爭的繼續」。從這種認識出發，很難使對臺政策繼續沿著和平解決臺灣問題的軌道正常運行。

二是社論認為美國正在操縱包括蔣介石集團在內的一些國家組織新的侵略同盟，部署對中國、朝鮮人民民主共和國和越南的戰爭。針對美國的「戰爭的一手」，為「把美國侵略者從臺灣省趕出去」，完成祖國統一的偉大事業，必須用革命戰爭反對反革命戰爭。

第二，中央對臺工作部門受到衝擊，對臺工作領導與大陸愛國民主人士、黨外朋友及在大陸的臺胞、臺屬受到迫害。中央對臺工作辦公室被「四人幫」誣陷為「特務據點」；中共中央統戰部被徹底砸碎；全國政協與民主黨派機構相繼停止辦公。此間，中央對臺工作領導羅瑞卿、楊尚昆首先被打倒，徐冰、孔原靠邊站，羅青長也被造反派掛在孔原的「黑線」上。大批的民主人士與黨外朋友被誣陷為「叛徒」、「叛徒嫌疑」、「特務」、「特嫌」、「國民黨特務」等。相當一部分臺胞、臺屬、原國民黨軍政人員、起義投誠人員統統被當做「牛鬼蛇神」、「國民黨殘餘勢力」進行掃蕩。中國民主革命的先行者孫中山的夫人宋慶齡，其住宅也遭到騷擾。更有甚者，一些紅衛兵小將為表現對蔣介石國民黨的極端痛恨和極高的革命熱情，不惜將蔣介石生母與前妻毛福梅的墓地破壞。上述狀況都引起臺灣的極大關注，從而使海峽兩岸政治對峙狀況有所加強。

鑑於中央對臺工作遭到破壞與大批民主人士、黨外朋友遭到衝擊、迫害的現實，也為了減少國民黨統治集團的疑慮，維護中國共

產黨的對臺工作大局，一直主導對臺工作的周恩來力挽狂瀾，使對臺工作在艱難中行進。周恩來一面利用手中的「權力」保護大批民主人士與黨外朋友，一面要浙江省委將被紅衛兵破壞了的蔣母墓與毛福梅墓修好，還將修復好後拍的照片托章士釗帶到香港轉給蔣介石。於此同時，他協助毛澤東在北京舉行紀念孫中山誕辰100周年大會，並作了重要講話。此後，周恩來利用國內外形勢的變化，大力推進對臺工作。

　　1971年5月21日，中共中央政治局開會討論預定在6月中旬舉行的中美預備性祕密會談，使中國政府對美對臺政策又有了新的進展。中共中央政治局認為：在中美關係以及與此相關的臺灣問題上，中國應該採取的原則是：

　　（1）美國一切武裝力量和專用軍事設施，應規定期限從中國的臺灣省和臺灣海峽地區撤走，這是恢復中美兩國關係的關鍵。

　　（2）臺灣是中國領土，解放臺灣是中國內政，不容外人干涉。要嚴防日本軍國主義在臺灣的活動。

　　（3）我力爭和平解放臺灣，對臺工作要認真進行。

　　（4）堅決反對進行「兩個中國」或「一中一臺」的活動，如果美國欲與中國建交，必須承認中華人民共和國是代表中國的唯一合法政府。

　　（5）如因前三條尚未完全實現，中美便不建交，可在雙方首都建立聯絡機構。

　　（6）我不主動提出聯合國問題，如美方提出聯合國問題，我可明確告以我絕不接受「兩個中國」或「一中一臺」的安排。

　　（7）我不主動提中美貿易問題，如美方提及此事，在美軍從

臺灣撤走的原則確定後可進行商談。

同年6月21日，周恩來在會見美國新聞界人士時，根據5月21日中共中央政治局會議精神，進一步闡述了中國政府對臺灣問題的立場。一方面，周恩來沒有使用「一定要解放臺灣」的口號，而是採用「臺灣回歸祖國」的提法；一方面強調「臺灣人也是中國人」，「蔣介石也反對製造『兩個中國』和『一中一臺』」，承認國共兩黨在「一個中國」這一點上「有共同性」；再一方面，對臺灣回歸後的生活水準與生活方式提出了幾點設想。周恩來說：「臺灣回歸祖國後，我們有可能在他們原來的基礎上逐步提高他們的生活水準。」怎樣提高呢？

（1）「不僅不增加稅收，還減少稅收，如同祖國各地一樣；」

（2）「不需要討債，祖國可以說明他們建設；」

（3）「我們是低薪制，不收所得稅。在臺灣的人，他們原來有多少收入，還可以保持多少收入，但因為不收他們的所得稅，生活就會更加改善；」

（4）「有些失業的人，從大陸上去的，生活很困難，可以回大陸，回到他們的家鄉，我們不會歧視他們；」

（5）「如果臺灣回歸了祖國，在臺灣的人對祖國作出了貢獻，那麼，祖國就應該給他們報酬。所以我們不僅不會報復，而且還會給他們獎勵。」

中共中央政治局會議所定對美對臺原則與周恩來同外國記者的談話表明：

第一，中共中央出於改善中美關係的考慮，在堅持反對「兩個

中國」、「一中一臺」的前提條件下，不再堅持臺灣問題不解決其他一切問題都不談的立場。這一舉措對於中美關係正常化起到了積極的作用。

第二，要改善中美關係，必須改善同臺灣的關係，中共中央從強調「一定要解放臺灣」的立場又開始轉到「和平解放臺灣」的立場。從後來的事實看，這一轉變是被動的、臨時性的，因為當時還處在「文革」時期這種特殊環境之下，對臺工作也不可能完全擺脫「左」的思想的影響。儘管如此，這一轉變還是使對臺工作朝著積極的方向發展。

第三，周恩來關於臺灣回歸後民眾生活水準與生活方式的考慮，照顧到了臺灣社會各方面利益，又與中共對臺方針相吻合，還為鄧小平「一國兩制」構想的形成起到了奠基作用。這一考慮也表明中共對臺政策又有了新的進展。

此後，周恩來指示在人民大會堂設立臺灣廳，落實臺胞、臺屬政策，舉行紀念臺灣「二二八」起義活動。於此同時，臺灣民主同盟總部也在周恩來的直接關懷下開始恢復活動。另據章士釗女兒章含之回憶：1973年春，毛澤東在一次接見外賓時對她說：希望「行老」（即章士釗）去香港促成國共和談。章士釗不顧92歲高齡，給毛澤東寫信說：「與其讓我僵臥北京，不如到香港動一動。」周恩來到醫院探望時說：我們對臺政策不變，還可以在港做做對臺工作。同年5月，章士釗乘專機赴港。這件事表明在中斷了8年國共祕密接觸之後，中共又開始向臺灣發出和談信號。此舉在「文革」時期轟動了海內外。

正當對臺工作取得一定進展之際，毛澤東出於堅持「文革」的理論與實踐的考慮，根據不完全可靠的消息，於1973年11月17日同

幾個人談話時稱：講臺灣問題有兩種可能性是錯的，要打。此話一講，翌年紀念臺灣「二二八」事件時，基調又從「和平解放臺灣」轉變為「今天臺灣海峽已經不是解放臺灣的障礙了」。1975年紀念「二二八」事件時，重申「臺灣一定要解放，祖國一定要統一」。1976年「兩報一刊」（《人民日報》、《解放軍報》、《紅旗》雜誌）元旦社論再度重複「我們一定要解放我國的神聖領土臺灣省」。這種狀況一直延續到中共十一屆三中全會之前。隨著三中全會的撥亂反正，中共對臺政策也發生了根本性的轉變。

4.1970年代海峽兩岸圍繞國際舞臺的鬥爭

儘管「文革」時期中共對臺工作受到「左」的思潮的嚴重干擾，但在國際舞臺上中國外交卻步入了她的第二個輝煌時期。相反，臺灣則陷入外交崩潰狀態。

中國外交再度步入輝煌與臺灣外交崩潰均與美國改變對華政策有關。如前所述，甘迺迪入主白宮後，美國對華政策雖未發生根本性的變化，但已表現出極大的靈活性。詹森繼任美國總統後，與甘迺迪相比，對華政策又有了明顯的改變。詹森之所以有如此進步，主要是基於國際局勢與國內形勢的變化所致。1964年國際上發生了兩個爆炸性的事件：一是中國第一顆原子彈試爆成功，使中國國際地位大大提高；二是法國同中國建交。美國國內受國際局勢變化的影響，批判政府的對華政策。形勢迫使美國政府擴展與中國大陸的關係，臺、美關係逐漸變冷。

1964年1月底，美國國務卿臘斯克在日本訪問時宣稱：美國忠於對「中華民國政府」的義務，但同時「期待著有一天」能同中國

大陸恢復關係。同年5月28日，美國宣布從1965年6月30日起停止對臺「經援」，改為貸款。1965年1月14日，詹森在援外諮文中指出臺灣自助有成，經濟繁榮不需美援。1966年7月，臘斯克抵臺訪問時，雖仍宣稱：「我們承認『中華民國』作為中國政府」，但「唯一」二字消失了。此時種種跡象表明：詹森政府已欲著手改善同中國大陸的關係。

對於江河日下的臺、美關係，蔣介石心急如焚。他在1964年4月5日接見美聯社記者時，向詹森提出警告：美國如果退出東南亞，世界局勢將「不可思議」。同年9月26日，蔣介石接見美國記者大衛斯時宣稱：「對共產黨放鬆警覺必將造成悲劇。」1965年5月2日，蔣介石在答美國記者時稱：應在大陸中共未完成核子投射系統以前，將其「予以消滅」。同年8月2日，蔣介石再度會見美國記者稱：美國應當採取有效的步驟解救亞洲當前的危機，組成以美國為首的反共聯盟；美國不能退出亞洲，應當注意中共的「陰謀」，主動摧毀中共的核裝置。對於蔣介石的警告與建議，詹森聽之任之，我行我素，蔣介石也無可奈何。

使中美關係發生重大轉折的則是尼克森入主白宮之後。尼克森改變美國對華政策是以全球戰略，特別是從對蘇政策出發的。筆者認為當時他有三點考慮：

（1）對抗蘇聯要有實力。為對抗蘇聯，他主張開展「三角外交」，打開同中國大陸的關係，結束中美對抗，以便利用中蘇矛盾，造成對蘇施加壓力和進行牽制的槓桿，誘使蘇聯對美國讓步。

（2）出於結束越南戰爭的考慮。要結束越南戰爭，必須同中共政權取得諒解，否則很難從越南戰場脫身。

（3）鑑於中國力量與影響的增長，中美對立的時間越長，美

國付出的代價就越大，不利於美國穩定亞太地區的形勢，更難集中力量對付主要對手蘇聯。

出任美國總統之前，尼克森在1967年美國《外交季刊》發表文章稱：「從長遠的觀點而言，我們絕不能讓中國（中共）永遠留在國際社會之外，讓它在那裡孕育它的幻想與仇恨，威脅它的鄰邦。」1969年就任美國總統後，尼克森於1970年2月向國會提交第一個外交政策報告中說：「從長遠來說，如果沒有擁有7億多人民的國家出力，要建立穩定和持久的國際秩序是不易設想的。」同年8月，尼克森在聯合國大會講演時宣稱願與中共談判。10月，尼克森在接見美國《時代》週刊記者時稱：「如果說我在死前有什麼事情想做的話，那就是到中國去。如果我去不了，我要我的孩子們去。」尼克森的上述演說，表明他力圖在任內結束中美隔絕20多年的不正常狀態。無論從歷史、現實和個人角度來審視美國的對華政策，尼克森都感到了改變中美關係的極端重要性。就此點而論，尼克森不失為一個具有戰略眼光的政治家。

於此同時，為改變美國同中國大陸的關係，尼克森採取了一連串的實際行動：

（1）美國國務院於1969年7月21日宣布：6類美國人可以觀光身分訪問中國大陸，同時准許美國人購買非以商業為目的的大陸商品。

（2）准許美商海外分公司經由第三國和中國進行非戰略性物資的貿易。

（3）美國反對提供一中隊F-4D型飛機給臺灣。同時，尼克森下令美國第7艦隊停止巡邏臺灣海峽。

（4）1970年初，美國與中國恢復華沙會談。

（5）祕密派遣季辛吉赴中國大陸訪問。

尼克森在實施新的對華政策的同時，已經考慮到中華人民共和國的席位問題和同臺灣關係問題。他對季辛吉說：「在很機密的基礎上，我想請你讓你的助理人員起草一份研究資料，對我們在聯合國接納中國問題上將採取什麼方針提出建議——不要告訴任何可能會洩密的人。我認為，我們沒有足夠的票數去阻擋。接納的時間比我們預料的要來得快。」「我們確實需要解決的問題是，我們怎樣才能逐步造成一種形勢，使我們既能保持對臺灣的義務，而又不致遭到贊成接納赤色中國的人的抨擊。」

對於尼克森的舉措，蔣介石表示強烈不滿。當美國第7艦隊停止巡邏臺灣海峽之後，臺灣對此提出質問，美國則以「經濟困難」答之，臺灣方面指責這是「遁詞」。對於中美華沙會談，臺灣也表示嚴重抗議。對於尼克森準備訪問北京一事，蔣介石當時一無所知，直到1971年7月15日尼克森宣布其北京之行決定的前20分鐘，臺灣駐美國大使沈劍虹才從國務卿羅傑斯給他的電話中得知。沈劍虹與臺灣國民黨當局最初聽到尼克森準備訪問北京時的反應是：「這件事實在令人震驚。」「有幾分鐘時間我震驚得說不出話來。我簡直不能相信方才聽到的話是真的。」沈說：「臺北方面對這消息最初反應也是覺得難以置信。」7月16日，臺灣深知美、臺關係「絕對不會與以前一樣了」。在極端憤怒的情緒之下，蔣介石指使「外交部」次長楊西昆約見美國駐臺灣「大使」馬康衛，向他提出強烈抗議，並稱尼克森的舉動是「最不友好的行動」，必然會造成嚴重的後果。同時，蔣介石還指示沈劍虹向美國國務院提出嚴重抗議。

沈劍虹在拜會美國主管東亞和太平洋事務的助理國務卿格林時，向他轉述了臺北方面是如何「憤怒、困惑和震驚」。格林答稱：尼克森北京之行的目的在於緩和東南亞的緊張局勢。同時宣稱，許多國家人民對尼克森的行動，初步反應似都很良好，並稱美國政府不會「犧牲任何友邦」。

在臺灣，蔣介石主持國民黨中常會，專門討論尼克森訪問中國大陸問題。蔣介石認為尼克森此行是遷就現實力量的平衡。促成越南戰爭結束，爭取明年連任總統，實行制蘇戰略，以達到分化共產主義世界的目的。蔣還提出要鬥志不鬥氣，不妥協，自強自立。

當1972年2月21日尼克森訪問北京之際，正值臺灣召開「國大」一屆五次會議，會議對尼克森北京之行發表三項聲明稱：

1.中共絕對無權代表大陸人民，對臺灣一切權益，不能在國際間作任何承諾或協議；

2.污衊中共為非法集團，說尼克森總統如與之作任何談判或協議，「中華民國國民與政府」，概不承認；

3.「中華民國」光復大陸拯救大陸同胞之「基本國策」，絕不改變；在任何情形與任何時間，與大陸斷無談判或妥協之可能。

尼克森訪華期間，中美雙方會談的焦點仍集中在臺灣問題上，當尼克森與毛澤東會談時，很自然地接觸到蔣介石與臺灣問題。毛澤東對尼克森說：我們共同的老朋友蔣委員會長可不喜歡這個（指中美會談）。毛澤東還說：「他叫我們共匪，最近他有一個講話，你看過沒有？」尼克森反問了一句：「蔣介石稱主席為匪，不知道主席叫他什麼？」周恩來回答說：「我們一般叫他們蔣幫。」「總之，我們互相對罵。」

對於臺灣問題，美國仍存在「兩個中國」的觀念。在周恩來與季辛吉的會談中，周恩來堅持：臺灣歷來就是中國的領土，臺灣問題是中國的內政，不容外人干預；美國必須承認臺灣是中國的一個省，必須撤走駐臺美軍，必須廢除美、蔣《共同防禦條約》。鑑於周恩來的嚴正立場，季辛吉表示：美國承認臺灣屬於中國，希望臺灣問題和平解決；美國不再與中國為敵，並隨著中美關係的改善逐步減少駐臺美軍；美蔣《共同防禦條約》歷史可以解決。尼克森雖重申了季辛吉代表美國就臺灣問題所作的承諾，但他仍然強調美國還不能承認中華人民共和國是唯一合法政府，還不能丟棄臺灣。中國要保證只用和平方式解決臺灣問題，美軍才能撤出臺灣。經雙方磋商，中美《上海公報》是這樣表達的：「美國認識到：在臺灣海峽兩邊的所有中國人都認為只有一個中國，臺灣是中國的一部分。美國政府對這一立場不提出異議。」美國此一立場否定了多年來「臺灣地位未定」說，同時，《上海公報》還提出中美關係應實現「正常化」。此點進一步指明了臺、美關係的未來性質。

　　臺灣最害怕的事情終於要發生了。蔣介石當時指使行政院就《上海公報》發表聲明，稱此公報協議無效，要臺灣各界「莊敬自強」，對「反攻復國」應具有充分信心。同時，蔣介石電令沈劍虹會晤尼克森，當面澄清《上海公報》未提臺美《共同防禦條約》所引起的不安。尼克森對沈劍虹保證：「美國決心遵守對『中華民國』的承諾。」這正是蔣介石所需要的。翌日，沈劍虹返臺向蔣介石彙報會晤尼克森情形，蔣介石聽後感慨地說：從此以後，我們要比以前更依靠自己。與中美關係開始走向正常化的同時，中華人民共和國在聯大的代表權案也先於尼克森訪問北京前的1971年10月26屆聯大上最終得以解決。

眾所周知，中國代表權案始於40年代末。儘管蘇聯等國每年提出此案均被否決，但表決票數的差距，卻是一次比一次接近。到1961年第16屆聯大時，美國對此問題提出議案：非經2/3多數贊成，不得改變代表權。

由於中國國際地位的不斷提高，也由於國際上主持正義的國家與人民的不懈努力和中國所做的工作，1970年第25屆聯合國大會對阿爾巴尼亞等國關於恢復中華人民共和國在聯大一切合法權利的提案進行表決時，出現了51:49票的過半數贊成的結果。

在這場馬拉松式的中國代表權案中，美國的態度至關重要。儘管美國正在逐漸改善同中國大陸的關係，但從其自身利益出發，又反對驅逐臺灣國民黨蔣介石集團出聯合國，於是美國代表提出所謂「雙重代表權」案，即：

使中共獲得聯合國大會的會籍和安理會的席位，同時准許「中華民國」留在聯合國。對此，中華人民共和國外交部於1971年8月17日發表聲明，宣稱這是「尼克森政府在聯合國製造『兩個中國』陰謀的大暴露」，是「荒謬絕倫」，宣布中國人民和中國政府堅決反對「兩個中國」、「一中一臺」、「臺灣地位未定」或其他類似情況。要求「必須把蔣介石集團從聯合國及其一切機構中驅逐出去，中華人民共和國在聯合國的一切合法權利必須完全恢復」。美國提案在聯大進行表決時，以55票贊成，59票反對，15票棄權被否定。美國只好屈從聯合國大會的自然發展，無力顧及蔣介石的責難。

蔣介石的確有先見之明，他已經預料到了自己的命運，遂於1971年6月15日發表了《我們國家的立場和國民的精神》的講話，他說「在今年這一年中，將不知有多少的困難、危險和痛苦橫在前

面，要來考驗我們，試煉我們，等著大家如何一一去衝破，一一去克服。」蔣介石再次要求國民黨員和「國人」一定要「莊敬自強、處變不驚，慎謀能斷」，要經得起考驗，衝破難關。「外交部長」周書楷奉蔣介石令率40多人的龐大代表團出席聯大26屆會議，並宣稱：「為維護代表權，準備背水一戰。」

10月25日，是蔣介石集團兵敗退臺後最難堪的一天。就在這一天，大會就中國代表權案進行最後表決，會議以76票贊成，35票反對，17票棄權，3票缺席通過了阿爾巴尼亞等國提案，恢復中華人民共和國在聯合國的一切合法權利，並立即將臺灣國民黨當局的代表從聯合國的一切機構中驅逐出去。當這一決定公之於眾時，會議大廳裡響起了熱烈的歡呼聲，有人甚至跳起舞來。記者形容說「會場充滿了『中國萬歲』的興奮的龍捲風。就連美國駐聯大代表也不得不承認；任何人都不能迴避這樣一個事實，剛剛投票的結果實際上確實代表著大多數聯合國會員國的看法。」

1971年10月29日，中國政府發表聲明，宣稱這是美國20多年來頑固堅持剝奪我國在聯合國合法權利的政策和在聯合國內製造「兩個中國」陰謀的破產，是毛澤東革命外交的勝利，是全世界人民和一切主持正義的國家的勝利。聲明還提出中國政府即將派出自己的代表參加聯合國的工作，同世界人民一道「為維護國際和平、促進人類進步的事業而共同奮鬥」。處於極端憤怒之中的蔣介石，於聯大決議案通過後的第三天，發表了《為聯合國通過非法決議告全國同胞書》，書中云：

「本屆聯合國大會，竟自毀憲章的宗旨與原則，置公理、正義於不顧，可恥地向邪惡低頭，卑怯地向暴力屈膝，則當年我國所參與艱辛締造的聯合國，今天業已成為罪惡的淵藪。」「對於本屆大

會所通過此違反憲章規定的非法決議」,「絕不承認其有任何效力」。「我們國家的命運不操在聯合國,而操在我們自己手中。」我們「對於主權的行使,絕不受任何外來的干擾;無論國際形勢發生任何變化,我們將不惜任何犧牲,從事不屈不撓的奮鬥,絕對不動搖、不妥協。」

1975年3月,宋美齡也附和其夫言論,發表了《不要說它,但我們要說》的文章,宣稱:「聯合國一批會員國,乃可以聽任感情驅使……採取集體行動,再度嘲弄聯合國。我們不得不承認,我們極為成功地敲響了這個國際和平組織的喪鐘。」

從蔣介石、宋美齡的上述宣洩中,可以看到26屆聯大之舉已使他們憤怒到了極點,因而對聯合國極盡攻擊、指責,同時安撫因驅蔣案所造成的動盪的民心。然而事情不僅僅如此,繼聯大驅蔣案之後,臺灣遭到空前未有的外交危機,幾乎一夜之間就有20多個國家與臺灣斷交,就連臺灣最主要的外交盟友日本也於1972年9月同其斷交,轉而承認中華人民共和國。截止到1973年2月,僅有29個國家與地區同臺灣保持外交關係。時任外交部長的周書楷深感有無「外」可「交」之兆。一向以「莊敬自強」、「處變不驚」的蔣介石,此刻也不得不承認,這是國民黨「遷臺以來的最大挫折」。與失落的蔣介石相反,他的老對手毛澤東興奮異常。當外交部請示要不要去聯合國時,毛澤東立即表態:馬上組團去。毛澤東還稱:這是非洲黑人兄弟把我們抬進去的,不去豈不脫離群眾。毛澤東把恢復聯大席位看作是中國1971年的兩大勝利之一(另一勝利指林彪集團垮台)。毛澤東還親自點了喬冠華的將,任命他做團長。毛澤東何以點喬冠華將呢?

喬冠華1933年畢業於清華大學文學院哲學系,後留學德國,回

國後一直跟隨周恩來從事外交工作。建國後，他幾乎參加了新中國成立後的所有重大外交活動，如朝鮮停戰談判、日內瓦會議、亞非會議、中印邊界談判、中蘇談判、溝通中美關係等。喬時任外交部長，他學識淵博，通曉外文，善於辭令，口才出眾，加之他是國際問題專家和彬彬有禮的外交家，毛澤東認為出使聯合國非他莫屬。喬冠華在聯大上的第一篇發言稿，最後也是由毛澤東和周恩來審定認可的。

　　1971年11月9日，喬冠華一行出使聯合國，周恩來、葉劍英同在京政治局委員親到機場送行。同月15日，喬冠華出現在聯合國大會上，各國記者都將鏡頭對準了中國代表團。在全場30秒鐘的掌聲和歡呼聲中，喬冠華登上了聯合國講臺，代表中國作了十分莊重的發言：中國在聯合國席位的恢復是第三世界的勝利，是美國和日本政策的失敗，說明革命是不可抗拒的歷史潮流。臺灣是中國領土的一部分，中國一定要解放臺灣。

　　發言之後，全場一片沸騰，掌聲經久不息。此時，在聯合國總部前院的旗列中，自北端起的第23根旗杆上，高高飄揚著鮮豔的五星紅旗。

　　在海峽兩岸正統與非正統的爭論中，最後又以中國共產黨的獲勝而告終。

　　隨著「文革」的結束與中共十一屆三中全會的召開，「一國兩制，和平統一」祖國構想的提出，海峽兩岸炮擊停止，冷戰對峙狀態也趨向緩和，海峽兩岸關係進入了新的歷史階段。

第三章　中國共產黨「一國兩制」戰略構想的提出與實踐

鄧小平「一國兩制」的構想是依據馬克思主義關於社會發展不平衡的原理，從社會主義初級階段的客觀實際出發，在科學分析中美關係、國際形勢與港澳臺實際狀況的基礎上提出來的。研究「一國兩制」的戰略構想，就不能不首先研究臺灣問題。因為鄧小平在設計「一國兩制」構想時，首先考慮的是要解決臺灣問題，只是由於臺灣問題的極端複雜性，此一構想才沒有在解決臺灣問題上取得重大突破，而是首先在香港問題上成功實踐。儘管「一國兩制」構想首先在香港問題上成功實踐，但是，為什麼解決臺灣問題能夠成為鄧小平「一國兩制」構想的出發點呢？據筆者研究，這是由於臺灣問題的本質與中國共產黨解決臺灣問題的一貫政策所決定的。

一、「一國兩制」戰略構想的提出

1970年代末，國際國內形勢一系列重大的變化，為中國共產黨和平解決臺灣問題提供了新的歷史機遇。從國際上看，繼1971年10月聯合國大會驅蔣、恢復中華人民共和國在聯合國的合法席位之後，世界上許多國家紛紛與中國建交，承認中華人民共和國是中國的唯一合法政府。新中國的國際活動空間日趨廣闊，為解決臺灣問題創造了一個寬鬆的外部環境。尤其是中美兩個大國之間的關係從70年代初開始已逐漸由敵對走向緩和。至1978年12月，雙方終於在美國同臺灣「斷交、廢約、撤軍」的原則下正式建立了外交關係。

中美建交使美國在法律上已不再視臺灣是一個「國家」，而是承認它為中華人民共和國領土不可分割的一部分，從而為消除美國在臺灣問題上的障礙提供了現實的可能性。從國內看，繼1976年10月粉碎「四人幫」結束「文化大革命」十年動亂之後，中國共產黨又於1978年12月召開十一屆三中全會，重新確立了實事求是的思想路線，決定把黨的工作重心轉移到社會主義現代化建設上來。此舉在客觀上要求有一個長期穩定的和平環境，同時也為「一國兩制」科學構想的提出與實踐創造了條件。

1.《告臺灣同胞書》發表

眾所周知，海峽兩岸關係的鬆動是從中國共產黨改變對臺政策開始的。1977年鄧小平復出後，為了使中國社會主義建設有一個寬鬆的外部環境，他反覆籌畫著如何解決統一問題。1978年12月召開的中國共產黨十一屆三中全會擺脫了「左」的影響，在國共兩黨與海峽兩岸關係上採取了務實的做法。十一屆三中全會公報談及中美關係時指出：「隨著中美關係正常化，我國神聖領土臺灣回到祖國懷抱、實踐統一大業的前景，已經進一步擺在我們的面前。」

1979年1月1日，中美正式建交，消除了解決臺灣問題的最大國際障礙。臺美「斷交」之後，臺灣海峽兩岸的鬥爭形勢已由以中美之間鬥爭為主，轉變為主要是中國內部之間的矛盾。為此，為了進一步貫徹中國共產黨十一屆三中全會公報精神，全國人大常委員於1979年1月1日發表了《告臺灣同胞書》，鄭重宣布臺灣回歸大陸、實現國家統一的大政方針，其要點是：

第一，指出兩岸分離使「民族、國家和人民都受到了巨大損

失」，要求盡快結束「這種令人痛心的局面」。同時指出臺灣同祖國的分離是「人為的，是違反我們民族的利益和願望的」，提出不應迴避現在擺在我們大家面前的「統一祖國這樣一個關係全民族前途的重大任務」。

第二，強調在解決臺灣問題時，一定要考慮臺灣的實際情況，「尊重臺灣現狀和臺灣各界人士的意見，採取合情合理的政策和辦法，不使臺灣人民蒙受損失」。

第三，提出「我們寄希望於一千七百萬臺灣人民，也寄希望於臺灣」，並肯定「臺灣一貫堅持一個中國的立場，反對臺灣獨立，這就是我們共同的立場，合作的基礎」。

第四，明確提出「首先應當透過中華人民共和國政府和臺灣之間的商談結束這種軍事對峙狀態，以便為雙方的任何一種範圍的交往接觸創造必要的前提和安全的環境」。

第五，提出「雙方盡快實現通航通郵」，「發展貿易，互通有無，進行經濟交流」（「三通」的最初提法）。

《告臺灣同胞書》提出了結束兩岸分裂狀態，實現祖國和平統一的設想和主張，表達了中國共產黨和中國政府對臺灣回歸祖國的大政方針、基本立場和基本態度。值得注意的是，《告臺灣同胞書》中沒有再使用「解放臺灣」的提法，而是強調指出：「一定要考慮現實情況，完成祖國統一的大業。」《告臺灣同胞書》的發表，標誌著中國共產黨對臺政策的真正改變，並為「一國兩制」科學構想的提出奠定了基礎。

2.「一國兩制、和平統一」科學構想的提出

「一國兩制、和平統一」科學構想是中國共產黨在新時期的對臺政策，在其形成過程中，鄧小平的貢獻最大。

就在全國人大常委會《告臺灣同胞書》發表的當日，鄧小平在全國政協座談會上的講話中明確提出：「今天把臺灣回歸祖國、完成祖國統一的大業提到具體的日程上來了。」國防部長徐向前也於當日命令福建前線部隊：「從今日起停止對大金門、小金門、大膽、二膽等島嶼的炮擊」。至此，臺灣海峽兩岸結束了隔海炮戰的局面，開始了祖國和平統一的新時期。

鄧小平在考慮解決臺灣問題時，是非常注意尊重臺灣現實的。同年1月2日，鄧小平在會見美國眾議院訪華團時指出：「我們尊重臺灣的現實，我們允許包括美、日在內的各國同臺灣繼續保持民間貿易、商務、投資等關係，但中華民國的旗子總要降下來才行。我們不允許有什麼『兩個中國』。」鄧小平還指出：「統一祖國，這是全中國人民的夙願。」但是，「我們不再用『解放臺灣』這個提法了，只要臺灣回歸祖國，我們將尊重那裡的現實和現行制度」。同年1月30日，鄧小平在美中友協和全美華人協會奉行的招待會上的講話中指出：「一定考慮臺灣的現實，重視臺灣人民的意見，實行臺灣合理的政策。」同年10月18日和12月6日，鄧小平分別會見日本朝日新聞社社長渡邊誠毅和日本首相大平近方時指出：「我們提出臺灣的社會制度不變，可以繼續保持著資本主義生活方式，包括它的軍隊！臺灣與外國的民間關係不變，包括我國在臺灣的投資、民間交往照舊。」臺灣作為一個地方政府，可以擁有自己的防衛力量、軍事力量。條件只有一條，那就是，臺灣要做中國不可分的一部分。

這是鄧小平首次提出統一後臺灣的社會制度問題。由此可見，

中共和平解決臺灣問題的方針由「和平解放」到「和平統一」，絕不僅僅是提法上的改變，而是遵循實事求是的思想路線，以中華民族的最高利益為出發點，在考慮到臺灣現狀和臺灣人民切身利益的基礎上所做出的重大戰略調整。這一轉變說明：中國共產黨在新的歷史時期，對臺灣的社會制度及其在中華民族社會發展進程中的地位和作用，都有了新的認識和估計，並以此為基礎提出了和平解決臺灣問題的新對策。從這個意義上說，中國共產黨在新時期關於「和平統一」大政方針的提出，是探索和平統一道路上的一次歷史性的飛躍。

在和平統一的大政方針基礎上，中國共產黨自80年代開始又進一步提出了「一國兩制」的科學構想，把和平解決臺灣問題的政策上升到了理論高度。

1980年1月1日，鄧小平在全國政協舉行的新年茶話會上指出：在80年代中，要把臺灣回歸大陸，完成祖國統一大業始終放在重要日程上。《告臺灣同胞書》宣告的大政方針不是權宜之計，非統戰攻勢，而是從民族利益出發，考慮現實條件。希望蔣經國能審時度勢，打破顧慮，順應歷史潮流。

1981年9月30日，全國人大常委會委員長葉劍英向新華社記者發表談話，代表中國政府提出關於臺灣回歸祖國，實行和平統一的9條方針，主要內容是：「為儘早結束中華民族陷入分裂的不幸局面，我們建議舉行中國共產黨和中國國民黨兩黨對等談判，實行第三次合作；」「國家統一後，臺灣可作為特別行政區，享有高度的自治權，並可保留軍隊；」「臺灣現行社會、經濟制度不變，生活方式不變；」臺灣與各界代表人士可「參與國家管理」；兩岸「互通音訊、親人團聚，增進瞭解」；歡迎各界人士到大陸投資、定

居,「保證妥善安排,不受歧視」。

1982年1月11日,鄧小平在接見海外朋友時,第一次把中共中央關於和平統一祖國的構想概括為「一國兩制」。他說:「九條」是以葉劍英委員長名義提出來的,實際上就是「一個國家,兩種制度」。

1983年6月26日,鄧小平在會見美國紐澤西州西東大學教授楊力宇時,詳細談到了大陸和臺灣統一的6條設想:「祖國統一後,臺灣特別行政區可以有自己的獨立性,可以實行同大陸不同的制度。司法獨立,終審權不須到北京。臺灣還可以有自己的軍隊,只是不能構成對大陸的威脅。大陸不派人駐臺,不僅軍隊不去,行政人員也不去。臺灣的黨政軍等系統,都由臺灣自己來管。中央政府還要給臺灣留出名額。」

於此同時,中共中央總書記胡耀邦也十分關注祖國統一問題:他在1981年10月9日首都各界紀念辛亥革命70周年大會上的講話中,提出「盡快結束臺灣同祖國大陸分離」的局面,並願以共產黨負責人的身分,「邀請蔣經國先生、謝東閔先生、孫運璿先生、蔣彥士先生、高魁元先生、蔣緯國先生、林洋港先生,邀請宋美齡女士、嚴家淦先生、張群先生、何應欽先生、陳立夫先生、黃傑先生、張學良先生,以及其他各位先生……親自來大陸和故鄉看一看」。胡耀邦還說:國共兩黨在歷史上有過兩次合作,但都破裂了,責任不在中國共產黨,我們不想算舊帳,讓過去的一切都過去吧。

胡耀邦還告訴蔣經國,不僅一再修葺中山陵,而且奉化塋墓修復一新,其他國民黨高級官員的家屬都得到了妥善的安置。

1982年7月24日,廖承志先生親自致函蔣經國,信中與蔣經國

重敘友情：「咫尺之隔，竟成海天之遙。南京匆匆一晤，瞬逾36載，往事歷歷在目。惟長年未通音訊，此誠憾事。」廖承志迅即指出：「3年以來，我黨一再倡議貴我兩黨舉行談判，同捐前嫌，共竟祖國統一大業。惟弟一再聲言『不接觸、不談判、不妥協』，余期期以為不可。」告誡他不要被外人「巧言令色」所惑，「當斷不斷，必受其亂」，勸其放棄所謂「投降」、「吃虧」、「上當」之說。他建議蔣經國「試為貴黨計，如能依時順勢，負起歷史責任，毅然和談，達成國家統一，則兩黨長期共存，互相監督，共圖振興中華之大業」。信的最後針對蔣經國有「切望父靈能回到家園與先人同在」之語，提出蔣介石的靈柩在「統一之後，即當遷安故土，或奉化，或南京、或廬山，以了吾弟孝心」。

上述事實表明：中共十一屆三中全會以來，對臺政策較之以前發生了根本性的變化：

第一，由「一定要解放臺灣」轉變為「和平統一，一國兩制」。自新中國成立至中共十一屆三中全會之前，中共一直使用「一定要解放臺灣」的口號，三中全會後提出「和平統一，一國兩制」的方針，這就在實際上不僅承認國民黨統治臺灣的現實，而且承諾在臺灣與大陸和平統一後，同樣尊重這一現實，與臺灣長期合作。

第二，由「願意同臺灣協商和平解放」轉變為建議舉行兩黨、兩岸「平等談判，共同完成祖國統一大業」。按原來構想，以和平方式解決臺灣問題後，要按大陸方式進行社會民主改革，最後在臺灣實現社會主義制度，因此談判物件是臺灣地方當局。鄧小平對此次平等談判解釋為：不是中央與地方談判，「不是我吃掉你，也不是你吃掉我，我們希望國共兩黨共同完成民族統一」。

1995年1月31日，江澤民在《為促進祖國統一大業完成而繼續奮鬥》的講話中，進一步提出：「在和平統一談判的過程中，可以吸收兩岸各黨派、團體有代表性的人士參加。」江澤民之所以改變國共談判的說法，是因為隨島內形勢發展，已出現70多個政黨與若干政團，民進黨大有奪權之勢，國民黨已不可能一手遮天。如仍以國民黨為談判物件，不僅不能反映島內民意，而且不利於臺灣未來的發展。將兩黨談判改為兩岸談判，不僅符合海峽兩岸關係的現狀，而且具有前瞻性。至於談判的名義，經過兩岸共同協商，必將會找到「雙方都認為合適的辦法」。

　　第三，確立了以國家民族利益為最高原則解決兩黨和兩岸關係問題。這就充分表現了中國共產黨人以民族大義為重，主動捐棄兩黨前嫌，以盡快實現祖國統一的真誠願望。

　　中共對臺政策何以會發生如此深刻的變化呢？據筆者研究：

　　從主觀上講，是中國經濟建設發展的需要。中共十一屆三中全會總結了建國20多年的經驗教訓，提出將「工作重點轉移到以經濟建設為中心的社會主義現代化建設上來」，並重提實現「四個現代化」口號。1982年9月召開的中共十二大又提出在本世紀末實現工農業總產值翻兩倍的宏偉計畫。要實現上述目標，就必須有一個安定的環境。要創造一個安定的和平環境，就必須將對臺的武力政策改為和平解決，逐漸消除兩岸的敵對情緒，共同攜手為振興中華而努力。

　　從客觀上講，是國民黨自身形象與美國對華政策均有所變化。就國民黨而言，自退守臺灣以來，不斷反省在大陸失敗的原因與教訓，並且苦心經營，使臺灣經濟進入起飛階段。經濟狀況的改善與民眾生活的提高，使國民黨在民眾心目中的形象有所改善。最重要

之點還在於國民黨始終堅持一個中國原則與反對「臺獨」及一切分裂活動。於此同時，美國對華政策的改變與美臺「斷交」也為和平解決臺灣問題創造了有利的條件。

二、「一國兩制」構想的科學內涵及理論基礎

1.「一國兩制」構想的科學內涵

「一國兩制」構想萌芽於中共十一屆三中全會前後，基本形成於1981年9月至1983年6月間，進一步系統化、理論化於1984年後。「一國兩制」構想的基本內容，以及提出這一構想的背景條件、依據、前景、意義等，在鄧小平會見外國客人和港澳同胞的一系列談話中和其他有關歷史文獻中得到精闢闡述。「一國兩制」構想的基本原則，在中華人民共和國香港特別行政區基本法和澳門特別行政區基本法中得到具體體現。「一國兩制」構想的偉大意義，已經為越來越多的海內外炎黃子孫和國際上有識之士所認識。

「一國兩制」的前提是祖國統一，主體是社會主義，立足點是和平解決臺灣、香港、澳門問題，其實施具有長期性、穩定性、合法性。這一構想堅持了一個中國的原則立場，堅持用和平方式解決臺、港、澳問題，充分尊重歷史和現實，盡可能照顧有關方面利益，符合中華民族的根本利益和祖國統一的歷史潮流，有利於早日實現祖國統一大業，也有利於保持臺、港、澳地區的繁榮穩定和繼續發展，具有重大的歷史意義和廣泛的現實基礎。

從一般意義上說，「一國兩制」是指根據憲法的規定，在一個

統一的國家內，實行兩種不同的政治、經濟和社會制度，誰也不吃掉誰，相互尊重，共同繁榮。作為有中國特色社會主義理論重要組成部分的「一國兩制」構想，則有其特定的科學涵義。「具體說，就是在中華人民共和國內，十億人口的大陸實行社會主義制度，香港、臺灣實行資本主義制度。」大陸實行的社會主義制度和臺灣、香港、澳門實行的資本主義制度，將在相當長的一段時間內和平共處，互不傷害，互不吃掉對方，互相溝通和交流，共同促進祖國的繁榮富強。「一國兩制」構想具有以下四個基本點：

其一，一個中國。世界上只有一個中國，臺灣是中國不可分割的一部分，這是舉世公認的事實，也是和平解決臺灣問題的前提。實行「一國兩制」就是要堅持一個中國原則，「問題的核心是祖國統一」。國家的領土主權是不可分割的，必須完全統一。中華人民共和國中央人民政府擁有國家主權，是唯一能夠在國際上代表中國的合法政府。統一後的臺灣、香港、澳門地區分別作為特別行政區，根據憲法和法律的規定，可以享有其他地區沒有，而為自己所特有的除國家主權以外的諸多自治權力，包括行政管理權、地方財政權、立法權、獨立的司法權和終審權，以及很大的外事權，並可以統一國家的一個地區的名義，同其他國家和地區保持和發展雙邊經濟關係、進行文化等方面的交往，參加各種民間及國際組織等。臺灣特別行政區還可擁有自己的軍隊，但「條件是不能損害統一的國家的利益」。統一是個大前提。這幾個享有充分自治權的特別行政區必須是統一的中華人民共和國的組成部分，是中華人民共和國中央政府管轄之下的地方政府，不帶有任何政治實體性質，不能行使國家主權，不能實行所謂的「完全自治」或「一國兩府」。否則「就是『兩個中國』，而不是一個中國」，就是走向分裂，而不是邁向統一。總之，「制度可以不同，但在國際上代表中國的，只能

是中華人民共和國」。

其二，兩制並存。「在一個中國的前提下，大陸的社會主義制度和臺灣的資本主義制度，實行長期共存，共同發展，誰也不吃掉誰。」中央的這種考慮主要是基於照顧臺灣的現狀和臺灣同胞的實際利益。這將是統一後的中國國家體制的一大特色和重要創造。當然，「一國兩制」的主體是社會主義。在統一的國家內，社會主義制度和資本主義制度並存，但有主體與非主體之分。即：實行社會主義制度的大陸地區是中華人民共和國的主體部分，行使國家權力職能；繼續實行資本主義制度的臺灣、香港、澳門地區是中國的特別行政區，行使地方政府的權力職能。也就是說，「兩制」中的社會主義是主體，資本主義是非主體。這不是任何人主觀意志決定的，而是近現代中國歷史發展的必然。一百多年來的實踐證明，使中國擺脫半殖民地半封建社會的屈辱地位的不是其他什麼主義，而是社會主義。只有社會主義才能救中國和發展中國。擁有13億人口的大陸在長期奮鬥中走上了社會主義道路，並正在卓有成效地進行現代化建設，社會主義制度理所當然地成為「一國兩制」的主體。臺灣、香港、澳門經濟比較發達，但人口約占大陸人口的2%，面積約占大陸面積的3%，顯然，無論它們怎樣發展，也絕對不可能在全國經濟中占主導地位，不可能改變中國的社會主義性質。它們現行的資本主義制度不可能成為「一國兩制」的主體。總之，必須「確定整個國家的主體是社會主義」，「是有中國特色的社會主義制度」。正因為中國共產黨堅持建設有中國特色的社會主義，「所以才制定『一國兩制』的政策，才可以允許兩種制度存在」，才有利於保持臺灣、香港、澳門地區的繁榮穩定和實現祖國的和平統一。

其三，高度自治。「統一後，臺灣將成為特別行政區。它不同於中國其他一般省區，享有高度的自治權。它擁有在臺灣的行政管理權、立法權、獨立的司法權和終審權；黨、政、軍、經、財等事宜都自行管理；可以同外國簽訂商務、文化等協定，享有一定的外事權；有自己的軍隊，大陸不派軍隊也不派行政人員駐臺。特別行政區政府和臺灣各界的代表人士還可以出任國家政權機構的領導職務，參與全國事務的管理。」

實行兩制並存、高度自治，並非是權宜之計，而是一個長期的戰略方針。從這個意義上講，「一國兩制」的實施具有長期性、穩定性、合法性。在統一主權的社會主義中國，「允許一些特殊地區搞資本主義，不是搞一段時間，而是搞幾十年、成百年」。這是「一國兩制」的不可或缺的一個方面。具體說，就是允許統一後的臺灣、香港、澳門特別行政區繼續實行資本主義制度，使其在50年以至更長的時間裡與大陸實行的社會主義制度和平共處、互不傷害、互相促進、共同發展。這種做法並非突發奇想，而是與大陸實行的改革開放政策和三步走的經濟發展戰略相一致的。在50年以至更長的時間裡，允許臺灣、香港、澳門繼續實行資本主義制度，不僅有利於保持這些地區的繁榮穩定，也將對大陸的社會主義現代化建設起有益的補充作用。50年以至更長時間裡，中國實現了現代化，成為中等發達國家，臺灣、香港、澳門在整個國家經濟上的比重更小了，「一國兩制」就更沒有變的理由。「如果有什麼要變，一定是變得更好」，更有利於臺灣、香港、澳門的發展，而不會損害這些地區人民的利益。這一原則已載入國家憲法和有關基本法，受到憲法和法律的保障，具有長期性、穩定性、合法性。因此，即使在實行不同制度的地區之間，或在中央人民政府和特別行政區政府之間出現了矛盾和紛爭，也將在不損害國家和民族根本利益的前

提下，透過法律程式來解決，而不是訴諸武力，以保證大陸地區和特別行政區的和平、穩定、繁榮和發展。

其四，和平談判。「透過接觸談判，以和平方式實現國家統一，是全體中國人的共同心願。兩岸都是中國人，如果因為中國的主權和領土完整被分裂，兵戎相見，骨肉相殘，對兩岸的同胞都是極其不幸的。和平統一，有利於全民族的大團結，有利於臺灣社會經濟的穩定和發展，有利於全中國的振興和富強。」

「一國兩制」構想的立足點是透過和平方式解決臺灣、香港和澳門問題。「世界上一系列爭端都面臨著用和平方式解決還是用非和平方式來解決的問題。」臺灣問題和香港問題、澳門問題的性質不同，卻都同樣存在一個用什麼方式來解決的問題，是戰爭手段還是和平方式？「一國兩制」構想的立足點正是在於透過有關方面的和平談判，透過允許統一後的臺灣、香港、澳門保持其原有政治、經濟和社會制度，來求得臺、港、澳問題的和平解決。「這樣能向人民交待，局勢可以穩定，並且是長期穩定，也不傷害哪一方」。當然，這裡強調用和平方式解決臺灣、香港和澳門問題，與不承諾不採取非和平手段的解決方式並不相悖。實際上，不承諾不採取非和平手段的解決方式，正是為了更好地促進和平談判的解決方式。其理由：一是涉及國家主權，不能對任何外國承諾不採取非和平手段的解決方式。二是避免自縛手腳，防止一旦發生不利於祖國統一的緊急情況時出現無能為力的被動局面。

以上四點是「一國兩制、和平統一」戰略構想的科學內涵。中共中央在制定這一戰略構想的過程中，用「一國兩制」的方式解決臺灣問題不容任何外國勢力插手。

臺灣自古就是中國不可分割的一部分，近幾十年來同大陸的分

離是人為的。盡快結束海峽兩岸的分離狀態，完成祖國統一大業，是包括臺灣同胞在內的全中國人民的神聖職責。臺灣問題與香港問題、澳門問題不同，不是恢復行使主權，而是實現和平統一問題，這是中國政府的一貫立場。用什麼方式解決臺灣問題，完全是中國內政，任何外來的干涉陰謀都是中國人民所堅決反對的，也是註定不能得逞的。中國政府堅持用和平方式解決臺灣問題，但不能放棄用非和平的方式統一臺灣，也絕不向任何外國勢力作不對臺灣行使武力的承諾。總之，實現海峽兩岸的和平統一需要兩岸的執政黨、其他黨派、社會團體、各界人士和全體中國人的共同努力，「但萬萬不可讓外國插手，那樣只能意味著中國還未獨立，後患無窮」。

「一國兩制」構想清晰地勾畫出了和平統一祖國的最佳藍圖，開闢了積極穩健地解決臺、港、澳問題，實現祖國和平統一的可行途徑。

2.「一國兩制」構想的理論基礎

「一國兩制」構想，是以鄧小平為代表的中國共產黨人從現當代國際局勢出發，從我國目前所處的社會主義初級階段實際出發，從臺灣、香港、澳門的歷史和現狀出發，創造性運用和發展了馬克思主義而提出來的一種嶄新的構想。它依據馬克思主義的基本原理，又以獨創性的內容豐富了馬克思主義的理論寶庫。

第一，「一國兩制」構想是對唯物辯證法關於對立統一規律原理，以及歷史唯物主義關於生產關係一定要適應生產力狀況規律原理的運用和發揮。

大陸和臺、港、澳地區實行的不同社會制度無疑是對立的，但

在許多方面又具有同一性。具體表現為：在民族感情上，大陸人民同臺、港、澳同胞雖然長期分離，卻都渴望早日實現祖國統一，振興中華；在政治上，國共兩黨雖然存在著嚴重分歧和爭論，卻都堅持一個中國的立場，贊成用和平方式統一祖國；在經濟上，大陸與統一後的臺、港、澳能夠互助、互利、互補。正因為如此，國內兩種本來互相對立的社會制度之間的矛盾，將不呈現外部對抗的形式，而能夠和平共處於一個統一的祖國母體中，並且能夠互助、互利，共同發展。不能否認，共處於統一的祖國母體中的兩種不同社會制度是有矛盾和鬥爭的，但這種矛盾和鬥爭是在祖國統一、民族振興這一共同利益之下存在的。這種由於存在兩種制度差別而必然要產生的矛盾和鬥爭，只要處理得好，就不會擴大和激化，就不會發展到外部劇烈的對抗，以至破壞祖國統一。由於「一國兩制」的實施有憲法和法律作保障，由於國家政權在一定條件下能起著階段鬥爭「調停人」的作用，所以，實行兩種不同社會制度的地區如果發生矛盾紛爭，可以透過和平的法律的途徑加以解決，也可以透過國家政權予以調解緩和。並且，由於「一國兩制」是以互諒互讓、互不吃掉對方為條件的，因而在客觀上已經大大減少了兩種制度發生劇烈的外部對抗形式的可能性，即使出現了矛盾，也比較容易得到解決。

生產關係一定要適應生產力狀況是社會發展的基本規律。我們既要看到大陸現行的生產關係具有資本主義生產關係不可比擬的優越性，也要看到臺、港、澳現行的資本主義生產關係在一定時期內還有其相對的穩定性，大體上還是適應其本地區生產力發展的，並且還有一定的潛力和餘地。在這種情況下，在一定時期內保存臺、港、澳地區的資本主義生產關係，仍然會對這些地區的生產力發展起積極作用。雖然生產力發展水準是決定生產關係性質和實行某種

社會制度的根本因素,但由於客觀事物是複雜的,事物的發展是不平衡的,因此,具體到一個國家在一定歷史時期實行一種或多種生產關係、生產方式和社會制度,則不僅取決於生產力發展水準,還要取決於歷史和現實的具體條件。我國是一個幅員遼闊的國家,由於歷史和現實的社會原因,全國各地區之間的差別很大,加上處於新舊社會交替時期,社會主義與資本主義的兩種生產關係、兩種生產方式在較長時期內交叉和並存是一種客觀事實,而兩種生產關係的交叉和並存必然會影響或反映到政治、法律制度上來。「一國兩制」在祖國統一的前提下,在以社會主義生產方式以及與之相適應的政治、法律制度為主體的情況下,允許國家中的個別地區保留歷史上形成的資本主義生產方式以及與之相適應的政治法律制度,無疑對促進臺、港、澳地區生產力發展,保持其繁榮穩定是有利的。此外,用「一國兩制」的方式實現祖國和平統一,還可以避免戰爭破壞,從而更好地保持和發展臺、港、澳已有的生產力。同時,對大陸更好地借鑑和吸收西方資本主義國家的先進科學技術和管理經驗,促進大陸社會生產力的發展,也是有好處的。

第二,「一國兩制」構想是以馬克思主義國家學說為基礎,並發展了這一理論。

「一國兩制」的基本內容是:在一個中國的前提下,國家的主體堅持社會主義制度;香港、澳門、臺灣是中華人民共和國不可分離的部分,它們作為特別行政區保持原有的資本主義制度長期不變。在國際上代表中國的,只能是中華人民共和國。這個基本內容說明,鄧小平關於「一國兩制」的構想,既堅持了馬克思主義關於國家的學說,又是在新的形勢下,對馬克思主義國家學說的創造性發展。

其一，堅持國家主權的完整統一，找到了在中國現實條件下實現國家主權和完整統一的最佳模式。自國家產生以來，任何國家在任何時候，其存在的基本條件就是領土、居民和主權。國家主權的完整統一，是國家榮辱的象徵，因而是國家的頭等大事。對此，黨中央和鄧小平歷來都是非常重視的。鄧小平在1982年9月24日，會見英國首相柴契爾夫人時就首先表明了我們的原則立場。他指出：香港問題，首先是主權問題。「主權問題不是一個可以討論的問題。」實行「一國兩制」的前提是「一國」，即中華人民共和國。「一國兩制」的實質，就是用政權相對獨立的方式來解決我國主權統一問題，解決香港、澳門、臺灣回歸祖國的問題。中華人民共和國中央人民政府對香港、澳門、臺灣擁有行使國家主權的權力。實行「一國兩制」，在香港、澳門、臺灣誰來行使「治權」呢？鄧小平在談到香港在中國恢復行使主權後實行「港人治港」時指出：「必須由以愛國者為主體的港人來治理香港。」這個談話精神，當然也適用於回歸祖國後的澳門和臺灣。這種「治權」是不是「完全自治」呢？當然也不是。因為實行所謂「完全自治」，就不能保證國家主權的完整統一，有人就可能藉此推行「兩個中國」、「一國兩府」、「一中一臺」、「臺灣獨立」的圖謀，就會損害包括臺灣人民在內的全體中國人民的共同利益。因此，鄧小平同志明確指出：「我們不贊成臺灣『完全自治』的提法。自治不能沒有限度，既有限度就不能『完全』。『完全自治』就是『兩個中國』，而不是『一個中國』。制度可以不同，但在國際上代表中國的只能是中華人民共和國。」上述內容說明，「一國兩制」的構想，既體現了馬克思主義關於國家主權的思想，又找到了在現實條件下中國實現主權完整統一的切實可行之路，代表了包括港、澳、臺同胞在內的全體中國人民的共同利益。

其二，堅持國家主體社會主義不變，實行「兩制」共存，有利於整個中華民族共同走向繁榮、富強。堅持國家主體社會主義不變，實行「兩制」共存，是我們實行「一國兩制」的現實根據和基礎，是建設有中國特色社會主義的一個重要體現。這樣做既符合全體中國人民的現實利益又符合全體中國人民的長遠利益。中華人民共和國的主體或根本制度，就是社會主義的經濟、政治制度。這是中國人民在長期的鬥爭中所做出的正確選擇。在鄧小平構想的「一國兩制」中，國家的主體制度是社會主義制度，這是我們實行「一國兩制」的前提和基礎。只有堅持這一點，實行「一國兩制」的結果，才能既有利於國家主體制度社會主義的發展，又有利於港、澳、臺地區的穩定和繁榮，最終有利於整個中華民族的團結、繁榮和進步。對此，鄧小平多次進行了明確而深刻的闡釋。他說：「我們對香港的政策長期不變，影響不了大陸的社會主義。中國的主體必須是社會主義，但允許國內某些區域實行資本主義制度，比如香港、臺灣。」又說：「主體地區是十億人口，臺灣近2000萬，香港是550萬，這就有十億同2500萬的關係問題。主體是很大的主體，社會主義是十億人口的社會主義，這是個前提，沒有這個前提不行。在這個前提下，可以允許自己的身邊，在小地區和小範圍實行資本主義。我們相信，在小範圍內允許資本主義存在，更有利於發展社會主義。」由此可以看出：黨中央和鄧小平同志之所以能夠提出「一國兩制」的科學構想，是建立在人民對社會主義，對中國共產黨的擁護的堅實基礎上。堅持社會主義的主體不變，實行「一國兩制」的結果，必將有利於我國主體社會主義的發展，又有利於香港、澳門和臺灣的穩定和繁榮。最終有利於在堅持社會主義的前提下實現中華民族的統一、團結、繁榮和進步。

其三，「一國兩制」的實施，必將有利於我國社會生產力的發

展和社會的全面進步。馬克思主義認為，判斷一種國家制度及其實行的基本國策正確與否、進步與否，歸根到底要看它是否有利於社會生產力的發展，是否有利於社會的全面進步。現實和今後的實踐都將證明，實行「一國兩制」確實是一項高瞻遠矚的正確決策。如果「一國兩制」的構想能順利實施，必將有利於我們更好地學習吸收、利用港、澳、臺的先進技術和經驗，來推動我國經濟、政治、科學、技術、文化的發展，必將使中華民族成為雄居世界東方的統一的強大的偉大民族。祖國強大了，整個中華民族在諸多方面發展上，都走在世界各國的前列，哪一個熱愛祖國的華夏兒女不感到由衷的喜悅和自豪呢？「一國兩制」科學構想提出之後，能夠獲得華夏兒女廣泛的贊同和支持，能夠在香港、澳門順利地得到實施，其最深厚的根源就在於，越來越多的華夏兒女都逐步認清了一個真理：「一國兩制」是現實條件下實現祖國統一，團結起來共謀發展、共謀繁榮，走中國和世界歷史發展必由之路的最佳模式。

總之，「一國兩制」，堅持了國家的主權統一，找到了在現實條件下我國實現國家主權完整統一的最佳模式；「一國兩制」，堅持了有利於社會生產力發展和社會全面進步的客觀標準，最終有利於一個強大的社會主義中國雄居於世界東方。因此，我們說，鄧小平「一國兩制」的科學構想，是在新的歷史條件下，從中國的實際出發，對馬克思主義國家學說的一個創造性發展。

第三，繼承和發展了毛澤東關於正確處理人民內部矛盾的學說。

鄧小平「一國兩制」的科學構想繼承並發展了毛澤東關於正確處理人民內部矛盾的學說。毛澤東認為：「人民」這個概念在不同歷史時期有著不同的內容，應該從國家和人民的根本利益出發正確

處理人民內部矛盾以及用民主的方法正確解決人民內部矛盾。「一國兩制」的科學構想，在理論上和實踐上都發展了毛澤東關於正確處理人民內部矛盾的學說，特別是豐富了毛澤東關於人民「在不同歷史時期有著不同的內容」這一重要思想。

　　毛澤東同志關於正確處理人民內部矛盾學說中的一個基本觀點是：人民內部矛盾是在人民利益根本一致基礎上的矛盾，人民的根本利益「在各個革命時期和社會主義建設時期有著不同的內容」。這一重要思想，正確地區分了矛盾的性質，並且把人民的根本利益同民族的根本利益有機地結合起來，盡可能地化消極因素為積極因素，為建設社會主義現代化服務。

　　由於種種原因，中國統一的任務至今尚未完成。完成祖國統一大業是中華民族的根本利益所在，是海內外炎黃子孫的共同心願，是新中國成立以來歷屆領導人心中的宏願。早在全國人大常委會《告臺灣同胞書》中就提出：「愛國一家」，「統一祖國人人有責」，「希望臺灣以民族利益為重」的號召。在實現包括港、澳、臺在內的祖國統一大業問題上，鄧小平「一國兩制」的科學構想正是從民族利益與人民的根本利益出發的，具有鮮明的人民性和民族性特徵。鄧小平多次談到，完成祖國統一事業是海峽兩岸人民的共同願望，實現國家統一是民族的願望，只有用「『一國兩制』和平的方式實現統一，才能對各方都有利」。可見，從人民的根本利益出發辦事，既是鄧小平的一貫思想，又是他「一國兩制」構想的基本立足點。正因如此，我們黨又進一步提出，實現祖國統一之後，港澳臺地區的現行社會經濟制度不變，生活方式不變，同外國的經濟、文化關係不變的「三不變」原則。這是從國家和民族的根本利益出發，既尊重事實，又考慮到各方面的利益，從而圓滿地解決了

港澳問題，並繼續保持了香港回歸後的繁榮和穩定。

我們知道，處理好香港問題，不僅涉及到香港自身的繁榮能否保持和發展，而且關係到內地經濟能否繼續走向繁榮，關係到世界經濟發展的大格局。香港是中國的香港，也是世界的香港。我們採用「一國兩制」的辦法是英明的，這種具有中國特色的國家構成形式，符合包括香港同胞在內的全中國人民的當前利益和中華民族的長遠利益，有利於維護國家的整體利益和港澳臺地區的特殊利益，並為解決國際爭端提供了光輝的範例。

為了切實維護中華民族的整體利益，鄧小平「一國兩制」的科學構想，完全是建立在獨立自主、自尊、自強的民族精神上的，具有鮮明的民族性。鄧小平強調，臺灣問題是中國人與中國人之間的事情，堅決反對任何企圖透過製造「兩個中國」、「一中一臺」的圖謀和言行，反對任何外國勢力插手臺灣問題。他還指出，中國人有能力解決好自己的事，有能力管理自己的國家。「不要總以為只有外國人才能幹得好，要相信我們中國人自己是能幹好的。」這充分表達了中國人民維護國家主權和領土完整不可動搖的堅定立場。

「一國兩制」的構想還發展了毛澤東關於「從國家和人民的根本利益」出發，正確處理人民內部矛盾的思想。在正確處理人民內部矛盾學說中，毛澤東還提出一個重要原則，這就是採用不同的方法解決不同性質的矛盾的原則。在不同的歷史時期，適時、科學地界定人民的範圍，正確區分矛盾的性質，是解決矛盾的前提；用不同的方法解決不同性質的矛盾，才能正確處理社會存在的各種矛盾，以推動社會不斷向前發展。毛澤東同志指出：「用不同方法解決不同的矛盾，這是馬克思列寧主義必須遵循的一個原則。」關於解決人民內部矛盾的方法，毛澤東強調指出，一定要從團結的願望

出發，經過批評或鬥爭使矛盾得以解決，在新的基礎上達到新的團結，即經過「團結—批評—團結」的過程；強調解決人民內部矛盾，要用民主的方法、說服教育的方法。這些重要思想，既是對我黨歷史經驗的科學總結，又是被歷史實踐證明是正確的結論。例如，在社會主義實踐中，毛澤東全面地考察了我國的政治、經濟和文化思想領域中的具體矛盾，提出了一系列具體的方針政策。在國家經濟生活中，採取兼顧國家、集體、個人三者利益的方針；在共產黨與民主黨派的關係上，實行「長期共存、互相監督」的方針；在科學文化工作中實行「雙百」方針，等等。在中國這樣一個人口眾多，經濟、文化發展不平衡且相對落後的國家裡，無論是進行社會主義革命和社會主義建設，如果不能正確處理人民內部矛盾，社會主義現代化建設便不可能順利進行。

在建設有中國特色社會主義的新時代，人民的範圍和物件擴大了，人民內部矛盾也增加了新的內容。在這種情況下，如何妥善地處理這些矛盾，尤其是無產階級與擁護祖國統一的資產階級的矛盾，是關係到祖國統一、富強的重大問題。根據新情況、新問題，鄧小平指出：「就香港來說，用社會主義方式去改變香港，就不是各方都接能受的。」同樣，用「所謂『三民主義統一中國』也是不現實的」。只有以實現祖國統一為前提的「一國兩制」，才是包括港澳臺在內的「各方面都能接受」的方法。可見，「一國兩制」是在統一國家內，實行社會主義和資本主義兩種制度的和平共處。擁有13億多人口的祖國內地實行的是社會主義制度，這是國家的主體，資本主義制度只限於在有3000多萬人口的港澳臺地區實行，既有明確的地域之分，又有明確的主體與非主體之別。在國家主體是社會主義制度的前提下，允許一小部分地區繼續實行資本主義制度，並不會影響和動搖國家的主體，相反更有利於發展社會主義。

但是，強調社會主義制度的主體性，並不意味著短期內社會主義要取代非主體的港澳臺地區的資本主義，而是兩種制度要在相當長的時期內和平共處，互不傷害，「你不吃掉我，我不吃掉你」，兩種不同性質的社會制度共處於一個統一體中，互相交流，互相促進，共同發展，共同為中華民族的騰飛作出貢獻。這裡特別需要指出的是，用「一國兩制」方針來解決港澳臺問題，在統一國家內，兩種制度的和平共處，絕不是玩弄手法，也絕不是一時的權宜之計，而是長期不變的基本國策。這項基本國策已為我國憲法所確認。鄧小平和我國其他領導人也一再表示，這項基本國策50年不變，50年後也不會變，「我們講『50年』不是隨隨便便、感情衝動而講的，是考慮到中國的現實和發展的需要」，這一莊嚴承諾先後寫進了中英、中葡兩國關於港澳問題的《聯合聲明》中。這兩項《聯合聲明》均在聯合國備了案，具有國際法律效力。至於將來整個中國是否要實行同一種社會制度，那要由中國人民，包括港澳臺人民自己選擇，正如鄧小平說的那樣，實行「一國兩制」之後，「留下來的問題就是和平競賽，讓人民去最終選擇。不是打仗的選擇，而是和平的選擇」。

「一國兩制」的科學構想，把毛澤東關於「採用不同的方法解決不同性質的矛盾」的原則運用於解決港澳臺問題的實踐中，從解決矛盾的方法上豐富了毛澤東關於正確處理人民內部矛盾的學說。在新的歷史條件下，鄧小平「一國兩制」的科學構想，繼承、發展並昇華了毛澤東關於正確處理人民內部矛盾的學說。這不僅對香港、澳門問題的圓滿解決，推動臺灣回歸祖國起著巨大的作用，也必將對世界各國解決歷史遺留問題產生重大影響。

「一國兩制」的偉大構想，為什麼不可能由毛澤東提出來呢？

其原因是除了香港回歸的時機尚不成熟外，當時，第二次世界大戰後，在世界範圍內形成了以美國為首的帝國主義陣營和以蘇聯為首的社會主義陣營。兩大陣營針鋒相對，焉能允許一國之內出現兩種對立制度並存的局面？另一方面，從國內情況看，從50年代後期開始，中共在指導思想上發生了「左」的錯誤，並把商品經濟視為與社會主義水火不容的資本主義專利品，最終導致了10年內亂。因此，在當時無產階級和資產階級，社會主義和資本主義兩條道路的激烈鬥爭中，也不可能提出「一國兩制」的構想。

　　「一國兩制」的偉大構想之所以產生於80年代，是鄧小平順應世界歷史潮流並從中國的實際出發提出的偉大創舉。中共十一屆三中全會後，黨和國家擺脫了「左」傾思想的束縛，工作重點轉移到經濟建設上來。我國實行對外開放、對內活絡經濟的政策後，短短幾年，中國的面貌發生了舉世矚目的巨大變化，取得了可喜的成績。鄧小平說：「正是在這種情況下，我們才提出用『一個國家，兩種制度』的辦法來解決香港和臺灣問題。」

　　社會主義在實踐中前進，科學社會主義理論也將隨著實踐的發展而發展。「一國兩制」的理論框架已經形成，香港和澳門回歸祖國的問題已經解決，「兩制」問題也得到法律的保證。但是，這些問題都還需要在實踐中進一步完善，特別是臺灣問題更需要我們進一步去探索，需要我們正確對待現存的各種矛盾，真正做到正確處理人民內部矛盾。

三、「一國兩制」的戰略構想的偉大實踐

「一國兩制、和平統一」的戰略方針提出後，由於臺灣問題的極端複雜性與外國分裂勢力的不斷干擾，並未在臺灣問題的解決上付諸實踐，而是率先成功地用於解決港澳問題。此問題不在本課題研究之列，故不多贅述。僅就「一國兩制、和平統一」戰略方針提出以來，中國共產黨第二代領導集體與中國政府所作出的努力，作一扼要的研究。

1. 健全對臺組織，拓展通道

由於「文革」的原因，中共中央與國務院對臺機構基本陷於停頓狀態。全國人大常委會《告臺灣同胞書》發表後，中央對臺方針發生重大調整，形勢的發展要求逐步健全對臺機構。在中央層面，有中共中央對臺工作領導小組、中央臺灣工作辦公室（簡稱中台辦）、國務院臺灣事務辦公室（簡稱國台辦）、海峽兩岸關係協會（簡稱海協會）。

中共中央對臺工作領導小組是中共中央政治局領導對臺工作的議事、協調機構。中央對臺工作領導小組，由主管對臺工作的中央政治局常委、分管有關涉臺工作的中央政治局委員和涉臺工作相關機構部長組成，負責對臺工作領域的重大問題作出決策。中央對臺工作領導小組辦事機構為中央臺灣工作辦公室。中央臺灣工作辦公室和國務院臺灣事務辦公室合署辦公，兩塊牌子，一套機構，屬中央直屬機關工作機構。該機構於1979年2月成立，中央政治局委員、中央紀委第二書記鄧穎超（女）任組長，廖承志任常務副組長，羅青長任副組長。1987年8月26日，中央政治局委員、中央軍委常務副主席楊尚昆兼中央對臺工作領導小組組長。1989年6月，中央總書記江澤民兼中央對臺工作領導小組組長。1997年10月，中

央調整中央對臺工作領導小組,副組長由中央政治局委員,國務院副總理錢其琛兼任。2002年11月,中央調整中央對臺工作領導小組組成人員,中共中央總書記胡錦濤兼中央對臺工作領導小組組長;中央政治局常委、政協主席賈慶林兼副組長。

中央臺灣工作辦公室和國務院臺灣事務辦公室工作職責:

(1)研究、擬訂對臺工作方針政策;貫徹執行黨中央、國務院確定的對臺工作的方針政策。

(2)組織、指導、管理、協調國務院各部門和各省、自治區、直轄市的對臺工作;檢查瞭解各地區、各部門貫徹執行黨中央、國務院對臺方針政策情況。

(3)研究臺灣形勢和兩岸關係發展動向;協調有關部門研究、草擬涉臺的法律、法規,統籌協調涉臺法律事務。

(4)按照國務院的部署和授權,負責同臺灣及其授權社會團體談判及簽署協定檔岸的有關準備工作。

(5)管理協調兩岸通郵、通航、通商事務;負責對臺宣傳、教育工作和有關臺灣工作的新聞發布;處理涉臺的重大事件。

(6)會同有關部門統籌協調和指導對臺經貿工作和兩岸金融、文化、學術、體育、科技、衛生等各個領域的交流與合作,以及兩岸人員往來、考察、研討等工作,國際會議的涉臺工作。

(7)完成國務院交辦的其他任務。

90年代初,中共中央台辦和國務院台辦之下,還設立了民間團體海峽兩岸關係協會(簡稱為海協會)。海協會成立以來,一直在中共中央臺灣工作辦公室、國務院臺灣事務辦公室的直接指導下,

在各地、各部門的大力支持及臺灣各界人士和有關團體的熱情幫助下，積極貫徹「和平統一，一國兩制」的方針，為兩岸關係的發展做了大量的工作，對海峽兩岸的經貿合作、人員往來、各項交流及擴大與海基會的交往與溝通等，都發揮了積極的作用。

上述對臺機構的建立對於推進兩岸關係發展起了重大作用。一方面不斷深入研究兩岸關係的現狀，制定對臺政策，促進兩岸交流，一方面直接開闢兩岸之間的交流管道。

曾任蔣經國機要祕書的沈誠就是中共中央對臺工作領導小組直接的工作對象，在兩岸交往中發揮了很大的作用。沈誠是黃埔軍校第17期畢業生，隨國民黨退臺後成為蔣經國的機要祕書。80年代初期，他退役後到香港擔任《新香港時報》社長兼總編輯。1981年8月全國人大常委會委員長葉劍英託人給沈誠一封邀請函，請其參加辛亥革命70周年紀念大會。沈誠接到請柬後專程前往臺北請示蔣經國。蔣經國對此沒有明確表示意見，只是希望他去一趟奉化溪口，拍一些照片。同年9月25日，沈誠抵大陸，會前得到葉劍英的接見。二人共同探討國共和談的可能性。葉劍英要沈誠向蔣經國轉達中共中央和平解決臺灣問題的誠意。翌年10月，沈誠再度抵京，專程拜訪鄧穎超，談話中涉及國共和談問題。沈誠暗示：「今天臺北的氣候，還不是談判時機。」1986年夏天，沈誠寫了一份「國是建議備忘錄」，內容包括：兩岸兩黨對當前國是觀點的異同；雙方意識形態的差距和相互執著；經濟制度、社會結構的分歧；如何在國家至上、民族至上的大目標下，共同為和平共存、國家統一而努力奮鬥；國家必須統一與和平；實行第三次國共合作。沈誠將「國是建議備忘錄」分別送至蔣經國與鄧小平。1987年3月，沈誠再度造訪全國政協，臨行前見蔣經國時，蔣經國告訴他要注意「官民有

別」的原則。沈誠抵京後受到國家主席楊尚昆的接見。楊尚昆是蔣經國在蘇聯中山大學的同學，他對沈誠說：中共中央對於你提出的建議十分重視，並代表中共中央提出了兩岸談判的幾條原則。楊尚昆還給蔣經國寫了一份親筆信，提出應以黨對黨談判為主體，先談合作，後談統一，邀請國民黨派代表到北京舉行和平談判。蔣經國同意「兩黨對等談判」，但由於突逝，兩岸兩黨談判沒有能夠舉行。李登輝上臺後，沈誠被臺灣高等法院檢查處以「意圖非法變更『國憲』、顛覆政府」等莫需有罪名投進監獄，直到1988年11月26日才被無罪釋放。

　　此間，民革中央副主席賈亦斌也在努力開闢同臺灣交往的通道。賈亦斌是蔣經國的老朋友，1984年到香港時接到臺灣朋友的電話，朋友告知蔣經國很想念他。1987年，蔣經國曾經派一個曾是賈亦斌部下的密使抵大陸，他在拜訪賈亦斌時詢問：大陸對和談有無誠意？你可不可以溝通？賈亦斌回答大陸絕對有誠意，並陳述了誠意的理由，同時告知他可以代為溝通。賈亦斌問蔣經國有沒有和談誠意？臺灣密使告訴賈亦斌，蔣經國有誠意。之所以說有誠意，一是美國人在壓蔣經國，想把他換掉；二是臺灣內部有許多不穩定因素，例如老兵要求返鄉探親，這些都要同大陸進行溝通。同樣的原因，蔣經國突逝使聯繫中斷。賈亦斌對此表示非常惋惜與悲痛，向蔣經國治喪委員會發去唁電：「驚聞經國仁兄不幸逝世，悲痛莫名，回首當年，辱承吾兄知遇，屢委重任，是所難忘。抗戰期間，吾兄身懷國恨家仇，毅然帶頭參加青年軍，主持政治工作，竭盡心力。去臺以後，吾兄堅持『一個中國』原則，反對『臺灣獨立』，近又作出開放臺胞大陸探親之決策，此皆國人所稱道者也。而今統一大業尚待海峽兩岸共同努力完成之時，不願吾兄與世長辭。溪口一別，竟成永訣，於公於私，均甚痛惜。」

李登輝主政後，蘇志誠被李登輝任命為「總統府辦公室」主任。蘇是李登輝兒子的同學，又是臺灣著名國學大師南懷瑾的弟子。1988年2月，南懷瑾抵香港定居，民革中央副主席賈亦斌前去拜訪南懷瑾，說明想透過他和蘇志誠的關係，與臺灣和李登輝保持接觸。同年4月，賈亦斌還帶中共中央台辦主任楊斯德再度拜訪南懷瑾。楊斯德向南懷瑾表示：中共中央有意同臺北透過和平談判解決兩岸問題。但因李登輝執政基礎不穩固與1989年大陸發生「六四」風波，兩岸高層聯繫中斷。

此間，民主黨派在兩岸交流中也發揮了重要作用。首先是全國政協，起到了兩岸交流的樞紐作用。

1980年2月15日，全國政協發表《致臺灣同胞春節慰問信》，「希望臺灣各界人士繼續努力，敦促國民黨當局接受中國共產黨關於和平解決臺灣問題的主張，首先實現通郵、通商、通航」。

1983年9月29日，全國政協專門成立了祖國統一工作組，其宗旨是：消除臺灣同祖國大陸的分裂狀態，實現祖國的完全統一。1988年4月22日，在該機構的基礎上，全國政協又成立了祖國統一聯誼會。

民革中央副主席劉斐在1980年寄語臺灣老朋友，要求國民黨應負起歷史的責任。黨中央將祖國統一作為一項非常重要的工作來進行，民革六大確定「本黨的工作重點是促進祖國統一，要宣傳和貫徹執行中國共產黨關於臺灣回歸祖國、實現和平統一的方針政策，加強同臺灣、港澳和在海外的國民黨軍政人員及其親屬的聯繫，團結擁護祖國統一的愛國者，為促進祖國統一大業的完成而努力。」

1981年1月，中國民主建國會與全國工商聯合會聯合召開「為社會主義現代化建設服務經驗交流會」，大會提出了「充分利用我

們的有利條件,積極做好港澳同胞、臺灣同胞、海外僑胞的聯繫工作」。

1987年11月20日,臺灣民主自治同盟中央副主席李純青建議「對於臺灣的其他黨派」也應該加強對話,同時希望開闢各種管道進行不同層次的對話,形成一個討論祖國統一的熱潮。

中國致公黨與海外港澳臺僑胞聯繫較多。1979年至1983年,致公黨接待海外僑團170多個,不斷宣傳中國共產黨的對臺政策。1985年,致公黨成立60周年紀念時,習仲勳代表中共中央致詞,充分肯定致公黨致力於祖國統一的歷史貢獻。

於此同時,中國民主同盟、中國民主促進會、中國農工民主黨、九三學社等黨派也紛紛作出決定,利用自身的優勢,認真貫徹中共中央關於和平解決臺灣問題的方針政策,進一步推動了兩岸關係的發展。

2. 宣導兩岸全面「三通」

在兩岸對峙互不往來的時期,中國共產黨盡最大努力積極恢復兩岸交流。1956年後,毛澤東、周恩來曾在不同場合闡明了中國共產黨的對臺方針政策,其中有「省親會友、來去自由」的內容,實際上就是提出了開放兩岸交流交往的問題。

60年代初,周恩來將中國共產黨對臺灣政策歸納為「一綱四目」,首先提出了開放兩岸交流交往問題。後來,秉持毛澤東「和為貴」的想法,他又提出「愛國一家」,「愛國不分先後,來去自由」。在這番話的感召下,大批國民黨將領透過種種途徑回到大陸。尤其60年代國民黨「代總統」李宗仁的歸來,更是轟動一時。

進入70年代，毛澤東批准釋放在押的國民黨人員，並且公開聲明：「願意回臺灣的，可以回臺灣去。」這些都是中國共產黨人根據客觀情況為恢復兩岸交流所作的努力。在這些探索與努力的基礎上，70年代末隨著緩和兩岸關係歷史時機的到來，兩岸「三通」作為實現兩岸關係正常化的突破口被提上議事日程。

　　1979年1月1日，全國人大常委會發表的《告臺灣同胞書》指出：「早日實現祖國統一，不僅是全國人民包括臺灣同胞的共同心願，也是全世界一切愛好和平的人民和國家的共同希望。」「希望雙方盡快實現通航通郵，以利雙方同胞直接接觸，探親訪友，旅遊參觀，進行學術文化體育工藝觀摩。」「我們相互之間完全應當發展貿易，互通有無，進行經濟交流。」這是首次提出兩岸「三通」的議題，但還沒形成完整的概念和內容表述。

　　1980年1月1日，鄧穎超在全國政協新年茶話會上重申《告臺灣同胞書》所明確宣告的大政方針，「希望臺灣各界人士敦促國民黨當局接受中國共產黨關於和平解決臺灣問題的主張，首先實現通郵、通商、通航」。這是大陸第一次明確提出「三通」的概念。

　　1981年9月30日，全國人大常委會委員長葉劍英在闡述中國共產黨和平解決臺灣問題的九條方針政策時，「建議雙方共同為通郵、通商、通航、探親、旅遊以及開展學術、文化、體育交流提供方便，達成有關協議」。從此，「三通」問題不僅成為兩岸交流的重要內容，也是發展兩岸關係的重要措施及實現兩岸關係正常化的重要標誌。祖國大陸在這一問題上作出了堅持不懈的長期努力。

　　1988年3月，國務院總理李鵬在七屆人大一次會議上的《政府工作報告》指出：「多年來我們一直主張海峽兩岸應當事先通郵、通航、通商，人民自由往來，增加交流，促進瞭解，最終按照『一

國兩制」的方式實現國家統一。我們願意同臺灣各界人士共商祖國統一大計。我們期望臺灣以國家和民族利益為重，為實現兩岸直接『三通』、祖國的和平統一採取積極步驟。」

1989年3月，李鵬總理在七屆人大二次會議上的《政府工作報告》指出：「我們主張『和平統一、一國兩制』，堅決反對任何可能導致臺灣獨立的言論和行動。我們希望臺灣盡早放棄不合情理的『三不』政策，消除人為的障礙，使兩岸人員雙向對等地往來，公開、直接地進行『三通』，開展兩岸間經貿、文化、體育、科技和學術等各種交流。」

以上言論表明中國共產黨第二代領導集體堅持在「和平統一、一國兩制」的架構下，積極推進「三通」，促進兩岸交流，為祖國的統一大業奠定基礎。在這一方針指導下，中央政府及各地方、各部門頒布一系列檔案、規定。1979年，外貿部率先制定了《關於開展對臺灣貿易的暫行規定》；80年代，郵電部、商業部、交通部、外貿部、中國人民銀行、中國銀行、國家海洋局、國家水產總局等單位先後制定了《購買臺灣產品的補充規定》、《關於兩岸通航的五項決定》、《關於促進大陸和臺灣通商的四點建議》、《關於兩岸通郵通電的六項決定》、《關於臺灣同胞來大陸探親旅遊接待辦法的通知》、《關於簡化臺胞來大陸探親旅遊的出入境手續的決定》等規定；國務院制定了《臺胞經濟特區投資三項優惠辦法》等相關法規與政策，並做了大量工作，為兩岸「三通」的開啟、發展奠定了堅實基礎。

第一，就兩岸通郵而言，取得了很大進展。1979年5月，祖國大陸郵電部門全面恢復經第三地轉發收寄郵往臺灣的各類平常信件，6月開始收寄郵往臺灣的掛號函件。1979年2月，郵電部門率先

開辦經第三地的對臺灣的電報業務；3月開放了對臺灣的長途電話業務。

　　第二，關於兩岸通航的進展。為推動兩岸海上直航，1979年8月，交通部負責人發表談話，明確表示願就迅速恢復和發展大陸與臺灣之間的海上客貨運輸問題同臺灣航運界進行協商，並宣布祖國大陸各對外開放港口對臺開放。從那時起，臺灣的船舶到大陸港口靠泊作業，對來大陸港口作業的臺灣商船實行優先靠舶作業。當地港務部門給予了大力合作。為保證臺灣海峽的航行安全，大陸方面拆除臺灣海峽大陸一側的燈樁對臺灣方面的遮蔽，還陸續新建了一批燈樁。大陸海岸電臺對臺灣船舶全面開放。大陸海事衛星地面站為臺灣船舶提供通信導航服務。大陸海上搜救中心全方位開放對臺灣遇難船舶的救助工作，兩岸開通了海上搜救熱線，共同維護臺灣海峽航行安全。為促進兩岸「三通」，中國政府不斷完善海港和空港等基礎設施建設，為方便臺灣民眾來媽祖廟進香，大陸有關方面在湄州島專門修建了客運碼頭。1986年「兩航談判」成功解決了華航事件，是兩岸隔絕37年來進行的第一次直接商談。它的成功舉行，消除了臺灣長期營造的「恐共」心理，使臺灣民眾認識到，兩岸是可以透過談判解決問題的，為解決兩岸「三通」問題提供了可借鑑的經驗。

　　第三，關於兩岸通商的進展。1979年以前，由於兩岸軍事對峙與政治敵對，海峽兩岸僅有間接、微量的貿易聯繫。1979年祖國大陸開始主動邀請臺商參加廣交會，並於1980年主動派出大型採購團赴港採購臺灣產品，僅第一批合同金額就達8000萬美元。大陸政府對臺灣商品開放進口並對進口臺灣產品給予關稅上的優惠，在煤炭、棉花等大宗商品出口上優先給臺商安排貨源。1988年8月，大

陸煤炭首次運往臺灣，打破了臺灣禁止從大陸輸入能源性商品的限制。大陸向臺灣地區的煤炭年供應量為1600萬噸，約占臺灣需求量的三分之一。大陸在資金困難的情況下，為臺資企業提供金融支援，先後批准在大陸設立4個「臺商投資區」、6個「海峽兩岸農業合作試驗區」和4個海峽兩岸科技工業園區。為方便臺商往來大陸，給臺商辦理一至五年多次入出境有效證件。在大陸依法成立60多家臺資企業協會，加強協會成員與地方政府及相關部門之間的聯繫和溝通。各地台辦設立臺商投訴協調中心或臺商投訴協調處，建立「臺商接待日」等溝通機制。以上措施積極促進了兩岸經貿關係的健康發展。80年代兩岸轉口貿易獲得了長足發展，由1979年的0.46億美元增長到1989年的34.83億美元。

透視《告臺灣同胞書》發表以來80年代的兩岸「三通」，呈現出以下幾個特點：

第一，兩岸「三通」政策處於政經一體階段。祖國大陸方面自1979年呼籲兩岸間應進行交流，相互發展貿易，提議開放兩岸「三通」起，「三通」政策可在「和平統一，一國兩制」的大框架下分成兩個不同階段：政經一體階段與政經分離階段。80年代的「三通」政策處於政經一體的階段。這一時期對於國家統一問題，在政治上主張努力推動「第三次國共合作」，在經濟上主張推動「三通」及全面的經濟交流。由於國民黨內部和島內政治格局變化，「第三次國共合作」推動國家統一的設想成果有限，但兩岸「三通」及經濟交流則取得了長足的進展。這說明，80年代祖國大陸的「三通」政策是正確的，符合了歷史發展潮流和兩岸民眾利益。80年代兩岸「三通」加強了兩岸人民的相互瞭解，成為兩岸關係中最積極、活躍的因素，促進了兩岸關係向前發展。

第二，祖國大陸成為兩岸「三通」發展的主導力量。大陸各部門不斷落實關於「三通」問題的政策，在通郵、通航、通商三個方面頒布了20多項具體規定及措施，積極恢復和發展兩岸「三通」，而臺灣方面回應較少。因而，在兩岸「三通」發展過程中，大陸始終處於主導地位，發揮著重要推動作用。其結果「三通」工作從點到面逐步展開，使「臺灣海峽兩岸關係發生了顯著變化」。

第三，兩岸「三通」的政策具有承上啟下的重要作用。「長期緊張對峙、相互隔絕的不正常狀態已有初步改善，兩岸經濟文化和人員往來日益增多。」

80年代海峽兩岸「三通」的發展雖然還是局部的，但是從歷史的角度看，它已經打破兩岸近40年的人為隔絕狀態，開始進入一個由中華民族自己醫治歷史創傷，實現和平統一的歷史進程。這些變化和其他種種因素交織在一起，既是兩岸關係繼續發展的歷史背景，也是前提條件，從而為90年代兩岸「三通」的向前發展奠定了基礎。

3. 理性處理「華航貨機事件」

當全國人大常委會《告臺灣同胞書》剛剛發表之際，立即遭到蔣經國的強烈反彈。1月2日，蔣經國在接受法國記者採訪時答稱：「在任何情況下，『中華民國』絕不會與中共政權談判，也不會與共產主義妥協。」

1月3日，蔣經國在國民黨中常會上發表談話稱：「國人必須提高警覺，洞悉共黨『統戰伎倆』。共黨最近在達成與美建交的野心之後，又處心積慮地對我發動『統戰』，諸如提出『祖國統一』的

口號,廣播暫停炮戰。都是惡毒的故作姿態,『國人』應冷靜地不予理會。」「共黨的『統戰』居心……我們絕不能信,也不能上當。」

時隔一週後,國民黨《中央日報》發表社論,題目就是《我們為何不與中共談判?》。社論學著蔣經國的腔調,宣稱:北京正在不斷對外播送「和平幻曲」,推銷「和平膏藥」,其目的是「在美蘇超級大國的強勢之下」,「偽裝」和平,爭取時間,「以延緩對它的攻勢」,並「希圖由劣勢轉為優勢」,而且在共產黨與美建交後,「更可藉和平之掩護來破壞遠東太平洋的反共團結,徹底離間中美關係並妄圖以此瓦解我士氣民心」。社論還認為國共和談「不是和平途徑而是戰爭的一種方式」。在這種錯誤認識下,社論提出「絕不與共產黨談判或妥協」,「不與它有任何接觸」,初步提出了「不妥協、不談判、不接觸」的所謂「三不政策」。

1月底,孫運璿在答美聯社記者問時,宣稱臺灣回歸祖國的條件是:「唯有在全中國人民的自由意志受到尊重時,臺灣與大陸始能統一。」同時,孫運璿放棄了武力「反攻大陸」的政策,宣稱:「我們從不認為可以用武力解決問題。」

2月5日,孫運璿再度宣稱:「與中共之間,絕無談判妥協的餘地。」

4月17日,蔣經國在答覆美國柯普萊新聞社特派員凱瑞所提問題時宣稱:「我們的立場,是絕不與中共談判,也不與中共發生任何接觸。」

1979年12月10日,國民黨十一屆四中全會在臺北召開:針對《告臺灣同胞書》,蔣經國發表了《以全民熾熱反共意志再造中華》為題的大會致辭。文中宣稱「共產主義已徹底失敗」,攻擊四

個現代化是中共的「謊言與妄想」，中共的和談是「統戰陰謀」，因此「我們絕不與共黨談判，絕不與共黨妥協，任何情況絕不改變我們的立場」。至此，蔣經國的「不妥協、不接觸、不談判」的「三不政策」最終形成。

蔣經國在報告中比較明確地提出了「以三民主義統一中國」的主張：中國必須統一，究竟統一在共產主義還是三民主義的制度和生活方式下？他認為事實已經證明：「三民主義在『復興』基地的建設已經成功」，「中國的真正統一，便是『光復』大陸，實行三民主義。」他還提出當前臺灣的中心任務之一就是「以『復興』基地三民主義建設的成果和經驗，展開政治登陸，繼之以各種行動」，摧毀大陸政權。會議根據蔣經國的講話精神，策定四中全會的中心議題為「加強三民主義策進『光復』大陸」，加強臺灣建設。

於此同時，蔣經國針對「反統戰」需要，成立了「反統戰」小組臨時編組「固國小組」。該組織人員由「國家安全局」、「國防部」、「外交部」、「警備總部」、「行政院新聞局」、中國國民黨文化工作會各機構抽調20人組成。內設行政、計畫、資料3個組，設主任祕書總管一切。

「固國小組」成立後的頭一個動作，就是組織臺灣中影公司拍攝了取名《我們為何不與中共和平談判？》的7部系列影片。由於該片政治色彩太濃，主題與民眾願望相反，所以上座率極低。其後一年多，臺灣一些官方、民間的電影公司，不斷籌拍以「文化大革命」為題材的影片，企圖用文藝宣傳的形式來渲染大陸形勢的「不穩定」，進行其「反統戰」活動。據臺灣報紙報導，計畫開拍或已經上映的這類電影有：《皇天厚土》、《丹尼爾的故事》、《古寧

頭大戰》、《玻璃房子裡的女人江青》、《叛謀》、《紅唇》、《假如我是真的》、《上海社會檔案》、《沒有打完的戰爭》，等等。上述影片的共同特點：就是試圖把國民黨當局的反共、「反統戰」意圖灌輸給觀眾。國民黨喉舌《中央日報》1980年8月11日社論承認《古寧頭大戰》影片的拍攝，包含有「反統戰」動機。該片導演宣稱：這是「屬『國策』宣傳之一的任務」。其餘電影的主要宣傳內容均是渲染「文化大革命」時的一些錯誤，誇大和醜化大陸最近幾年主動揭露出來的某些問題，同時宣傳臺海兩岸仍繼續存在著軍事對峙的緊張情勢。國民黨中央文工會主任周應龍稱，臺灣推出《皇》片，「極具反共教育價值」。《中央日報》的一篇影評還告誡黨外人士，不要高呼「解除戒嚴」或「共產黨不會來」等口號，那是別有用心，唯恐不亂。

為了進一步推展「反統戰」工作，國民黨於1981年3月29日召開了第十二次代表大會。蔣經國親自主持會議，並致開幕詞稱：「本次大會的主題，在於肯定70年代乃是三民主義勝利的年代，是『重新光復』大陸的年代。因之大會的各個研究議題，都是環繞著以『三民主義統一中國』為中心。」

蔣經國宣稱：「綜觀近代思想潮流，唯有三民主義博大精深，今後的世界也必將是三民主義光輝照耀的世界。」

蔣經國振振有詞地對如何統一做出了具體的部署：

在政治上：貫徹「憲政」，厲行「法制」，加強地方基層建設，做到「人民有權，『政府』有能」。

在經濟上：「全力推動經濟發展」，「提高『國民』所得，實現均富理想」。

在思想文化方面：「發揚民族精神，提振『國民』道德」；但最重要的任務，「是把三民主義的思想重新在大陸播種，把三民主義建設的實證經驗推向大陸，使大陸同胞人心一齊歸向三民主義」。

在組織上，成立「三民主義統一中國大同盟」。該會於1982年10月21日正式成立。何應欽、李璜、王世憲、吳三連、陳立夫、馬星野、谷正綱、陳啟天、蔣彥士、孫冶平、高玉樹、羅光、羅雲平、徐孝等組成主席團。年屆92歲高齡的國民黨元老何應欽任「三民主義統一中國大同盟主席」。該組織通過「統一中國」的三大原則是：

（1）中共必須放棄共產主義，實行三民主義；

（2）中共必須放棄無產階級專政，實行民有、民治、民享；

（3）中共必須放棄馬列毛主義，統一在中華文化精神之下。

國民黨十二大根據蔣經國在開幕詞中定下的基調，通過了「貫徹以『三民主義統一中國』案」。會後，蔣經國多次宣稱：絕不與中共談判、接觸，不與大陸實行「三通」，「不論人家如何批評，這一基本立場不能改變」。

上述事實表明：從1979年元旦《告臺灣同胞書》發表至1981年國民黨十二大召開，蔣經國並未從臺灣實際環境出發，為其政治前途開創一條新路，而是堅持了一條「絕不談判、絕不接觸、絕不妥協」的「反共拒和」路線。

蔣經國為何死死抱住過去的僵硬立場不放呢？透視蔣經國的內心世界，他之所以如此，主要是因為臺灣有美國的支持。儘管臺美已經「斷交」，但美國又通過了「與臺灣關係法」，繼續支持臺灣

與大陸對抗。當然，蔣經國最大的王牌並不是美國，而是發達的、被國際社會稱之為「亞洲四小龍」的臺灣經濟。他認為可以同大陸中共比輸贏。再者，蔣經國的歷史包袱太重，現實顧慮太多。關於此點，是指蔣經國錯誤地吸取歷史教訓，不相信中共第三次國共合作的主張，一直把中共和談誠意看做是「統戰陰謀」。就歷史上兩次國共合作而言，第一次打敗了北洋軍閥，第二次國共合作使全民抗戰得以發動，最終打敗了日本侵略者，挽救了民族危亡。由此可見，中共提出國共合作，都是從民族利益出發的。

再就「一國兩制」戰略構想而言，它不僅順應了時代的要求，符合全體中國人民的心願，而且也體現了大陸與臺灣人民的根本利益。因此一提出便受到海內外人士的好評。由於蔣經國的立場所致，才將中共的滿腔誠意當做「陰謀」。當然亦應看到蔣經國政策的某些變化，這突出表現在統一中國的問題上，強調要用「三民主義」而不是用武力實現統一。蔣經國何以不再提「武力反攻」呢？據孫運璿1981年解釋稱：「一方面是因為這在國際上會產生副作用；另一方面是強調這個口號可能會引起人民的反感。」儘管此舉出於被迫，但是他願意透過和平方法來實現祖國的統一，在和平道路上邁出了重要的一步。

蔣經國提出「三不政策」與「三民主義統一中國」之後，立即受到海內外輿論的抨擊。反對者紛紛要求蔣經國改變「三不政策」，實行新的「大陸政策」。

來自海峽對岸的訊息是：

1981年4月14日《人民日報》刊登了民革中央主席王昆侖先生的文章。他嚴肅指出：蔣經國的主張是「以三民主義統一之名，行反共拒和分裂之實」。

1983年12月25日，中共中央政治局常委陳雲在談到祖國統一問題時說：「現在我們兩邊雖然吵架，但都堅持只有一個中國，反對『臺灣獨立』的立場，在這一點上我們兩邊是一致的。」至於如何統一，「照我們的意見就是用一個國名，一個首都來『統』，其餘都可以維持現狀不變，就是說既不要用大陸的社會主義去『統』，也不要用臺灣的現行制度來『統』，我們認為這是最現實的，是從實際出發的辦法」。「用三民主義統一中國我看不現實，國民黨在大陸推行三民主義幾十年，結果並不理想。我們搞社會主義只搞了30年，不僅解決了10億人口的吃飯穿衣問題，而且使人民的生活水準有了明顯的提高。」「所以國家統一以後大陸還是搞社會主義，臺灣的現行制度也可以繼續搞下去，我們並不反對。」

　　鄧小平在同楊力宇談話時也稱：所謂「三民主義統一中國」，這不現實。

　　原蔣經國的老部下、國民黨特赦人員蔡省三先生在國民黨十二大閉幕後不久發表專文，抨擊蔣經國「三民主義統一中國論」是「兩大兩小」。所謂「兩大兩小」，就是：其一「偏見大，容量小」；其二是「誇口大，能量小」。

　　所謂「偏見大，容量小」，試看他們對於隔離了30多年的千萬老百姓，要通一封家書都不被允許。而要依照他們的偏見，把家書一概列入「統戰陰謀」，「其背情悖理，無視民意，莫此為甚」。蔣經國主持的十二大所堅持的，實質是極其偏狹的「一黨獨裁路線」。

　　所謂「誇口大，容量小」，是說蔣經國宣稱要消滅中共政權，統一中國，而且聲稱要以三民主義統一世界。顯然這是蔣經國「大大脫離實際的虛誇，也僅僅是口頭鼓噪而已」。就整個力量對比而

言，「優勢遠在大陸一邊，遑論『稱雄』世界」。「臺灣國民黨果真有力量打，他們早就揮戈北上了。然而30多年來，他們只能反覆搬弄由『反攻大陸』而化縮為『反共復國』的『心戰』。這在國民黨諸公來說，確是無可奈何的事實。」最後，蔡省三奉勸他的老上級切莫錯過了與中共談判的絕好時機。

在臺灣島內，各界有識之士均反對「三不政策」，主張「三通」。對蔣經國的「三民主義統一中國論」也表示了懷疑與不滿。臺灣《薪火週刊》1985年7月29日刊文稱：「國民黨口口聲聲『三民主義統一中國』，但是三民主義在臺灣都未完全實施，竟然還大言不慚說什麼三民主義是統一中國最有力的武器。說這麼一席令人臉紅的話，實在很不得體。」

儘管蔣經國念念不忘「三不政策」，口口聲聲宣稱「三民主義統一中國」，但在大勢所趨與「有所變，有所不變」的思想指導之下，對和平統一問題也開始出現了若明若暗的鬆動跡象。在「國旗」、「國號」問題上，蔣經國也有所讓步。例如「亞行模式」（臺灣稱「亞銀模式」）。眾所周知，在臺灣擁有會籍的少數官方國際組織中，亞洲開發銀行是唯一比較有影響力的國際組織。1986年2月，該行理事會決定接納中華人民共和國政府為委員，並要求臺灣改名為「中國臺北」。臺灣則要求中華人民共和國政府改名為「中國北京」，這一要求遭到拒絕。1986年3月19日，國民黨中常會舉行會議，「外交部長」朱撫松與「總統府祕書長」沈昌煥分別對亞行作說明，強調亞行「會籍案」實為中共「一國兩制」「統戰」態度的一部分，並認為英、美、日的態度為「幫助中共統戰」。認為若「接受更名留在亞銀即可恢復各國際組織席位，是辦不到的事」。從上述立場出發，臺灣改變了過去「中共參加，自己

退出」的做法，採取了「不退出、不接受、不參加」的方針，沒有出席第19屆、20屆亞行年會。1989年4月6日，臺灣宣布決定派國民黨中常委、財政部長郭婉容率團參加在北京舉行的第22屆亞行理事會年會。中國臺北代表團全體成員佩戴「中國臺北」胸章出席會議。此舉是海峽兩岸關係發展中的一個歷史性突破。

上述跡象已經表明蔣經國在公開場合對國共兩黨和談及中國統一問題，比1979年至1981年時前進了一步，儘管時有倒退，但這些微小變化的確令每一位炎黃子孫感到欣慰。

正當蔣經國尚未從陳年的牛角尖中鑽出來之際，突發了震撼兩岸的華航貨機事件。此一事件的突發，從某種意義上講，開始動搖了蔣經國的反共政策與「三不」方針，迫使蔣經國不得不調整大陸政策，從而為國共兩黨進一步接觸開創了契機。

華航貨機事件的原委是：1986年5月3日下午3時10分，一架臺灣中華航空公司（簡稱「華航」）的波音747F（編號B198號）貨機，從曼谷飛往香港途中，該機機長王錫爵將飛機轉航大陸，降落在廣東白雲機場，同機抵達大陸的還有副駕駛員董光興、機械師邱刃志二人及貨物22萬磅。王錫爵本人要求在大陸定居，和家人相聚。

就在華航貨機抵達廣州當日，中國民用航空局迅速作出反應給華航發電，電文如下：

臺北

中華航空公司：

你公司的波音747貨機一架於5月3日15時10分飛抵廣州白雲機場。機長王錫爵要求在大陸定居。我局邀請你們盡早派人來北京同

我局商談有關飛機、貨物和機組其他成員的處理問題。請用電報掛號22101CAXTCN或電話（北京）558861同我局聯繫。

中國民用航空局

華航貨機事件的突發，立即在臺灣島內引起強烈回響。據臺報稱：就在事發當晚，華航董事長烏鉞連忙向臺灣交通部長連戰報告事件經過，並請示處理意見。連戰絞盡腦汁苦思，實無上策，一面命次長朱登皋盡快發一聲明，華航貨機事件與政府無關，將由華航通過第三者處理，並上報行政院長俞國華、總統府祕書長沈昌煥。俞、沈見事件太大，不敢怠慢，急忙呈報蔣經國。蔣經國聞知此事後，「頗為激動，捏著拳頭臉色漲紅」，心情極其沉重。連戰、朱登皋、烏鉞更是徹夜未眠，研商處理辦法。

5月4日，蔣經國召見郝柏村，談及華航貨機事件，蔣與郝都想不通，王錫爵過去是優秀U2飛行員，為什麼要「叛逃」呢？蔣經國認為：大陸中共必然會利用此事件進行「統戰」。郝柏村認為華航今後經營必須改革。

就當時蔣經國與連戰等人的心態而言，他們非常害怕華航貨機事件被中共藉機「統戰」，難以招架；又怕處理不好，會失去民心，自毀形象。但事情總是要處理的，於是由蔣經國拍板定案：不與中共直接接觸，以免造成兩黨談判的印象，委託香港國泰航空公司全權處理。此外，還委請英國保險公司索機，透過國際紅十字會索人。從第二天起，蔣經國指示各大機構大肆報導此一決定，並透過各種媒介，多次宣傳：絕不與中共談判，要華航依國際慣例，迅即向大陸索人、機、貨物。

針對臺灣的上述決定，中國民航局再次致電華航重申：

貴公司這架飛機的機長王錫爵先生希望在祖國大陸定居，董光興、邱明志兩位先生表示願意回臺灣；我們的態度十分明確：飛機、貨物及願回臺灣的董光興、邱明志兩人都交臺灣，請貴公司派人來商談並辦理具體交接事宜。

我們早已申明，這純屬兩個民航公司之間的業務性商談，並不涉及政治問題。既然是交談，就應由當事雙方直接地、負責地辦妥交接事宜，以確保飛機和願回臺灣的人員安全返回臺灣。

因此，還是請你們派人來商談解決為好，不必經過第三者，如果你們覺得到北京來不方便，那麼你們認為什麼地方合適，也可以提出來商量。

我們這一要求是合情合理的，是對貴公司的處境困難作了充分考慮後提出的。如貴公司仍不願來辦理接收事宜，則人和貨機之所以不能迅速返回臺灣，責不在我，望貴公司三思，我們再次籲請貴公司速作決斷，並盡快答覆我們。

面對大陸合情合理的要求，臺灣華航立即召開會議，反覆研討對策。12日，臺灣交通部民航局長劉德敏舉行記者招待會，表示：「此一事件是單純的民航事件，不牽涉到任何政治問題，因此，基本上應由華航自行處理。」他還強調：「華航為一民營公司，其透過可能途徑要求對方交還人及貨物的舉措，自當由該公司自行處理。」同日，蔣經國指定12名國民黨中常委成立研究規劃小組，進行細節討論。在12日前的幾次討論中，對該事件的處理意見相當不一致。國民黨中的元老派持頑固立場，堅稱不與大陸中共談判。而少壯派則傾向於「把索要人機與政治分開」，主張與大陸談判。在他們看來，國民黨的這些教條，多年來經過黨外的撻伐挑戰，早已成為名存實亡的政治笑話；因此，與其讓國民黨這樣苟延殘喘下

去，倒不如舉行談判，讓島內外的對手都措手不及。12日，臺灣最高決策機構緊急磋商後，出人意料地於5月13日經華航宣布，「基於人道立場」，決定由該公司駐港分公司代表在香港與中航洽談。華航再次宣布：此為「純屬單一飛行事件」，華航與政府沒有關係。同日，行政院新聞局局長張京育重申「不與中共接觸的立場與政策不變」。臺灣文宣部門動用各種宣傳工具，宣稱華航這一決定純為救人，純粹是一項權宜措施，絕不致因影響及改變政府有與中共接觸的政策立場。

臺灣何以在事件發生10天之後改變初衷，打破「三不政策」讓華航與中航談判呢？其原因主要有四個方面：

第一，臺灣不合情理的僵硬立場與強硬態度和做法，引起了臺灣社會各界的不滿。臺灣的一些立法委員紛紛質詢，要求改變「三不政策」，採取靈活措施，解決貨機問題。臺灣學者要求當局「態度不要那麼強硬」，應安排華航與中航在香港談判。臺灣媒體紛紛發表文章，說王錫爵「冒險投父盡孝」，暴露了臺灣「三不政策」阻礙兩岸民眾「實行孝道」，「勢必日益造成有形無形的反抗，隨時都會有可能突發意外的變故」。

第二，臺灣黨外勢力乘海峽兩岸在華航貨機事件上陷入僵局之際，欲打「中共牌」，私下醞釀組織民間代表團前往北京交涉歸還華航人機的計畫令臺灣深感不安。

第三，美國方面對此事件表示了極大的「關注」。事件發生後，美國方面相當重視兩岸的反應。臺灣方面不時暗示美國方面不要介入此事件。但多種跡象表明，美國正透過有關管道影響英國，要英國多方面支持、協助兩岸談判。當臺灣得知此訊息後相當震驚，擔心美國介入此事會對中共有利，而使臺灣更被動。

第四，大陸有理有節的處事態度迫使臺灣最終作出由華航出面談判的決定。

據香港《信報》載：「臺北突然改變對北京的頑固立場，幾乎在一夜之間變得更合理，相信只有蔣經國才有正確的答案。」另據香港《快報》載：華航一位高級職員向該報透露，蔣經國參與了華航與中航談判的「策劃工作」，包括細微部分。香港《中報》也說：蔣之所以決定同中航進行談判，主要是由於他發現拖下去對臺灣非常不利。「第一，王錫爵『投奔親情』，早已動搖了『國府』的心防，如果再由中共將人機送回，臺灣人民會對中共更增好感，對『國府』更增惡感。第二，『三通』的問題早晚必須解決，1997年後華航要在香港續飛，必與中共民航局談判，與其拖到那時情況更難預測，不如利用島內外一致贊成『三通』的熱潮，趁機予以突破。第三，談判可以順便解決『國府』內部權力鬥爭及蔣經國個人的評價問題。」

蔣經國作出決定之後，中航與華航透過香港國泰航空公司商定：於5月17日在香港舉行商談。中航派出的代表是民航局香港辦事處經理張瑞普、民航局國際司副司長盧瑞齡及民航局北京管理局總工程師劉遠藩。華航派出的代表是華航香港分公司經理鐘費榮、副經理陳勳偉及華航總公司企劃處長陳思錦。從17日至20日，雙方經商談，全部達成協議，簽署了會談紀要與說明交接程式及有關事宜的附件。整個商談氣氛融洽，華航方面認為「氣氛還可以」。在第一次會談中，中航代表就明確指出：「對具體細節有不同意見是自然的事情，但相信我們兄弟之間沒有不可解決的問題。」最後雙方簽署的會談紀要如下：

1986年5月3日，中華航空公司B198號波音747貨機由曼谷飛往

香港途中在廣州白雲機場降落。中國民航說明，對機上3名機組人員按照他們各自的意願作出了妥善安排，並對該機採取了必要的保護措施，對機上貨物盡可能作了妥善保管。

1986年5月17日至20日，中國民航代表和中華航空公司代表在香港就交接上述貨機、機組人員和貨物的事宜進行了業務性商談，並達成了協定。根據中華航空公司的要求，中國民航同意於5月24日以前在香港具體辦理上述飛機、2名機組人員董光興、邱明志和貨物的交接手續。該飛機在香港著陸後，由雙方參加會談的代表各3人及記錄各1人在機上立即辦理交接手續、簽署交接書，飛機著陸後有關地面安全保障事宜由中華航空公司負責解決。

會談紀要簽署後，中國民航局代表張瑞普對記者發表談話稱：「這次商談為海峽兩岸同胞所共同關注。我們很高興，我們雙方沒有辜負他們的期望。這次商談，雙方完全處於平等地位，互相尊重，互相諒解，在融洽友好的氣氛中，終於取得了圓滿的結果。事實證明，我們同胞兄弟之間的確是沒有不可解決的問題。」

5月23日，雙方代表在香港啟德機場順利完成了貨機、兩名機員及貨物交接手續。雙方簽署交接書後，中航向華航遞交了3份材料：兩名機組人員的健康證明書，貨機上的貨物清單，飛機維護工作清單。至此，華航貨機事件全部處理完畢。

中航與華航談判的圓滿成功，在島內外引起的回響比事件本身發生更為強烈。美國《華盛頓郵報》將此事件商談成功列為頭條國際新聞；《紐約時報》也以半版篇幅發表報導與評論。美國輿論普遍認為：兩航談判是國共兩黨的「首次正式接觸」，「首次直接會談」。日本《東京新聞》發表評論稱：此次事件是臺灣海峽兩岸關係「一舉向前發展的劃時代事件」。泰國《中華日報》則稱：兩航

談判成功,「為今後解決類似非政治性問題創下了先例」,「將成為大陸和臺灣尋求和解過程中的里程碑而載入史冊」。也有外電稱兩航能夠坐下來談判,一方面表明蔣經國「三不政策」的破產,另一方面也表明中共「對臺工作取得巨大進展」,是「北京宣傳上的一大勝利」。

在臺灣島內,許多報刊、學者,包括臺灣國民黨籍「立法委員」,普遍認為兩航談判「具有高度政治性」,是對兩岸關係發展的重大突破。

臺灣《中華雜誌》6月1日發表題為《論黨內外溝通與華航員機歸來——『國事』之轉機與我們進一步的期望》,認為「這一突破已經創下了一個先例」,「自然會有深遠的影響」。《中國時報》也指出:兩航談判「顯然是一項重大的突破」。「立法委員」謝學賢認為當局不必否認談判意義:「『政府』發言過於緊縮,往往會掉進自己的圈套而無法解釋。」沈君山則聲稱:「此一事絕不是孤立事件,亦非純屬民間事件,全世界都把它視為政治問題。」就連國民黨在美的四大金剛之一邱宏達也感慨地說:「就中共而言,此次談判已使其成功地突破『中華民國』所堅持的不接觸原則;並為其步步為營的『統戰』技術,掃除了初步障礙。」

港報接連以醒目標題發表評論,諸如《歷史性洽談,轟動世界》、《石破天驚,國共談判》、《37年睽隔,一飛衝藩籬,雙方互讓一步,天塹忽變通途》、《歷史性對話揭幕》、《開拓溝通先例》、《標誌兩岸歷史新頁》,等等。這些評論如《申報》載文稱:「兩航談判就其影響而言,顯然具有高度的政治含義,說它是歷史性的重大事件絕不為過。」「它標幟著國共兩黨及兩岸關係的一個新起點」,「象徵了陰霾籠罩下的國共關係已顯現新曙光」。

海內外輿論認為蔣經國在處理兩岸關係問題上比過去前進了一大步，並要求蔣經國「在更多層面有所突破」，應重估並打破「三不政策」。黨外立法委員江鵬堅對記者宣稱：國民黨「三不政策」中，最難堅持的是「不接觸」，「目前已出現探親、通信、學術交流等方面的接觸，導致政策與實際間出現矛盾。如今『政府』決定由華航在香港與中共民航當局進行洽談，看起來是小步，但事實上在政策的轉變上，卻是一大步。」謝學賢說：「『政府』能允許華航與中共民航進行洽談，已顯『政府』有充分信心，對中共明顯的『統戰』有所回應，希望以後在更多層面有所突破。」也有些報刊和學者認為：在「兩航」談判中，臺灣受到嚴重衝擊。《聯合報》一篇社論稱：「中共已逼迫我們與他們作了一次正式的、面對面的談判」，使臺灣受到了「嚴重的衝擊」，並帶來了一系列的後遺症。由於兩航的濃厚特殊性質，很可能加強海內外同胞對「三不政策」所謂「彈性運用的要求或預期」。大家會不期然地聯想到：「如果發生性質類似的事件，華航的先例是否適於援用。」

海內輿論對兩航談判的高度重視與強烈回響，也引起了蔣經國的極大警覺，他令有關部門展開對此次談判事件回響的民意調查。經調查顯示：有15%的民眾對華航貨機事件的談判結果表不滿意，有42%的民眾認為當局雖仍堅持「三不政策」，但在實際做法上比前更具彈性。

蔣經國害怕此一事態發展下去會造成後遺症，遂令部下進行「消毒」工作。國民黨中央根據蔣經國的指示，於1986年5月30日發表了《我們對華航貨機事件應有的認識》的黨內檔案。檔案一再宣稱：華航貨機事件是「一特殊的、單一的事件」。華航參與談判是「一單純的救難措施，也是單純的個案，不具任何政治意義，也

與『政府』既定政策無關」。

　　面對大陸改革開放的衝擊、美國的壓力和島內民進黨的夾擊，深感來日無多的蔣經國毅然決然啟動政治革新方案，下決心不做「民族罪人」，「向歷史交待」，在解除戒嚴、開放黨禁不久，又下令開放臺灣民眾赴大陸探親，從而遏制「臺獨」的發展，在事實上推進了兩岸關係。

第四章　中國共產黨第三代領導集體和平解決臺灣問題的主張

　　進入90年代以後，臺灣海峽形勢發生了深刻變化，主張「臺獨」的李登輝主導了臺灣政局，致使剛剛展露兩岸和平發展的曙光再度遭遇陰霾。面對猖獗的「臺獨」分裂活動，中國共產黨第三代領導集體在堅持「一國兩制」科學構想基礎上，不斷創新對臺政策，積極推進兩岸關係的發展。

一、透過「會談」遏制「臺獨」

　　透過會談最終解決兩岸爭端是中國共產黨的一貫政策。「華航貨機」事件後，兩岸關係有了明顯的改善。隨著兩岸之間交流的增加，由此而衍生了各種糾紛和問題不斷。為了妥善解決兩岸之間交往中的問題，進行兩岸之間的事務性商談成為兩岸關係發展的焦點。大陸海峽兩岸關係協會（簡稱海協會）與臺灣財團法人海峽交流基金會（簡稱海基會）就是在這種情況下應運而生的。而海峽兩岸的紅十字會則在「兩會」成立前充當了事務性商談的主角。

1.「金門協議」簽訂

　　由於臺灣在兩岸交往中奉行單向的開放政策，限制大陸民眾與臺灣社會的正常交往，在沿海地區出現了大陸居民偷渡去臺的現象。臺灣軍警對大陸偷渡入臺人員採取不人道的強制「併船遣返」

的做法，致使臺灣海峽連續發生數起大陸同胞在遣返過程中遭受人身傷亡的事件。

1990年7、8月間，發生了因「併船遣返」導致25人被集體釘在船艙內窒息死亡，以及21人因遣返船被臺軍艦撞擊落水身亡等兩起慘劇，臺灣軍警的非人道行徑遭到兩岸人民的一致譴責。

1990年8月，為避免再次出現死傷悲劇，切實解決偷渡人員的遣返問題，兩岸紅十字會率先進行了溝通。眾所周知，早在1979年2月，中國紅十字總會就提出願為兩岸同胞聯繫和團聚提供幫助。同年7月，中國紅十字總會致電臺灣紅十字會，建議雙方就上述問題進行商談。1981年10月，中國紅十字總會會長錢信忠向臺灣紅十字會提出三點建議：「一、中國紅十字會總會願意同臺灣紅十字會就查人轉信進行合作；」「二、中國紅十字會總會願意為臺灣同胞與祖國內地的親友聯繫、團聚提供幫助，如果臺灣紅十字會在這方面感到不方便的話，中國紅十字會可以接受、安排臺灣紅十字會組織的個人和團體來大陸探親、訪友，並負責保證來去自由；」「三、相互選派紅十字會代表團進行訪問，增進相互瞭解和發展紅十字會業務。」1987年，臺灣開放民眾赴大陸探親後，臺灣紅十字會負責組織臺灣民眾赴大陸探親事宜，兩岸紅十字會之間正式建立了聯繫。1990年5月，臺灣紅十字會負責人徐亨與常松茂一行受大陸紅十字會總會會長陳敏章的邀請到大陸參訪。兩岸紅十字會組織的副祕書長曲折、常松茂進行了工作會談，並達成了五項口頭協議：

「查人工作將開始直接聯繫；」「臺胞來大陸和大陸民眾赴臺衍生的傷、病、亡及證件逾期等事宜，紅十字會應給予積極必要的協助；」「大陸紅十字會將繼續協助有關部門積極處理有關臺灣漁

船海難事件，臺灣紅十字會將積極向臺灣有關部門交涉，給予在臺灣沿海從事正常漁業生產的大陸漁民人道主義的待遇；」「大陸民眾繼承在臺親屬遺產時，大陸公證機關出具的證明文件，經大陸紅十字會蓋章，臺灣有關地方法院方能認可。臺灣紅十字會將向大陸提供臺灣律師公會名冊，供大陸民眾辦理遺產繼承事宜選擇律師時參考；」「在促進海峽兩岸雙向交流方面，雙方紅十字會將積極努力，爭取先行一步。」

當25人窒息案發生後，大陸福建省平潭縣人民政府對臺灣這種不人道的行為予以譴責。此事件在臺灣島內也引起了輿論大嘩。8月4日，中國紅十字會致電臺灣紅十字會，指出「這是一起嚴重違反人道主義的事件，請貴會幫助調查瞭解，並催促臺灣有關方面追查肇事人員」。臺灣紅十字會一方面予以推諉，一方面企圖請紅十字國際委員會插手調查，但被拒絕。出於解決問題的需要，臺灣紅十字會不得不回到兩岸自己解決問題的現實中來。8月7日至8月10日，正當兩岸紅十字會交涉之際，又於8月13日發生了臺灣軍艦與大陸漁船相撞事件，造成21人溺水死亡。

中國紅十字總會向臺灣紅十字組織建議，雙方簽訂遣返作業協議，將偷渡人員遣返納入規範程式，使遣返作業在兩岸紅十字會組織的見證下進行。當時臺灣希冀透過第三地日本或菲律賓進行商討。中國紅十字會總會祕書長韓長林明確表示上述兩地不妥，談自己的問題為什麼要跑到別人的地方去，建議在金門舉行會商。臺灣紅十字會經請示郝柏村和李登輝，同意在金門會商。

1990年9月11日，中國紅十字總會祕書長韓長林等4人與臺灣紅十字組織祕書長陳長文等就兩岸紅十字組織參與見證主管部門執行海上遣返事宜進行了協商。雙方本著切實解決問題、迴避目前尚難

以解決的兩岸政治分歧的務實精神，就見證遣返的原則、物件和遣返程式等方面作了明確的規定，並於9月12日簽署了兩岸間第一個書面的「金門協議」。協議規定：

一、遣返原則：

應確保遣返作業符合人道精神與安全便利的原則。

二、遣返人員：

（一）違反有關規定進入對方地區的居民（但因捕魚作業遭遇緊急避風等不可抗力因素必須暫入對方地區者，不在此列）。

（二）刑事嫌疑犯或刑事犯。

三、遣返交接地點：

雙方商定為馬尾—馬祖（馬祖—馬尾）。但依被遣返人員的原居地分布情況及氣候、海象等因素，雙方得協議另擇廈門—金門（金門—廈門）。

四、遣返程序：

（一）一方應將被遣返人員的有關資料通知對方，對方應於二十日內核查答覆，並按商定時間、地點遣返交接。如核查對象有疑問者，亦應通知對方以便複查。

（二）遣返交接雙方均用紅十字專用船，並用民用船隻在約定地點引導。遣返船、引導船均懸掛白底紅十字旗（不掛其他旗幟.不使用其他的標誌）。

（三）遣返交接時，應由雙方事先約定的代表二方簽署交接見證書。

五、其他：

雙方應盡速解決有關技術問題，以期在短期間內付諸實施。如有未盡事宜，雙方得另行商定。

「金門協議」雖然是以兩岸紅十字組織的名義簽署的協定，但卻得到兩岸官方的認可和授權。1990年10月8日，雙方根據「金門協定」第一次順利進行了海上遣返工作，首批55名私自渡海去臺的大陸居民從馬祖回到了福州馬尾港。此後，共有120多批近2萬名違反有關規定進入對方地區的兩岸居民和刑事嫌疑犯、刑事犯遵循「金門協定」的模式完成遣返。金門談判是1986年「兩航談判」以來的又一次重要的事務性談判，「金門協定」也是新中國成立以來兩岸授權民間組織簽署的第一個書面協定。對於金門談判，臺灣媒體稱這是一次「歷史性的會談」。金門談判與「金門協定」的簽訂，不僅保證了兩岸遣返作業的順利進行和兩岸同胞的生命安全，也為其後兩岸的授權民間機構的商談打下了良好的基礎。

2. 海峽兩岸「兩會」成立

金門協議很難解決兩岸交流和交往之間進一步擴大中衍生出的許多問題。由於臺灣一貫堅持「三不政策」，這些問題很難得到妥善解決。為了防止矛盾的進一步激化，臺灣認為有必要建立一條與大陸之間非正式接觸的正常軌道。正是在這一背景下，海基會於1990年11月21日正式成立。該會以民間財團法人基金會的形式出現，受陸委會的委託，辦理臺灣「不便也不能出現的兩岸事務」。馬英九曾經說海基會是一個所謂「準行政實體」。《財團法人海峽交流基金會捐助暨組織章程》規定：「本會以協調處理臺灣地區與

大陸地區人民往來有關事務，並謀保障兩地區人民權益為宗旨，不以營利為目的。」海基會為達成前條所定的宗旨，主要辦理及接受臺灣委託辦理的下列業務：

（1）臺灣地區與大陸人民入出境案件之收件、核轉及有關證件之簽發補發等事宜。

（2）大陸文書之驗證、身分關係之聲明、協助訴訟文書之送達及兩地人犯之遣返等事宜。

（3）大陸經貿資訊之蒐集、發布；間接貿易、投資及其爭議之協調處理等事宜。

（4）兩岸人民有關文化交流等事宜。

（5）協調保障臺灣地區人民在大陸地區停留期間之合法權益。

（6）兩岸人民往來有關諮詢服務事宜。

（7）當局委託辦理的其他事項。

時任「行政院長」的郝柏村在海基會成立時宣稱：「為了因應現實需要，及貫徹現階段『政府』不與中共官方做政治性接觸的立場，『政府』乃決定結合民間力量，成立仲介機構，以處理兩岸人民往來的事務。」他還說海基會將「承擔歷史性的任務」。

大陸對臺灣海基會成立的反應是：國台辦副主任、發言人唐樹備在答記者問時稱：「我們注意到有關成立海峽交流基金會的消息和報導。對於臺灣省的任何團體和個人，只要是真正推動兩岸關係的發展，促進直接『三通』和雙向交流，我們都願意與之接觸，進行討論。」「發展兩岸關係的最終目的是實現祖國的和平統一。我

們一貫主張中國共產黨同中國國民黨就統一問題和兩岸其他重要問題進行談判，同各黨派、團體共商國是。當務之急是實現兩岸直接『三通』和雙向交流。我們希望新成立的海峽交流基金會和臺灣省其他團體、人士一起，能為此做出貢獻。」

為了便於與臺灣海基會聯繫，進一步促進兩岸交流，祖國大陸也積極籌備成立一個與海基會相適應的民間團體，進行兩岸間的溝通。

1991年6月8日，中共中央台辦負責人就發展兩岸關係提出建議：「由海峽兩岸有關部門和授權團體或人士，盡快商談實現直接『三通』和雙向交流的問題，擴大交往，密切聯繫，繁榮民族經濟，造福兩岸人民。對於臺灣有利於直接『三通』和雙向交流的主張和措施，我們都予以歡迎。」「中國共產黨和中國國民黨派出代表進行接觸，以便創造條件，就正式結束兩岸敵對狀態，逐步實現和平統一進行談判。」發言人還邀請中國國民黨中央負責人以及國民黨中央授權的人士訪問大陸。

同年11月7日，國務院副總理吳學謙在中南海紫光閣會見臺灣海基會副董事長陳長文一行時指出：「大陸正在籌備成立一個民間團體，它今後合作的主要對象是海峽交流基金會，當然也可以與其他願意促進兩岸關係、促進祖國統一進程的團體和人士合作；主要的工作目標是盡快實現兩岸直接『三通』和雙向民間往來。為了積極推動這方面的工作，這個團體將接受有關方面的委託或授權，處理有關兩岸往來中的具體問題。」

1991年12月16日，海峽兩岸關係協會（簡稱海協會）正式在北京成立。《海峽兩岸關係協會章程》有關條款規定：海協會的宗旨是「促進海峽兩岸交往，發展兩岸關係，實現祖國和平統一」。其

主要職能是：將致力於加強與贊成本會宗旨的社會團體和各界人士的聯繫與合作；協助有關方面促進海峽兩岸各項交往和交流；協助有關方面處理海峽兩岸同胞交往中的問題，維護兩岸同胞的正當權益；接受有關方面委託，與臺灣有關部門和授權團體、人士商談海峽兩岸交往中的有關問題，並可簽訂協定性文件。

在海協會成立大會上，國務院副總理吳學謙、國台辦主任王兆國分別就海協會成立的背景、目的發表重要講話。吳學謙在講話中強調：「海協會的成立，將進一步促進和加強兩岸民間團體的交流與合作。為使兩岸的交流與合作能順利進行，有關方面還將授權這個協會與臺灣有關的授權團體、人事處理有關兩岸往來中的具體問題。」王兆國明確表示：「我們希望協會在各方面的大力支持下，為擴大兩岸民間往來，增進兩岸同胞的溝通與瞭解，發展兩岸關係做出積極的貢獻。國務院台辦將根據兩岸關係發展的實際需要，委託海峽兩岸關係協會，與臺灣有關部門授權團體、人士商談海峽兩岸交往中的有關問題，包括簽署協定性的檔案」。海協會會長汪道涵表示，協會的成立是對「一國兩制、和平統一」大業的進一步推動，海基會將是協會的一個重要工作對象。

國台辦副主任、海協會常務副會長唐樹備在記者招待會上指出：海協會成立後的工作重點將致力於四個方面：

第一，逐步建立和發展與臺灣內外民間團體和人士的聯繫與相互合作，發揮民間力量，共同促進兩岸的直接三通和雙向交流。根據國台辦的授權，協會將負責與海基會和有關團體進行聯繫，處理相關問題。

第二，就合作打擊臺灣海峽海上走私、搶劫問題與臺灣授權團體海基會具體商談。

第三，協會如受到委託，也將協同有關方面與臺灣授權團體或人士就處理臺灣海峽海上漁事糾紛和違反有關規定進入對方地區居民及相關問題進行商談。

第四，協會將積極為臺灣內外團體、各界人士提供有關大陸投資、貿易和其他交流活動的政策、法規等諮詢和服務。

臺灣對海協會的成立也給予高度關注。在海協會成立當日，臺灣陸委會發言人表示：「海協會成立是相當務實的做法。未來兩岸仲介團體應本著循序漸進的原則運作，把能解決的問題先解決。」臺灣各大媒體都給予高度肯定，均認為有利於兩岸「良性互動」。

海協會與海基會的成立，在發展兩岸關係的歷程中發揮了重要的作用。成立後做的兩件最具歷史意義的事情就是1992年在香港達成的「九二共識」和1993年在新加坡舉行的「辜汪會談」。

3. 確立「九二共識」

「九二共識」是兩岸交流的前提與基礎，海峽兩岸兩會均是在堅持一個中國原則的基礎上進行的，國共兩黨對此問題均有明確的共識。但是民進黨上臺執政後，極力否定「九二共識」。臺灣一些不明真相的人士也提出了到底有無「九二共識」的疑問。為了澄清事實，有必要對此問題作一全方位的回顧。

眾所周知，早在1991年4月28日，時任海基會副董事長兼祕書長的陳長文率團首次訪問大陸。國台辦副主任唐樹備在與陳長文會見時，提出處理兩岸交往中應遵循的五項原則，其中第二條是「在處理兩岸交往事務中，應堅持一個中國原則，反對任何形式的『兩個中國』、『一中一臺』，也反對『一國兩府』以及其他類似的主

張和行為」。同年11月3日～7日，陳長文再度率團到北京，雙方討論了事物商談中堅持一個中國原則問題，但未能達成共識。

1992年3月22日兩岸兩會在北京進行商談。海基會宣稱臺灣陸委會堅持一個中國原則和文書使用等問題會談的「技術性事務無關」。唐樹備認為「雙方分歧的關鍵在一個中國的提法上」，海基會的做法和主張違背了一個中國原則。同年10月28日至30日，兩會又在香港舉行會談，這次商談的主題實際上是如何排除雙方在事務協商中在「一個中國」原則問題上的分歧。海協會的周寧提出關於表述海峽兩岸均堅持「一個中國」原則的5種文字表述方案：

（1）海峽兩岸文書使用問題，是中國的內部事務。

（2）海峽兩岸文書使用問題，是中國的事務。

（3）海峽兩岸文書使用問題，是中國的事務。考慮到海峽兩岸存在不同制度（或國家未完全統一）的現實，這類事務具有特殊性，透過海峽兩岸關係協會、中國公證員協會與海峽交流基金會的平等協商，予以妥善解決。

（4）在海峽兩岸共同努力謀求國家統一的過程中，雙方均堅持一個中國之原則，對兩岸公證文書使用（或其他商談事務）加以妥善解決。

（5）海峽兩岸關係協會、中國公證員協會與海峽交流基金會依海峽兩岸均堅持一個中國之原則的共識，透過平等協商，妥善解決海峽兩岸文書使用問題。

海基會的許惠祐根據臺灣陸委會授權先後提出5種文字表述方案和3種口頭表述方案。許惠祐提出5種文字表述方案是：

（1）雙方本著「一個中國，兩個對等政治實體」的原則。

（2）雙方本著「謀求一個民主、自由、均富、統一的中國，兩岸事務是中國人事務」的原則。

（3）鑑於海峽兩岸長期處於分裂狀態，在兩岸共同努力謀求國家統一的過程中，雙方咸認為必須就文書查證（或其他商談事項）加以妥善解決。

（4）雙方本著「為謀求一個和平民主統一的中國」的原則。

（5）雙方本著「謀求兩岸和平民主統一」的原則。

兩會對各自提出的5種文字表述方案沒有達成一致可以接受的方案。海基會根據「陸委會」授權，又提出了3點口頭表述方案：

（1）鑑於中國仍處於暫時分裂之狀態，在海峽兩岸共同努力謀求國家統一過程中，由於兩岸民間交流日益頻繁，為保障兩岸人民權益，對於文書查證，應加以妥善解決。

（2）海峽兩岸文書查證問題，是兩岸中國人之間的事務。

（3）在海峽兩岸共同努力謀求國家統一的過程中，雙方雖均堅持一個中國的原則，但對一個中國的涵義，認知各有不同。

從臺灣提出的兩個方案8條看，臺灣認同一個中國原則與國際統一的立場，但他們企圖透過兩岸事務性交流，凸顯兩岸尚處於分裂狀態，兩岸是「對等的政治實體」。

很顯然，兩岸在一個中國原則問題上存在著嚴重的分歧。海協會主張把有共識的部分先寫上，分歧部分由臺灣自行處理。但海基會不同意，主張用口頭聲明的方式來表達一個中國原則的建議。經過再度協商未果。海協會人員說此次會談最重要的成果，就是雙方在堅持一個中國原則問題上已有共識，而且都表達了謀求統一的願

望。

香港兩會會談的最終成果是解決了海峽兩岸公證書使用的具體作業方面的五點共識：

（1）在兩岸公證書使用聯繫方式上，海基會同意與中國公證員協會進行聯繫，而不再堅持以海協會作為聯繫主體。

（2）海基會接受海協會提出的相互寄送公證書副本以便於文書使用部門核對的方案。

（3）雙方在對公證書使用中就文書內容和形式真偽提出查詢及查詢事由達成基本共識。

（4）雙方同意相互支付查詢費用，費用標準再行商定。

（5）雙方同意本協定由海協會與海基會簽署。

10月30日，海基會以口頭方式表示其方案：「在海峽兩岸共同努力謀求國家統一的過程中，雙方均堅持一個中國的原則，但對於一個中國的涵義，認知各有不同。」11月1日，海基會發表書面聲明表示，有關事務性商談中一個中國原則的表述，「建議在彼此可以接受的範圍內，各自以口頭方式說明立場。」同月3日，海基會再度致函海協會，正式通知海協會「以口頭方式表述」一個中國原則。

當日，海協會副祕書長孫亞夫打電話通知海基會副祕書長陳榮傑，表示海協會充分尊重並接受海基會「以口頭方式表述」一個中國原則的建議，並建議就口頭聲明的具體內容進行協商。

海基會11月3日的來函和孫亞夫打給陳榮傑的電話，使兩會關於文書使用和掛號函件查詢、賠償商談都已經出現了「突破性的發

展」。

　　11月16日和30日，海協會兩度致函海基會，以書面形式表明立場。16日的函件表示：「在這次工作性商談中，貴會代表建議在相互諒解的前提下，採用貴我兩會各自口頭聲明的方式表述一個中國原則，並提出具體表述內容，其中明確了海峽兩岸均堅持一個中國原則，這項內容也於日後見諸臺灣報刊。」海協會正式告之自己的立場是：「海峽兩岸都堅持一個中國的原則，努力謀求國家的統一。但在海峽兩岸事務性商談中，不涉及『一個中國』的政治涵義。」12月3日，海基會復函海協會，對海協會16日和30日來函予以答覆，宣稱對於貴會上述二函，「願以積極的態度，簽署協議」，「使問題獲得完全解決」。我方表示歡迎：「我方始終認為：兩岸事務性之商談，應與政治性之議題無關，且兩岸對『一個中國』之涵義，認知顯有不同。我方為謀求問題之解決，建議以口頭各自說明。」

　　「海峽兩岸均堅持一個中國則，努力謀求國家的統一」，就是兩岸兩會達成的共識，即著名的「九二」共識。的確，海協會與海基會在相互諒解的前提下，抱著解決問題的誠意，相互妥協，最終達成了均堅持一個中國的原則立場。至於「一個中國，各自表述」的說法，只是臺灣國民黨當局的意見，並非大陸的主張，當然也不是兩岸的共識，而是雙方共同諒解的結果。大陸的立場十分明確，就是兩岸只要承認一個中國原則，其他問題都可以在一個中國原則框架下進行討論和解決。實際上，「九二共識」是在兩岸均表明堅持一個中國原則立場的前提下，暫時擱置了對「一個中國」政治涵義的分歧，正是因為有兩岸的共識，才有「辜汪會談」的進行，否則，怎麼可能進行呢？陳水扁之流否定「九二共識」就是企圖藉以

否定一個中國原則，以便於進行「臺獨」分裂活動。已故的辜振甫先生生前曾經質問陳水扁當局：「若沒有『九二共識』，哪來的九三『辜汪會談』？」「『改朝換代』雖然可以推翻以往共識，但總不能說沒那段過程吧！」

「九二共識」的確立，在原則上排除了兩岸事務性商談中的主要障礙，使雙方就《海峽兩岸公證書使用》和《海峽兩岸掛號函件遺失查詢及補償》問題達成協議，也為「辜汪會談」提供了前提，並成為兩岸交流的一個非常重要的關鍵點。

4.「辜汪會談」

「辜汪會談」的最早發起者是大陸的海協會。海協會剛剛成立一個月，就向海基會表示「為增進貴我兩會之間的相互瞭解，茲特邀貴會董事長、副董事長或祕書長率貴會人員於近期來訪，就加強雙方聯繫與合作事宜交換意見。」當時，海基會董事長辜振甫以「將於雙方便利之時機專程拜訪」回覆邀請。

1992年8月4日，海協會會長汪道涵親自修書一封給辜振甫，信中稱：「半載以來，兩岸關係，特別是經貿合作，日趨活躍，令人感奮。當今世界形勢中，東南亞地區蔚然挺秀，順此潮流，兩岸攜手共濟，前景未可限量。先生擅長經濟，多有建樹，又出掌海基會，對兩岸關係之發展，必將做出重大貢獻。貴我兩會初建，黽勉務實，任重事繁，急需加強溝通，協調配合，促進關係。是以深盼早日會晤，就當前經濟發展及雙方會務諸問題，交流意見，洽商方案，共利兩岸。」

8月22日，辜振甫給汪道涵發來回函，對汪道涵的盛情邀請表

示感謝，同時指出：「兩岸交流日趨頻繁，亟須開誠務實，加強溝通，當對兩岸關係之增進，尤其貴我兩會會務之開展，有所裨益。為此擇本年10月中、下旬或其他適當時日，於新加坡，就有關雙方會務及兩岸文化經貿交流，例如臺商在大陸地區投資保障諸問題，進行磋商。」

至此，「辜汪會談」進入了倒數計時。然而，海協會多次提出與海基會進一步協商會談地點和時間時，總是遭到臺灣的拖延。直到1993年3月18日，臺灣陸委會才公布了《辜汪會談背景說明書》，將此次會談定位為「兩岸政府正式授權之民間仲介團體最高負責人首度會面」，而其性質則為「事務性及功能性的商談，不涉及政治性問題」。說明書還就會談的目的、議題及會談的期望表明了臺灣的立場。

3月26至27日，海基會與海協會部分工作人員分別就「兩岸公證書使用查證」、「兩岸掛號函件查詢補償」協定文本內容和「辜汪會談」第一階段預備性磋商的程序問題，在北京進行了商談。海協會在一個中國的表達方式上作出了讓步，接受了臺方的建議；海基會也在協議名稱及一些技術性問題上有所妥協。雙方原則決定，自4月7日起，由海協會常務副會長唐樹備和海基會副董事長或祕書長邱進益，在北京舉行「辜汪會談」第一階段預備性磋商，確定會談的時間和議題等。

1993年4月8至10日，唐樹備與邱進益在北京舉行「辜汪會談」預備性磋商，就會談的時間、地點、人員和議題及有關問題達成如下八點共識：

一、性質：雙方均認為，「辜汪會談」是民間性的、經濟型的、事務性的、功能性的會談。

二、時間：正式會談於本年4月27至28日舉行，必要時延長一天。

三、地點：新加坡。

四、參加會談的人員：除辜、汪兩位先生外，兩會隨行人員各自不超過10人。

五、海協常務副會長唐樹備和海基會副董事長邱進益於4月23日抵新加坡進行會商，為「辜汪會談」做好準備。

六、正式會談議題：

（一）關於兩會會務

1.雙方同意商談兩會聯繫與會談制度，並簽署協定。對相互給予入出境便利問題，將進一步磋商。

2.確定今年兩會事務性商談議題

（1）違反有關規定進入對方地區之人員的遣返及相關問題。

（2）有關共同打擊海上走私、搶劫等犯罪活動問題。

（3）協商兩岸海上漁事糾紛的處理。

（二）關於兩岸經濟交流

1.海協會願意協助有關部門積極促進臺商在大陸投資正當權益的保障。海基會願就臺商在大陸投資及大陸經貿界人士訪臺協調有關機關予以積極促進。

2.兩岸授權的民間團體共同籌設民間性的兩岸經濟交流會議制度。

3.雙方同意就共同開發能源、資源問題進行討論，海協會建議

向臺灣地區提供勞務，海基會允諾將轉送主管機關考慮。

（三）科技、文教交流

1.兩岸青少年交流。

2.兩岸科技交流。

3.兩岸新聞界交流。

七、正式簽署《兩岸公證書使用查證協定》、《兩岸掛號函件查詢、補償事宜協議》。

八、以適當方式共同宣布「辜汪會談」的成果。

4月25日下午，汪道涵一行抵達新加坡。在機場，汪道涵發表講話：「這次會談，雖然是民間性、經濟性、事務性、功能性的，但也是兩岸交往中跨出的重要一步。」「為了中華民族（包括兩千萬臺灣同胞）的根本利益，兩岸同胞應更具前瞻性地面對未來，把握住國際發展的趨勢所賦予我們中國人的歷史機遇，以寬闊的胸懷向前看，加強合作，攜手努力，共同振興中華。」汪道涵還指出：「只要雙方都有發展兩岸關係，實現和平統一的願望，就沒有什麼不能坐下來談的問題。我深信，只要雙方本著相互尊重、平等協商、實事求是、求同存異的精神，就一定能使這次會談順利進行，並取得積極成果。」

辜振甫於4月26日上午抵達新加坡。在機場，辜振甫發表講話稱：「這次會談是一項民間性、事務性、經濟性、功能性的會談。」「海峽兩岸，不僅有地理、歷史、文化的溯源，更有血濃於水的民族感情」，「臺灣和中華民族的關係是切不斷的」。他「企盼海峽雙方都能以開闊的胸襟、理性的瞭解、高度的智慧、務實的態度以及穩健的步伐來加以推動」。

4月27日上午10時6分，「辜汪會談」正式開始。汪道涵首先發言，重申了這次會談是民間性、經濟性、事務性、功能性的，進一步說明兩岸之間加強經濟交流的極端重要性，重點論述了兩岸經濟交流合作的8個議題：對兩岸經濟合作的基本主張；直接「三通」應當擺上議事日程；關於兩會共同籌開民間的經濟交流會議的建議；臺商在大陸的投資和大陸經貿界人士訪臺問題；兩岸勞務合作問題；臺灣參與開發浦東、三峽、圖們江問題；合作開發能源、資源問題；兩岸合作開發臺灣海峽和東海無爭議地區石油資源問題。汪道涵還就兩岸科技、文化交流及兩會會務問題發表了自己的意見。

辜振甫就建立兩會聯繫與協商制度、社會交流、經濟交流、文教科技交流等方面作了簡要的回顧和說明，重點強調大陸要保障臺商在大陸投資，並將其作為兩岸經濟交流的重要指標。

4月29日上午10時40分至52分，汪道涵和辜振甫代表兩會正式簽署了4項協議：《辜汪會談共同協定》、《兩岸公證書使用查證協議》、《兩岸掛號函件查詢、補償事宜協議》、《兩會聯繫與會制度協議》。

簽字儀式後，汪道涵和辜振甫分別召開記者會。汪道涵指出：「辜汪會談」所簽訂的4項協議符合兩岸人民的利益，也符合此次會談的初衷——兩岸互補互利，共同發展，即雙方揚長補短，共同獲得利益。這是兩岸關係發展重要、歷史性的一步。它將會對今後兩岸兩會繼續接觸，推動兩岸關係的發展產生重要作用。

辜振甫對記者說：今天上午簽署的協定，為兩岸事務性交流掀開了新的一頁……使兩岸關係跨出了歷史性的一步……為兩岸未來的發展打下了良好的基礎，這個意義是很大的。他認為：這次會談

所簽署的協定「已搭起一座橋樑，對發展兩岸關係、兩岸交流秩序化將是一座里程碑」。

「辜汪會談」是海峽兩岸高層人士在長期隔絕之後進行的首度接觸，是海峽兩岸從對立走向和解的重大突破，是兩岸關係發展的里程碑。臺灣島內的一項調查顯示，70%以上的臺灣民眾贊成「辜汪會談」。

國際社會和兩岸高層人士給予了高度評價。

中共中央總書記江澤民5月6日會見臺灣民營銀行大陸考察團時說：「辜汪會談」是成功的，是有成果的，它標幟著海峽兩岸關係發展邁出了歷史性的重要一步。

全國政協副主席、中共中央台辦主任王兆國迎接汪道涵回京時發表談話稱：「『辜汪會談』標幟著海峽兩岸關係發展邁出了歷史性的重要一步，是件具有重大意義的事情，它對於推動兩岸關係的深入發展，促進祖國和平統一，必將起到積極的作用。」

5月份，汪道涵訪問美國和加拿大發表演講時對這一次會談給予了高度評價：「兩岸在經過40餘年的分離和隔絕之後，終於坐到了談判桌上，這標誌著海峽兩岸關係發展邁出了重要的、歷史性的一步。」他認為會談成功說明：「第一，中國要統一、中華民族要振興，這是全體中國人民的共同願望；第二，只要坐下來談，什麼問題都好商量；第三，互相尊重、平等協商、實事求是、求同存異是會談得以成功的重要條件。」

李登輝在接見媒體人時說：「本人認為這次會談是成功的，而且由簽署檔案的方式，禮儀的安排，都顯示了我們和中共的對等地位已經是個不容否認的事實。」「行政院長」連戰認為「辜汪會

談」是一項令人滿意的成就。他說：「海峽兩岸儘管在意識形態上存在差距，惟兩岸都應確切瞭解雙方不可能、也不應該長期隔絕和長期對抗。這次會談已經建立兩岸制度化互動的管道，唯有在誠意與善意的交會之下，中國統一的進程才可能發展，也才會有意義。」

臺灣媒體對這次會談也給予了高度的評價。國際社會也給予肯定。英國《金融時報》認為兩岸會談是一個進程的開端。日本共同社認為「辜汪會談」是中韓建交後為了消除遠東的冷戰結構而採取的劃時代步驟。

香港《快報》認為「辜汪會談」的政治意義是象徵大於事實。香港《大公報》發表社論稱：「辜汪會談」中，雙方本著相互尊重、平等協商、實事求是、求同存異的原則，以及互忍互讓的精神，終於達成雙贏的結果。今後兩岸談判如能堅持這次會談的原則和方式，相信必有助於中國的早日統一。

「辜汪會談」之所以能夠成功，筆者認為：

第一，是海峽兩岸關係發展的現實需要與兩岸民眾的共同願望。兩岸交流中經貿交流占重要組成部分。1979年以前，由於兩岸軍事對峙與政治敵對，海峽兩岸經貿活動很少，僅有間接、微量的貿易聯繫（自50年代中期起，臺灣曾自第三地間接輸入臺灣不可替代或無法生產的大陸中藥材與其他物品。這種轉口貿易僅限於零星採購，60年代數額約為200萬美元。1970-1978年臺灣累計從香港購入貨物達9.44億港元。此外，自1970年起臺灣亦有貨物經香港輸往大陸，但數量有限，1978年僅達24萬港元。這種轉口貿易的規模微乎其微）。1979年祖國大陸開始主動邀請臺商參加廣交會，並於1980年主動派出大型採購團赴港採購臺灣產品，僅第一批合同金額

就達8000萬美元。大陸對臺灣商品開放進口並對進口臺灣產品給予關稅上的優惠，在煤炭、棉花等大宗商品出口上優先給臺商安排貨源。大陸在資金困難的情況下，為臺資企業提供金融支持。為方便臺商往來大陸，給臺商辦理1至5年多次入出境有效證件。以上措施積極促進了兩岸經貿關係的健康發展。

1980年代，兩岸轉口貿易獲得了長足發展，由1979年的0.46億美元增長到1989年的34.83億美元，到1992年達到65.79美元。在經濟全球化、區域經濟一體化傾向日益明顯、經濟競爭日趨激烈的情況下，以出口為導向的臺灣經濟面臨著越來越大的挑戰和壓力，加強與大陸的經濟聯合已勢在必行。同時，1987年11月2日，臺灣正式開放民眾赴大陸探親，經過幾年來的努力，兩岸交往已經步入常態。臺灣同胞到大陸探親、旅遊、經商的人數在1990年達到85萬，臺灣同胞探親開放以來赴大陸累計超過250萬人。兩岸學術交流、文藝體育、教育等各方面進一步擴大交流面和交流層次。

由於兩岸交往中的民事糾紛、漁事糾紛以及走私、私渡等問題越來越多並亟待解決。為解決大陸居民偷渡、臺灣軍警對偷渡人員採取不人道的強制遣返事宜，1990年9月11日，兩岸紅十字組織對此進行協商，雙方本著解決問題、迴避兩岸政治分歧的務實精神，就遣返原則、人員和遣返程序等方面作了明確的規定，並於9月12日簽署了《金門協定》。該協議的簽署不僅保證了兩岸遣返作業的順利進行和兩岸同胞的生命安全，也為其後兩岸授權民間機構商談打下了良好的基礎。為改變被動局面，使其大陸政策既有利於藉助大陸的市場和資源加速臺灣經濟發展，又可全面控制兩岸交流的步伐與規模，臺灣最終接受了大陸提出的舉行「辜汪會談」的建議。江澤民在談及「辜汪會談」時指出：「會談所以取得成功，主要是

因為反映了海峽兩岸同胞、港澳同胞、海外僑胞和廣大華人要求兩岸接觸商談、共同合作、發展經濟、振興中華的願望。」

　　第二，是中國共產黨和中國政府積極推動的結果。為爭取和平解決臺灣問題，歷屆中國共產黨和中國政府領導人都曾提出透過兩岸談判實現統一的方針。1950年代中期，周恩來代表中國政府表達了願意與臺灣進行政治談判的意願。1979年元旦，全國人大常委會發表的《告臺灣同胞書》鄭重表示：「首先應當透過中華人民共和國政府和臺灣之間的商談，結束這種軍事對峙狀態。」1981年9月30日，葉劍英對新華社記者發表的談話（「葉九條」）中建議舉行中國共產黨和中國國民黨兩黨對等談判，實行第三次國共合作。1983年6月26日，鄧小平在會見美國西東大學楊力宇教授時，提出實現統一的適當方式是舉行國共兩黨平等會談，實行第三次國共合作，不提中央與地方談判，雙方達成協議以後，可以正式宣布，但不允許外國勢力插手。1990年6月11日，江澤民在全國統戰工作會議上重申，只要雙方坐下來，真正本著「一國兩制」的原則商談祖國統一，而不是搞「兩個中國」、「一中一臺」、「一國兩府」，一切問題都可以提出來探討、商量。我們主張由中國共產黨和中國國民黨對等商談，這是從兩黨目前的地位、作用等實際情況出發的，也是為了避開臺灣方面感到不方便的問題。同時我們也一貫重視兩岸其他黨派、團體和各界人士在實現祖國統一大業中的作用。在中國政府的積極推動下，1986年5月，「華航事件」得以順利解決，此舉打破了兩岸雙方敵對30多年來的官方式沉默和國民黨當局的「三不政策」，實質上跨越了不對話的界限，開創了在特殊情況下可以按個案方式進行兩岸之間直接談判的先例。沒有大陸主動的一再要求和精心安排，「辜汪會談」是很難進行的。

第三，是李登輝試圖謀求「對等政治實體」的策略運用。否則無法理解為什麼李登輝在這一時期對兩岸談判與交流持較為積極主動的態度。經筆者研究，認為這主要有以下幾方面的具體原因：

首先就是臺灣面臨經濟轉型，傳統製造業必須向勞動力成本低的地區轉移，從而提高競爭力。而改革開放後的祖國大陸，具有豐富的資源和廉價的勞動力。臺灣製造業需要向大陸地區轉移，這使得臺灣社會當局不得不面對兩岸經貿交流問題。

其次，1990年代開始的世界經濟、政治、文化全球化的衝擊。由於世界主要的國家均沒有與臺灣建立外交關係，當時的臺灣工商企業界均強烈感覺到面對全球化時的危機，臺灣企業越來越依賴國際工商、技術、人員交流活動提供政治、經濟、人身的安全保護，拓展生存空間。因此臺灣不得不面對統一的問題。

再次，當時臺灣社會普遍有一種期待，期待以「聯邦」或「邦聯」的形式實現民主、和平的統一，這使得李登輝在「執政」之初不得不順應民意。

然而，隨著李登輝「執政」地位的不斷穩固，臺灣對政治談判的態度逐漸由「極力迴避」轉變為「設置種種限制拖延兩岸政治談判」，直至提出「兩國論」，使兩岸政治談判最終被迫擱淺。

1993年4月「辜汪會談」達成四項簽署檔案的共同協定，在國際社會上普遍被認為這是兩岸正式談判的事例。但是臺灣給予「辜汪會談」的定位，迴避了「兩岸談判」的性質。從陸委會編印的《我們對「辜汪會談」的看法》這本冊子中，可以看到臺灣的立場：依照「國家統一綱領」進程階段的目標來規劃「辜汪會談」的議題。在這個階段著重以民意交流促進瞭解，以互惠化解敵意，並希望建立兩岸交流秩序及制定交流規範，這是臺方授權海基會與大

陸海協會進行會談的最高原則；由兩會的約定來看：本年4月上旬在北京所舉行的「辜汪會談」預備性磋商中，海基會與海協會對會談的定位達成民間性、事務性、經濟性、功能性的共識。在預備性磋商過程中，由於雙方代表全力恪守不涉及政治性議題之約定，使該次磋商得以順利完成，也為正式會談打下良好的基礎；由正式會談的過程來看：臺方代表謹守陸委會授權的範圍，只談預備性磋商中達成的共識，不談政治性議題。大陸代表在會中雖提出政治性之「三通」問題，臺方代表堅守授權範圍及兩會先前達成之共識，未予應允；由會談達成的四項協議來看：「兩岸公證書使用查證協定」、「兩岸掛號函件查詢補償事宜協定」、「兩會聯繫與會談制度協定」、「辜汪會談共同協定」以及將兩岸交流中面臨的十餘項問題，列為兩會未來會務聯繫的優先事項來看，很明顯的，會談絕不是政治性的。

1994年7月「陸委會」所公布的「臺灣兩岸關係說明書」內，曾經提到，無論是目前民間的交流，或是未來兩岸間的協商，均應在尊重對方人民與政府法制的原則下進行。這段文字裡，即使已提及兩岸間的官方交流管道，但用詞還是取「協商」而捨「談判」的字眼。當然，說到底還是李登輝在貫徹「一個國家兩個對等政治實體」。從「辜汪會談」後臺灣的所作所為就可以看到李登輝的「臺獨」嘴臉日趨明顯。

總的說來，在「辜汪會談」的成因上，大陸對臺的一貫方針和長期積極推動起到了關鍵的作用；兩岸關係的迅速發展是推動「辜汪會談」的歷史潮流；這也與臺灣的現實政治需要暗合，所有因素共同作用推動了「辜汪會談」舉行的歷史進程。

「辜汪會談」後，僅1994年，兩岸「兩會」負責人就舉行了兩

次會談及「兩會」三次事務性商談，可謂是會談成果豐富。年初，海協會副會長唐樹備邀請海基會新任副董事長兼祕書長焦仁和到北京會談，「唐焦會談」以務實態度迴避政治問題，從而取得突破，形成了會談共同新聞稿。1994年8月4日，唐樹備應邀首次抵臺與焦仁和展開「兩會」負責人第二次「唐焦會談」，又取得突破性進展，8月8日發表了《海協會與海基會臺北會談共同新聞稿》。輿論認為，這次會談突破了去年「兩會」臺北事務性會談的僵局，為全面落實「辜汪會談」協議邁出了可喜的一步，對繼續推動兩岸關係發展具有重要意義，兩岸關係經歷浙江「千島湖案」和臺灣宜蘭蘇澳港710「海上旅館」慘案等曲折之後，再度步入緩和與交流的軌道。除一年內唐、焦兩度會談外，海協會與海基會還先後在北京、臺北、南京舉行了「兩會」第四次、第五次、第六次事務性商談，進一步克服歧見，取得一些積極成果，兩會的接觸頻率和所達成的共識，實為近年所罕見。「兩會」在處理海峽兩岸一些重大突發事件方面仍發揮了應有的作用。海協會在處理浙江「千島湖案」、臺灣「710」大陸漁工海難事件、遣返臺灣刑事案犯以及交涉「1114」廈門市郊遭臺灣金門駐軍炮擊等事件中，主動與臺灣海基會聯絡、溝通，函電交馳、人員往來，為促進兩岸的相互瞭解、增進互信作出了新的努力。

5.「辜汪會晤」

為加強「兩會」聯繫與合作，海協會副會長汪道涵於1994年2月和6月半年之間兩度函邀海基會董事長辜振甫進行「辜汪會晤」，以加強兩會高層溝通接觸，表達了願再度會晤的真誠期望，並主張這項會談「可以設特定議題深入討論，也可以不設議題，就

雙方關心的問題廣泛交換意見」，以期達到「增進瞭解，克服分歧，推進合作」、「推動兩岸經濟等各項交流與合作」、「緩和、穩定並不斷改善和發展兩岸關係」的目的。辜振甫回函表示有意推動「辜汪會談」，但認為「時機」尚未成熟。儘管如此，海協會從加強兩岸溝通、擴大兩岸同胞的共同利益出發，倡議和推動舉行「辜汪會晤」，其真誠願望和善意始終如一得到了海峽兩岸人民的好評。

儘管大陸方面一再表示出誠意，兩岸廣大同胞也對舉行「辜汪會晤」懷有熱切期待，但在長達一年多的時間裡，臺灣方面對海協會的倡議一直遲遲未予同意。究其原因，正如臺灣媒體和各界有識之士指出的，臺灣並不願意舉行「辜汪會談」以促進兩岸關係發展，於是玩弄所謂的「連環套」策略，即企圖以逼迫大陸方面在「兩岸海上漁事糾紛之處理」等三項事務性議題上作出重大讓步，作為舉行「辜汪會晤」的前提。臺灣根本原因是希望以積極的、推動交流的大陸政策的執行來換取大陸同意把臺灣作為一個「對等政治實體」對待，換句話說，就是希望同意臺灣提出的「一國兩府」。這正像李登輝對日本《產經新聞》記者談內外政策時表明的：「基於自己的主權，立於對等的立場。」「兩岸關係要進一步發展，中共當局一定要從現實的立場出發，尊重我為對等政治實體。」1993年5月30日，李登輝在「輔選幹部」座談會上發表講話。他說：「『辜汪會談』後，我們的國際關係做到一件事，就是國際社會都知道，雙方坐在一起，你我都存在，這不是國民黨與共產黨，而是『中華民國』與中共。」為此，臺灣總是以「時機不成熟」、「條件不具備」為由對舉行「辜汪會晤」加以推託。這一並不高明的「策略」，真實地反映了臺灣阻礙兩岸關係發展的用心，不僅為各界洞悉，而且一直遭到輿論的譴責。後來，在兩岸同胞的

強烈要求和推動下，臺灣方面雖然在表面上不得不放棄「連環套策略」，同意舉行「辜汪會晤」，但實際上卻並無誠意。從情理上說，舉行兩岸授權民間團體領導人會談，是兩岸關係中的一件大事，雙方理應就此相互配合，並各自認真做好準備，為順利舉行正式會談創造好的氣氛與條件，以期達到推進兩會聯繫與合作、促進兩岸關係發展的目的，這才是應有的合乎常理之舉，也是兩岸同胞共同期待的。

然而，就在大陸方面本著真摯誠意，積極著手為舉行這次會談進行各項準備的時候，臺灣方面卻異乎尋常地有意採取了一系列嚴重惡化兩岸關係、毒化會談氣氛的行動。一方面，李登輝刻意挑起兩岸政治衝突，以赴美進行所謂「私人訪問」的形式，與美國反華勢力相互勾結，公然從事製造「兩個中國」、「一中一臺」的活動，並在競選「總統」的講話中惡毒攻擊、謾罵大陸，提到「臺灣的民主化、務實外交愈做愈好，中共『眼睛紅，看不慣』，就用軍事演習讓李登輝不當選最好」。另一方面，臺灣在5月底至6月初不到10天的時間裡，連續舉行了4次針對大陸的大規模軍事演習。上述作為，顯然並非偶然的巧合，而是經過精心策劃安排的結果，其目的旨在蓄意製造兩岸關係緊張氣氛，破壞「辜汪會晤」的順利進行。正如國務院台辦發言人所指出，這次會談不能按原計劃舉行，完全是由臺灣方面一手造成的，說到底，臺灣原本就沒有舉行這項會談的誠意。

1998年10月，在各方的努力推動下，「辜汪會晤」在因李登輝訪問美國而中斷後再次舉行，而且是在上海舉行。在會談中，海協會會長汪道涵把一個中國原則的內涵概括為86個字：「世界上只有一個中國，臺灣是中國的一部分，目前尚未統一，雙方應共同努

力，在『一個中國』的原則下，平等協商，共議統一。一個國家的主權和領土是不可分割的，臺灣的政治地位應該在一個中國的前提下進行討論。」其中關鍵字是「一個中國，尚未統一，平等協商，共議統一」。在日趨緊張的兩岸關係中，「八十六字方針」有極大的包容性和針對性，獲得了島內外多數民眾的支持，它既堅持了一個中國原則，又承認了現實，實事求是，並且提出了平等協商，共同締造一個統一的中國的美好前景。

「辜汪會晤」標幟著兩岸關係發展取得了新的進展。兩次「辜汪會談」事實上結束了兩岸對峙的局面，在某種意義上使兩岸關係進入了談判時代，這是必須承認的事實。此後，兩岸關係的矛盾從「是否要談」到「怎樣談」、「談什麼」，本身就是一種實質性進展的表現。海協會與海基會已就交流和交往過程中產生的事務性問題，進行了多次民間性質的有一定成果的商談，這對於增進雙方的共識、消除猜忌、化解歧見、求同存異、建立互信起到了積極作用，有助於亞太局勢的穩定。

但是在當時的政治僵局下，這種民間性、事務性談判，不能從根本上解決制約兩岸關係發展的問題，尤其是不能從根本上消除兩岸的敵對狀態。因此，要想根本解決問題，就必須提升談判的層次，乃至舉行兩岸雙方最高層次政治性談判才可能最終解決兩岸問題。第一步，雙方先就在一個中國的前提下，正式結束兩岸敵對狀態進行政治性商談，並達成協議。在此基礎上，共同承擔義務，維護中國的主權和領土完整，並對今後兩岸關係的發展進行規劃。這樣做，既抓住了維護兩岸和平穩定發展的大前提，對保障兩岸關係發展、掃除兩岸人民交往的社會和心理障礙有重大積極作用，同時又有利於打擊一些外國勢力利用兩岸敵對狀態而售其分裂中國之奸

的圖謀。第二步是再來商談如何逐步實現的問題。

　　1993年8月，中華人民共和國國務院臺灣事務辦公室、國務院新聞辦公室發表的《臺灣問題與中國的統一》中第四條提出兩岸進行和平談判：「透過接觸談判，以和平的方式實現國家統一，是全體中國人的共同心願。兩岸都是中國人，如果因為中國的主權和領土完整被分裂，兵戎相見，骨肉相殘，對兩岸的同胞都是極其不幸的。和平統一，有利於全民族的大團結，有利於臺灣的社會穩定和發展，有利於全中國的振興和富強。為結束敵對狀態，實現和平統一，兩岸應儘早接觸談判。在一個中國的前提下，什麼問題都可以談，包括談判的方式，參加的黨派、團體和各界代表人士，以及臺灣方面關心的其他一切問題。只要兩岸坐下來談，總能找到雙方都可以接受的辦法。」

二、以「八項政治主張」推進和平統一

1.1990年代西方勢力加緊分裂中國與「臺獨」猖獗

　　進入1990年代，世界格局發生重大變化。東歐劇變，蘇聯解體，東西方冷戰格局結束，美國成為唯一的世界超級大國。西方國家特別是美國加緊對中國的西化、分化，加強利用臺灣問題對中國進行牽制與遏制的力度。上述情形極大地刺激了臺灣島內的分裂意識和「臺獨」思潮。李登輝利用這一外部條件，逐步背棄一個中國原則，推行分裂政策，在國際上製造「兩個中國」，對祖國大陸爭

取用「和平統一、一國兩制」基本方針解決臺灣問題造成了嚴重的衝擊。

　　面對世界格局和兩岸關係的重大變化，以江澤民為首的黨的第三代領導集體與時俱進，為促進兩岸關係發展進行了新的戰略思考和理論概括。首先，把握當今時代的主題，這是解決臺灣問題的先決條件，對此，黨的第三代領導集體作出了科學回答。江澤民反覆告誡全黨：現在國際局勢總體上趨於緩和。儘管和平與發展這兩大問題至今一個也沒有解決，儘管霸權主義和強權政治有新的發展，儘管天下仍很不太平，但要清醒地看到，追求和平與發展，是世界各國人民的共同願望，是我們這個時代不可阻擋的歷史潮流，仍然是當今世界的兩大主題。「進入新世紀，和平與發展仍然是時代的主題。世界要和平，人民要合作，國家要發展，社會要進步，是時代的潮流。」中國作為最大的發展中國家，經過改革開放，在國際事務中已成為一支不可忽視的政治和經濟力量，是維護世界和平的堅定力量。其次，世界在變化，我國改革開放和現代化建設在前進，人民群眾的偉大實踐在發展，迫切要求我們黨以馬克思主義的理論勇氣，總結實踐的新經驗，借鑑當代人類文明的有益成果，在理論上不斷拓展新視野，進行新概括。只有這樣，才能不斷前進。江澤民準確把握解決臺灣問題的國內國際形勢，包括海峽兩岸關係狀況，並及時調整我對臺工作方針，在理論上積極創新，進一步闡述了鄧小平關於「和平統一、一國兩制」思想的精髓，並根據世界格局的變化，與時俱進，就發展兩岸關係、推進祖國和平統一進程提出了「八項政治主張」。

2.「八項政治主張」的發表

1995年1月30日，中共中央總書記、國家主席江澤民同志在中共中央臺灣工作辦公室、國務院臺灣事務辦公室、臺灣民主自治同盟等單位舉辦的迎新茶話會上，從中華民族21世紀全面復興的戰略高度出發，代表中國共產黨和中國政府發表了題為《為促進祖國統一大業的完成而繼續奮鬥》的重要講話。該講話精闢地闡述了鄧小平「和平統一，一國兩制」思想的深刻內涵，提出了發展兩岸關係、推進祖國和平統一的八項主張，體現了中國共產黨和中國政府解決臺灣問題的方針政策的一貫性、連續性，是在新的形勢下中國共產黨和中國政府為了解決臺灣問題、實現國家和平統一所作的重大政策宣示，也是針對兩岸關係發展變化的情況而採取的新的重大步驟，是「和平統一、一國兩制」思想的重大發展。八項主張的基本內容是：

　　（1）堅持一個中國原則，是實現和平統一的基礎和前提，中國的主權和領土絕不容許分割。

　　（2）對於臺灣同外國發展民間性經濟、文化關係，我們不持異議；

　　（3）進行海峽兩岸和平統一談判，是我們的一貫主張；

　　（4）努力實現和平統一，中國人不打中國人；

　　（5）面向21世紀世界經濟的發展，要大力發展兩岸經濟交流與合作，以利於兩岸經濟共同繁榮，造福整個中華民族；

　　（6）中華各族兒女共同創造的五千年燦爛文化，始終是維繫全體中國人的精神紐帶，也是實現和平統一的一個重要基礎；

　　（7）充分尊重臺灣同胞的生活方式和當家作主的願望，保護臺灣同胞的一切正當權益；

（8）我們歡迎臺灣的領導人以適當身分前來訪問，我們也願意接受臺灣方面的邀請，前往臺灣。

江澤民在八項政治主張中提出了一系列具有建設性的建議，是「一國兩制」構想的重大發展。主要表現在：

第一，關於兩岸各黨派參加談判的問題。講話提出，「在和平統一談判的過程中可以吸收兩岸各黨派、團體有代表性的人士參加」。這裡，未再提出「國共談判」和「第三次國共合作」。兩岸未來的和平談判已不為「國共談判」、「國共合作」、「兩黨對等」所局限，談判的參加者都可以協商，此一論點是中國共產黨根據臺灣地區內部「憲政改革」後政治生態和社會關係變化作出的政策調整，是實事求是地符合臺灣實際的主張，極具新意和創新精神。

第二，關於如何對待臺灣與外國的關係。江澤民明確提出，「對於臺灣同外國發展民間性經濟、文化關係，我們不持異議」，但堅決反對臺灣「以搞『兩個中國』、『一中一臺』為目的的所謂『擴大國際生存空間』的活動」。兩岸談判的目的只能是為了中國的統一，如果離開一個中國的原則，任何努力都毫無意義。因此，中央政府在一個中國的原則立場上是不可移易的。實現和平統一後，臺灣同胞能夠與全國人民一道真正地享受偉大祖國在國際上的地位、尊嚴與榮譽。

第三，關於和平統一談判的內容和步驟。江澤民提出：「進行海峽兩岸和平統一，是我們的一貫主張。在和平統一談判進程中，可以吸收兩岸各黨派、團體和有代表性的人士參加。我在1992年10月中國共產黨第十四次全國代表大會的報告中說：『在一個中國的前提下，什麼問題都可以談，包括就兩岸正式談判的方式同臺灣方

面進行討論，找到雙方都認為合適的辦法』。我們所說的『在一個中國的前提下，什麼問題都可以談』，當然也包括臺灣關心的各種問題。我們曾經多次建議雙方就『正式結束兩岸敵對狀態、逐步實現和平統一』進行談判。在此，我再次鄭重建議舉行這項談判，並且提議，作為第一步，雙方可先就『在一個中國的原則下，正式結束兩岸敵對狀態』進行談判並達成協議。在此基礎上，共同承擔義務，維護中國的主權和領土完整，並對今後兩岸關係的發展進行規劃。至於政治談判的名義、地點、方式等問題，只要進行平等協商，總可以找出雙方都可以接受的解決辦法。」在談判內容、形式和地點等方面都留有平等協商餘地，既堅持原則，又具有靈活性，可操作性極強，充分體現了中國共產黨和中國政府發展兩岸關係、推進國家統一的決心和誠意，贏得了海內外華人的理解和贊同。

第四，關於兩岸經濟交流與合作。從「利於兩岸經濟共同繁榮、造福整個中華民族」的大局出發，江澤民第一次明確提出：「我們主張不以政治分歧去影響、干擾兩岸經濟合作。」「無論在什麼情況下我們都將切實維護臺商的一切正當權益。」

第五，講話明確地表達了不能無期限拖延統一的思想。早日完成統一，是中國各族人民共同的心願。無期限地拖延統一，是所有愛國同胞不願意看到的。這是向臺灣指明兩岸的前途只有統一，同時也向國際社會表明中國政府捍衛祖國主權和領土的立場、決心和能力。

第六，講話中江澤民首次使用了「我們歡迎臺灣的領導人以適當的身分前來大陸訪問；我們也願意接受臺灣方面的邀請，前往臺灣」的提法。

講話的發表，在海峽兩岸、港澳地區和海外華僑、華人中產生

了廣泛的影響，得到各界人士的普遍好評和讚譽，並引起國際社會的高度關注。臺灣問題成為整個中國現代化發展過程中一個重要組成部分，它既是一個障礙，又是一個挑戰，同時也是一個動力和助力。只有從整個中國實現現代化的背景著眼，才能有智慧和能力解決這個歷史遺留問題；只有完成整個中國的現代化整合，臺灣問題才會得到最好的歸宿。堅持一個中國原則，反對分裂，反對「臺獨」，反對製造「兩個中國」、「一中一臺」，世界上只有一個中國，中華人民共和國是唯一合法代表。根據「一國兩制」方針，不斷完善對臺工作的主張、方法，增強了「一國兩制」政策的針對性。實踐基礎上的理論創新是社會發展和變革的先導，也是解決臺灣問題的先導。黨中央高度的靈活性與政策的務實性，從而吸引更多的人關注、關心和獻身於祖國的統一大業，使得臺灣問題的解決增加了更多的可能性，亦使「一國兩制」構想具有了較強的針對性和可操作性。我們要堅持和貫徹「和平統一、一國兩制」的基本方針和發展兩岸關係推進祖國和平統一進程的八項主張。它對兩岸關係發展與和平統一所具有的指導作用和產生的深遠影響，已為近年來的實踐所證明，並將隨著時間的推移而進一步體現出來。創新是一個民族進步的靈魂，是一個國家興旺發達的不竭動力。以江澤民為核心的第三代中央領導集體在堅定地堅持一個中國原則的基礎上，堅持原則性和靈活性的統一，發展了第一代和第二代領導人的有關思想，努力把鄧小平的有關思想政策化、具體化，不斷創新，可操作性越來越強，使兩岸交往邁上了一個新的臺階。

三、反對美、臺勾結，促進兩岸和平

1.1990年代美國的分裂中國政策

臺灣問題的產生，是內戰遺留問題。但是，半個世紀以來，臺灣問題一直久拖未決，除歷史的因素外，有世界格局的因素，有國家實力的因素，但最大的也是最根本的障礙卻來自於美國的軍事干預，尤其是美國與臺灣結成的官方或準官方的軍事關係。正如鄧小平所說，「臺灣問題說到底是美國問題」。「美國有一種議論說，對中國統一問題，就是臺灣問題，美國採取不介入的態度。這個話不真實。因為美國歷來是介入的，在50年代，麥克阿瑟、杜勒斯就把臺灣看作是美國在亞洲和太平洋的『永不沉沒的航空母艦』。」自從國民黨內戰失敗退臺後，在歷史的不同階段，美、臺之間多次勾結，進而分裂中國，阻撓中國統一大業。

抗日戰爭結束後，蔣介石集團依仗美國的支持，發動全面內戰，失敗後退據臺灣。1950年6月，美國派第七艦隊侵入臺灣海峽，第13航空隊進駐臺灣；1954年12月，美、蔣又簽訂了所謂《共同防禦條約》，將臺灣置於美國的保護之下，造成了臺灣海峽地區長期緊張對峙局面。1979年中美建交，中美關係正常化以後，美國竟然制定和通過了《臺灣關係法》，繼續阻撓臺灣與中國大陸的統一。美國政府雖然一再聲稱堅持「一個中國」的政策立場，但實際上仍把臺灣視為一個「獨立的政治實體」，支持「兩個中國」或「一中一臺」，臺灣一直是美國遏制中國的一顆重要棋子。正是由於美國的干預，才使大陸與臺灣兩岸之間長期對峙，不能統一。

1990年代以後，蘇聯解體，冷戰結束，世界格局發生巨大變化，美國成為唯一超級大國。美國認為中國的戰略地位下降，為實現「超越遏制」和建立以美國為主導的「世界新秩序」的構想，企圖對中國實施「和平演變」，用臺灣遏制中國的發展。這時美、臺關係隨之升溫，美國國會中的反華勢力掀起遏制中國的逆流。美

《波士頓環球報》1991年11月24日發文指出：新的臺灣存在著而且應該以某個名稱回歸世界政治的席位上，柯林頓政府在第一任期內熱衷在世界各地「擴展民主」，美國國內，特別是在國會內，遏制中國派得逞於一時。

同時，在中國共產黨的「一國兩制、和平統一」方針的推動下，兩岸的民間往來和經濟文化交流得到很大發展。1987年以來迄今，臺胞赴大陸探親、訪問、經商已達700萬人次，近幾年每年達150萬人次。1995年兩岸間接貿易達163億美元，臺商在大陸投資的企業達2萬多家，協定金額已超過200億美元，由海協會與海基會出面的兩岸事務性協商管道已經建立和運作，大陸和臺灣之間的關係進一步密切。這和美國不希望中國統一的「以臺制華」政策思路相背。在這種情況下美國雖仍高調唱和兩岸關係（「我們的目標之一是創造一種環境，使臺灣和大陸能夠越過臺灣海峽進行建設性地，和平地互相交流」），但同時強調「美國和正在迅速發生政治與經濟變革的臺灣保持著牢固的、實質性的非官方關係」。在兩岸關係迅速發展的1993年3月，美國在臺協會理事主席白樂崎也迫不及待地跳出來，專程從美國趕到臺灣，頻頻會見臺灣的一些政界人士，分別評論國民黨和民進黨的大陸政策，說國民黨是「樂觀冒進」，「民進黨是盲目不著邊際」，這是明顯地干涉中國統一進程和中國內政。從1992年售臺先進戰鬥機到1994年9月完成「臺灣政策審議」，美國開始提升其和臺灣的關係，帶有明顯的以支持臺灣「民主」來遏制、和平演變中國大陸的意圖。1995年5月23日，美國政府批准李登輝訪美，這是美國公然干涉中國內政的嚴重事件，使中美關係陷入了自1979年中美建交以來最困難的時期。此一事件是冷戰結束後美國對華政策圍繞臺灣問題作出的最重大調整。

1999年3月以來，美國國會企圖制定有法律效力的《加強臺灣安全法》，繼續給「臺獨」撐腰打氣，干涉中國內政。1999年3月24日，赫爾姆斯、莫爾科斯基、托裡切利等參議員提出《加強臺灣安全法》議案，內容主要有「授權美國行政部門向臺灣出售內容廣泛的防禦性武器，包括TMD、潛水艇和中程導彈」、「增加臺灣參加美國防大學進修人數，並加強雙方軍事交流與聯合訓練，建立雙方軍方間的直接聯繫」等。5月18日，美國眾議院版的《加強臺灣安全法案》出爐，內容與參議院版法案大同小異，目的也是為美、臺軍隊聯繫與合作提供法律依據，形成事實上的「軍事聯防」。眾議院於2000年2月1日以341:70通過該法案，這勢必極大地助長島內的「臺獨」氣焰，給中國的統一大業帶來嚴重的負面影響。

　　西方勢力尤其是美國的支持與保護，是臺灣分裂勢力得以存在與發展的根本原因，也是中國共產黨和平解決臺灣問題的障礙。正因為美國的介入，加大了兩岸和平發展的變數。所以中國政府如果要和平解決臺灣問題，最終完成國家統一，必須同美、臺勾結分裂中國的活動進行堅決的鬥爭。

2. 反對美、臺勾結的鬥爭

　　面對美、臺勾結進行分裂的活動，中國共產黨與中國政府進行了堅決的鬥爭，同時注意鬥爭的策略性。

　　第一，中國政府領導人積極向美方做好解釋工作，表明中國政府的正義立場；向臺灣民眾解釋和平統一與不承諾放棄武力的關係，打消他們的疑慮。在回答美國記者邁克・華萊士問臺灣有什麼

必要同大陸統一時，鄧小平指出：「這首先是個民族問題，民族的感情問題。凡是中華民族子孫，都希望中國能統一，分裂狀況是違背民族意志的。」同時在國家統一方式問題上，中國共產黨和中國政府在堅持兩岸和平談判的同時，始終不承諾對臺灣問題的解決放棄使用武力，因為這是中國政府和平解決臺灣問題的戰略原則。對海峽兩岸和平統一與不承諾放棄武力的關係，早在1979年2月鄧小平就作過精闢分析。他指出：「我們力求用和平方式來實現臺灣回歸祖國和完成我國統一，……問題是如果我們承諾我們根本不使用武力，那就等於將我們的雙手捆縛起來，結果只會促使臺灣根本不與我們談判和平統一。這反而只能導致最終用武力解決問題。」鄧小平曾經說過：「我們解決臺灣問題，堅持用和平方式，……但我們從來沒有承諾不用武力的方式解決，道理很簡單，要承諾，和平統一就不可能。」「在臺灣問題上，如果一旦發生某種事情迫使我們的關係（中美關係）倒退的話，我們也只能正視現實。」從這一思想出發，江澤民多次就和平統一與不承諾放棄武力的關係進行了闡述：一方面強調和平統一是中國政府的既定方針，另一方面又鄭重指出，每一個主權國家都有權採取自己認為必要的一切手段，包括軍事手段，來維護本國主權和領土完整。當然，不承諾放棄武力這絕不是針對臺灣同胞，而是針對外國勢力干涉中國統一和搞臺灣獨立的圖謀的。我們提倡和平統一，很顯然就是儘量避免使用武力，而不承諾放棄武力，也正是為了使和平統一成為可能，從而最終避免使用武力。「我們絕不希望有（動武）這一天。」

　　1995年1月，江澤民在推進祖國和平統一的八項主張談話中，簡潔明快地提出「中國人不打中國人」的口號，有力地駁斥了臺灣某些人攻擊大陸對臺灣至今不肯放棄「武力犯臺」，實行「霸權主義」的惡意宣傳。1995年10月11日，國家主席江澤民在北京釣魚臺

會見美國新聞週刊高級代表團和《美國新聞與世界報導》週刊總編輯莫蒂默、朱克曼一行時說:「美國方面4月17日還對我們說,李登輝如果訪問美國,即便是私人訪問,也是違反美國政府『一個中國』政策的,但事隔不久,白宮突然宣布,李登輝赴美進行私人訪問也符合美國政府的政策,這一點是中國人最不能理解的。」1995年10月,江澤民出席聯合國成立50周年慶祝活動期間,與柯林頓總統正式會晤。江澤民強調:「影響中美關係最重要、最敏感的問題是臺灣問題,構成中美關係基礎的三個聯合公報的核心問題也是臺灣問題。我們不希望再發生兩國關係穩定發展受到干擾的事件。」

第二,利用輿論力量反對美、臺勾結分裂中國的活動。為系統闡述中國政府的立場,解答關於國家統一的一些疑問,反對美、臺勾結分裂中國的活動,1993年8月,國務院台辦和新聞辦發布的《臺灣問題與中國的統一》白皮書指出:「和平統一是中國政府既定的方針。然而,每一個主權國家都有權採取自己認為必要的一切手段,包括軍事手段,來維護本國主權和領土完整。中國政府在採取何種方式處理本國內部事務問題上,並無義務對任何外國或圖謀分裂中國的人做出承諾。」針對美國允許李登輝訪美,對兩岸關係和中美關係的影響,中共中央決定進行堅決的鬥爭。

1995年9月3日,江澤民在首都各界紀念抗日戰爭暨世界反法西斯戰爭勝利50周年大會上發表講話中指出:「中國共產黨和中國政府決心用一切手段維護祖國的主權和領土完整。任何外來的或內部的分裂中國的圖謀,都註定要失敗。」1996年1月30日,首都各界舉行紀念江澤民《為促進祖國統一大業的完成而繼續奮鬥》的講話發表一周年座談會,李鵬發表題為《完成祖國統一大業是全體中國人民的共同願望》的講話,指出:「只要臺灣分裂祖國的活動一天

不停止，我們反對分裂、反對『臺獨』的鬥爭就一天也不會停止。」在反對美國允許李登輝訪美和對美交涉方面，1995年5月23日，中國外交部發表聲明，向美國政府提出強烈抗議，提出「對於已經站起來的中國人民來說，沒有什麼比國家主權和祖國統一更為重要，中國政府和中國人民準備面對任何挑戰！」這些干涉中國內政的嚴重舉動，使中美關係降至兩國關係正常化以來的最低點——中國政府中止或暫停了一系列重要的團組訪美，並召中國駐美大使回國述職；中國政府決定推遲國防部長遲浩田訪美；終止國務委員李貴鮮和空軍司令員於振武訪美。由於中國外交部召回駐美大使，美國駐華大使同時離任。在此後的中美外長、副外長會談中，中國領導人在會見美國客人時，都反覆強調臺灣問題是中美關係中最重要、最敏感的核心問題，鄭重要求美國遵守中美三個聯合公報關於臺灣問題的各項原則，執行一個中國政策。在《一個中國的原則與臺灣問題》白皮書中，中國政府鄭重宣布了使用武力的三種情況，即提出的「三個如果」：（1）「如果出現臺灣被以任何名義從中國分割出去的重大事變」；（2）「如果出現外國侵占臺灣」；（3）「如果臺灣無限期地拒絕透過談判和平解決兩岸統一問題」。

　　實際上，在兩岸政治穩定、和平發展仍大有希望的情況下，大陸不會貿然發動軍事進攻，而會盡一切可能爭取兩岸關係和平發展。而一旦兩岸政治關係毫無迴旋餘地，臺灣宣布「獨立」，臺灣拒絕和平談判達成統一，中國政府將不得不使用武力，這是我們的底線。在國務院臺灣事務辦公室、新聞辦公室發表《一個中國的原則與臺灣問題》白皮書的第二天，《解放軍報》邀請部分軍內外專家學者舉行座談。與會者普遍認為，「三個如果」明確宣示了我們在臺灣問題上被迫採取斷然措施、包括使用武力的前提，實際上可

以說就是我們的「底牌」。在事關祖國統一的原則問題上，我們是絕不會妥協和讓步的。

　　第三，人民解放軍積極做好軍事鬥爭準備。新中國成立半個多世紀以來，中國人民解放軍始終為遏制「臺獨」、挫敗分裂進行了不懈的鬥爭。鑑於目前的臺灣局勢，為了遏制「臺獨」，就要扎扎實實做好軍事鬥爭準備，這是人民解放軍對國家政治、外交鬥爭和統一最有力的支持。為反對「臺獨」分裂活動，震懾「臺獨」分裂勢力，進一步打擊美、臺勾結及其分裂活動，針對在美國和國際上敵視中國勢力支持下島內「臺獨」和其他分裂勢力的囂張活動，為向臺灣和國際社會表明保衛國家主權和領土完整的堅強決心，中國大陸在1995-1996年間進行了一系列軍事演習。

　　1995年7月21日至26日，人民解放軍向距離臺灣東北方向彭佳嶼以北65海浬，進行地對地導彈發射訓練，共發射了6枚地對地導彈，全部準確命中目標。這表明中國人民解放軍的武器裝備、軍事素質和防衛能力有了新的提高，人民解放軍還進行了一系列導彈發射實驗。8月2日，中國在境內成功試射了「東風-31型」新型遠端地對地導彈。8月15日和25日，人民解放軍再進行導彈、火炮實彈射擊演習。在所謂的「臺灣人民制憲會議」之後，中國人民解放軍海軍的核潛艇第一次進入臺灣的外海，也是第一次完成了大陸對臺灣的海上軍事包圍。在我核潛艇進入臺灣外海的那一天，整個臺灣進入了一級戰備狀態，連臺灣的空軍飛行員都在駕駛艙裡過夜。9月初，人民解放軍北京軍區、濟南軍區、瀋陽軍區的特種兵和兩棲偵察隊首次在山東省中部山區演習；同時中國人民解放軍南京、廣州戰區陸海空三軍、第二炮兵和民兵預備隊在浙江、廣東南部沿海舉行了大規模的諸兵種聯合登陸演習，展示了中國人民解放軍維護

祖國統一的強大實力。11月下旬，人民解放軍南京戰區陸海空部隊在閩南沿海的東山島成功舉行了一次大規模的三軍聯合作戰演習，國外的一些分析家和媒體不但揣測東山島的模擬意義，而且十分敏感地注意到參加演習的部隊已經改稱為「南京戰區」。中央軍委副主席遲浩田在八屆全國人大四次會議解放軍代表團分組會議上強調說，捍衛國家領土完整，維護祖國統一，是我軍的神聖職責，人民解放軍隨時準備完成黨和人民賦予的神聖使命。

對於中國政府的上述舉動，一些美國國會議員認為這是對臺灣的軍事威脅。1996年2月8日，78名國會議員致函柯林頓總統，敦促他「以最強硬的措詞表達對北京最近對臺灣的威脅的關注，並表達美國對臺灣安全與和平邁向民主化的關切」。聯名信還要求柯林頓盡快批准美國向臺灣提供「愛國者」導彈防禦系統。3月5日，眾議院共和黨政策委員會發表了「關於臺灣防務的政策聲明」，表示「堅決支持一項明確的和毫不含糊的對臺灣友好和對保衛臺灣做出承諾的政策，為的是阻止中華人民共和國『入侵』、襲擊或者封鎖臺灣」。

1996年3月8日至15日，解放軍向距離臺灣島基隆港東面方向20至40海浬和距離臺灣島高雄港西南方向30至150海浬的海域，進行地對地導彈發射訓練，共發射4枚導彈，全部命中目標。3月12至20日，人民解放軍在福建廈門以南至廣東汕頭一線，進行了海空實彈演習。3月18日至25日，人民解放軍在臺灣海峽北部西側，進行大規模的陸海空聯合演習。3月份的軍事演習顯示出強大的海空聯合打擊威力和三軍協同作戰能力。

3月11日美國「獨立」號航空母艦為首的混合艦隊駛向「臺灣附近的國際水域」，以「防止使用武力以及預防任何錯誤的判

斷」。同日，又宣布駐守在海灣的「尼米茲號」航空母艦混合編隊加入「獨立號」航空母艦編隊行列。這是1975年越南戰爭結束之後，美軍在西太平洋地區最大規模的軍事集結。其後，眾議院國際關係委員會開始了所謂「臺灣安全問題」的聽證會。3月19日，眾議院以369:14票通過第148號共同決議案，稱此案是根據臺灣因3月23日舉行「總統直選」遭受「威脅」而擬訂的，並批評柯林頓政府對中國的反應「含糊不清」，應該「採取更明確的行動協防臺灣」，「使之免受中華人民共和國的『入侵』、導彈襲擊或者封鎖」。2天后，即3月21日，參議院同樣壓倒性（97:0票）地通過一項不具約束力的決議，要求美國行政部門「鑑於不斷加劇的軍事威脅」，重新研究「使臺灣保持充分自衛能力可能需要的美國防禦物資和服務」。同一天美國國防部公布售臺武器清單，對中國進行恫嚇。人民解放軍堅定不移繼續演習，大長了中國人民的志氣，體現了中國政府和軍隊維護國家主權和領土完整的決心，也激發了廣大港澳同胞和海外僑胞的愛國熱忱，對臺灣局勢和兩岸關係，對中美關係都產生了重大的、深遠的和長期的影響。在中國政府的嚴正抗議之下，美國最後撤出這次航空母艦編隊。

這場反對美、臺勾結的鬥爭對臺灣島內社會生態產生了重要影響。

第一，使臺灣人們進一步認識到「臺獨」的危害，明白「臺獨」這條路是走不通的，並且深刻地感受到臺灣在國際上製造「兩個中國」的活動引起兩岸關係緊張，傷害了臺灣的社會安定和經濟發展。在軍事演習期間，臺灣人心不穩，股市動盪，匯市劇烈波動，房地產業低迷，移居和準備移居海外的人數增加，資金大量外流，外匯存底下降。相當一部分民間工商業者對本島投資持觀望態

度，外商投資信心減弱。普遍認為處理好與大陸的關係是臺灣面臨的重要問題，要求發展兩岸關係的願望更為迫切。這些認識上的變化與形成的社會輿論，對臺灣政治生活產生了重要影響。

第二，這場鬥爭迫使臺灣在分裂的道路上有所收斂。1996年5月20日，李登輝發表所謂第九任「總統」就職演說（520演講），在反分裂反「臺獨」鬥爭的壓力下，說臺灣「根本沒有必要，也不可能採行所謂『臺獨路線』」，多次提到「追求國家統一」；並且沒有重複1995年「48講話」中提到的「當中共正式宣布放棄對臺澎金馬使用武力後，在最適當的時機，就雙方如何舉行結束敵對狀態的談判，進行預備性協商」的無理要求，而是表示「海峽兩岸都應該正視處理結束兩岸敵對狀態這項重大問題」，「以此為追求統一」，「做出關鍵性貢獻」。

李登輝的講話仍在堅持製造「兩個中國」的分裂政策，但為了緩解壓力、爭取臺灣民心和國際輿論，不得不在某些重大問題上做出了策略調整，或在具體表述上有了新變化，但避實就虛，虛多實少，含糊其詞為日後自食其言留有餘地。

第三，這場鬥爭也給了「臺獨」勢力當頭一棒。民進黨候選人彭明敏在1996年3月的所謂「總統」選舉中慘敗，得票率降到民進黨參加1990年以來歷次選舉的最低點。這迫使民進黨表示，即使「執政」，也不會也沒有必要立即宣布「臺灣獨立」。此點直接導致了民進黨內部分裂。認識到「臺獨」主張對選舉的影響。溫和派主張務實，淡化「臺獨」色彩，以「執政」為優先目標；極端「臺獨」分子不滿意民進黨中央的政策變化，脫黨而成立了「臺獨」色彩更濃烈的建國黨。

同時，在中國政府的堅決鬥爭下，美國感到必須更加慎重地處

理臺灣問題,恪守「一個中國」政策,維持兩岸「不統、不獨、不戰、不和」至關重要。1996年3月在臺灣海峽進行的導彈發射演習,對美國朝野來說起到了一定振聾發聵的作用。美國人被迫對事件做出極具危險的反應中認識到,臺灣問題涉及戰爭與和平,美國處置不當,有可能使中美關係全面倒退,爆發軍事衝突,將使自己冒被拖入戰爭的巨大風險。美國在中國問題上欲打「臺灣牌」,讓李登輝到康乃爾大學發表「『中華民國』在臺灣」的「兩個中國」演說,結果被臺灣玩了「美國牌」,險些被拖入戰爭。3月14日,時任美國助理國務卿的洛德在美國眾議院國際關係委員會亞太小組的證詞中謹慎地表示:「美國無力單方面實行確保臺灣海峽和平穩定的解決辦法,這是相當重要的。」中國的軍事演習換來了美國反對「臺獨」和不支持臺灣「參與聯合國」的承諾,也和美國劃定了亞太格局過渡時期中美兩大國對處理臺灣問題新的規則:中國堅持反「臺獨」的和平統一方針;美國必須明確承諾不支持「臺獨」。而臺灣在此次「拖美國下水」的謀略中,失去了一些籌碼:如政治談判的先決條件;亞太營運中心及通航特區方面與大陸「三通」政策的銜接等等。美國政府多次重申對中美三個聯合公報各項原則的承諾,重申執行一個中國政策,只與臺灣保持非官方關係,不支持「臺灣獨立」,不支持「兩個中國」、「一中一臺」,不支援臺灣加入聯合國,並且鄭重表示已經認識到臺灣領導人訪美這類事件的敏感性和嚴重性,今後對臺灣領導人訪美將嚴格限制在私人、個別、極少和個案處理的範圍內。美助理國務卿就李登輝訪美答記者問時說:「這是一次嚴格的私人訪問。」

這場鬥爭也震動了世界。絕大多數國家普遍表示要在一個中國的框架內對待臺灣問題。在各次軍事演習期間,世界上大多數國家都公開表示臺灣問題是中國的內政,其他國家不應干涉。時任聯合

國祕書長的加利多次重申臺灣問題純屬中國內政，這對美國調整對華政策也起了一定積極作用。1998年6月21日和22日，在柯林頓總統訪華的前夕，《華盛頓郵報》連續長篇報導了臺海危機的所謂內幕新聞。文中提到：「1996年3月的幾件大事是轉捩點——從升高的衝突到雙方政府目前所希望建立的『戰略夥伴關係』。」

美國主動提出和中國建立「戰略夥伴關係」，標幟著由於中國政府的努力，美國就臺灣問題做了新的政策調整。這是美國1990年代以來對華關係的第二次調整，引發點是臺灣挑戰一個中國的原則所造成的臺海危機。宏觀政策背景則是美國的亞太總體戰略經過探索和調整之後基本確立、構建與「對21世紀亞洲影響最大」的中國的戰略夥伴關係是這一戰略的重要支柱。用布熱津斯基的話說，美國應「尊重中國的敏感性」。中國在1997年7月開始亞洲金融危機中所表現的厚重的承受力和不謀私利的負責任的大國風範，以及在南亞核軍備競賽爆發後所發揮的建設性作用，更顯示了中國在亞太和世界上的重要戰略地位，擴大了中國的影響。1997年10月，江澤民主席訪美時雙方發表的聯合聲明正式宣布兩國「致力於建立建設性戰略夥伴關係」。「建設性」意味著雙方關係是積極的、互利的；「戰略」意味著兩國關係是全面的、前瞻的，而且關係到地區乃至全球的利益；「夥伴」意味著兩國關係是平等的、非對抗性的，經由對話和協商解決分歧。1998年6月，柯林頓總統回訪中國，雙方在「建設性戰略夥伴關係」的道路上邁出了歷史性的新一步。雙方為聯合聲明中列舉的三組九個「籃子」中都增添了新內容。在臺灣問題上，柯林頓總統在上海重申了美國不支持臺灣「獨立」，不支持「兩個中國」或「一中一臺」，不支持臺灣加入聯合國的「三不」政策。美國領導人多次專門就此進行政策宣示，在很大程度上是臺灣意欲迫使美國改變一個中國政策的結果，使美國對

一個中國政策部分內涵由「模糊政策」變得較為明確化和具體化。其實，柯林頓總統國家安全顧問伯傑在北京還作了兩個具體、明確的表態。當有記者問美國是否支援臺灣的所謂「民選政策」宣布的「臺獨」或經「公民投票」宣布「臺獨」時，伯傑明確回答：「不支持。」可以預言，如果臺灣繼續企圖改變美國一個中國的政策，並不惜重金遊說美國國會對白宮和國務院施壓的話，美國為維護其國家利益，勢必改變以前在「一個中國」政策上的模糊態度，對其中國政策作更具體、更明確的表態。

沒有任何人比中國人自己更希望早日實現祖國的和平統一。不承諾放棄使用武力，絕不是針對臺灣臺胞，而是針對外部勢力干涉中國統一和搞分裂圖謀的。正是國際上反華勢力的支持，才致使臺灣問題久拖未決。「臺獨」背後如果沒有外國勢力插手做靠山和有力的支持，是不能成氣候的。因此，大陸不承諾放棄使用武力，並不存在「犯臺」問題，而是主要針對幕後操縱的外國勢力，大陸在做的不是「犯臺」，而是實際上「保臺」。某些外國或明或暗地支持臺灣島內的分裂活動，企圖把臺灣從中國分離出去。正是由於中國共產黨和中國政府堅持不承諾放棄武力，使臺灣島內「臺獨」分裂勢力不能不有所顧忌；國際上試圖打「臺灣牌」的某些勢力無法讓中國人吞下他們製造的苦果，從而使兩岸交往交流正常地發展。如果外國勢力公然干涉中國統一，與「臺獨」分子互相勾結分裂祖國，中國人民將不惜一戰，堅決捍衛國家的主權與領土完整。「中國政府和人民有決心、有能力、有辦法使用一切必要手段，維護祖國主權和領土完整。」

3. 以經促政，推進兩岸關係

中國共產黨和中國政府在促進兩岸關係發展中，最重要的政策之一就是以經濟促政治，以「三通」促統一，透過擴大兩岸經貿聯繫，加強經濟融合，遏制「臺獨」發展。

「以經促政」是1990年代中國共產黨和中國政府的重要對臺政策，目的是積極發展兩岸經貿關係，推動政治談判，推進祖國和平統一進程。「以經促政」的基本內容就是中國共產黨和中國政府透過大力發展兩岸之間的經濟技術合作和交流，加強兩岸之間的經濟聯繫，增進瞭解，加強共識，建立誠信，以經濟整合為動力，促進臺灣在政治上改變「反共拒統」分裂政策，消除政治上的分歧，從而使兩岸政治關係得到改善和發展，使統一由於經濟聯繫的密切而水到渠成，最終實現兩岸的和平統一。

在兩岸交流與合作中，加強經貿往來，實現兩岸直接「三通」是基礎和關鍵。可以說兩岸不直接「三通」，就很難實現祖國的和平統一。兩岸雖然實現了間接、單向「三通」，加強了經貿聯繫，但間接、單向「三通」有很多消極影響：它加大了工商業者的運營成本；兩岸民間交流與人員往來極其不便，增加了周轉麻煩和費用；在通郵上也延滯了時間和增加了費用。更重要的是間接「三通」延緩了兩岸經貿關係的深入發展。兩岸人民迫切要求實現直接的「三通」。

臺灣在經貿政策上，對臺商赴大陸投資不是鼓勵而是「規範」，不是推動而是「分流」（如以「南向」替代「西進」）；抗拒兩岸「三通」；在兩岸加入WTO以後，仍堅持「戒急用忍」政策，擬援用「排除條款」、「安全條款」與「特別防範條款」對兩岸入世後經貿關係加以名為「規範」的管制。臺灣總是力圖把與大陸的經貿往來「政治化」，以經濟為誘餌，引誘大陸承認其「臺

獨」路線，以有損於「臺灣安全」為由來拒絕兩岸直接「三通」。一會兒是以「政治」壓「經濟」，阻礙兩岸經貿交流與合作；一會兒是「政經分開」，把經貿交流與統一分開，企圖永遠實現「分裂分治」。臺灣兩岸經貿政策的特點是：

一是「禁」多於「導」。藉口所謂「安全保障」，防止臺灣「產業空洞化」等問題，規定對大陸的「依存度」，限制臺灣大型和技術層次較高的企業到祖國大陸投資。

二是捨「近」求「遠」。兩岸不過一水之隔，本可在經貿上有更多的合作，臺灣卻人為地設置種種障礙，使許多臺商望而卻步，不顧大陸與臺灣的語言、文化上的優勢，不得不奔向遠地。

三是「外」熱「內」冷。鼓勵臺灣經貿「國際化」，防止「大陸化」或「中國化」。引導和鼓勵臺商到祖國大陸以外的地區投資開工廠，而對臺商自發形成的「大陸投資熱」則多次要求「降溫」，臺高層人士甚至親自出面「督陣」。對外國人和大陸同胞去臺投資的態度也截然不同，前者鼓勵後者禁止。

四是以「政」阻「經」。進入1990年代後這一特點尤為突出。1992年10月22日，李登輝在一次座談會上公開表示說：只要他還在位，「中共一天不承認臺為（對等）政治實體，『三通』就一天不會實現」。在1992年12月28日，舉行的國民黨最高層會議上，李登輝就認為「兩岸貿易依存度升高的問題值得重視」。1996年李登輝又提出了違背經濟規律的「戒急用忍」政策，嚴重阻礙了兩岸的經貿發展。正是因為臺灣把政治與經濟、經貿政策與大陸政策緊緊捆在一起，以至兩岸的經貿往來至今仍基本停留在「間接、單向、民間、低層次、不對等」的狀態。

臺灣視「三通」為與大陸討價還價的政治籌碼，把「三通」與

政治目的聯繫在一起。用「三通」換取祖國大陸承認臺灣為「對等政治實體」、承諾放棄對臺使用武力、給予臺灣以「國際生存空間」等三個條件。臺灣的險惡用心是顯而易見的，接受了臺灣的「三條件」，無異於承認「兩個中國」、「一中一臺」，縱容「臺獨」和「獨台」勢力的發展，其結果必然導致中國分裂。中國政府理所當然無法接受其無理要求。

中國共產黨和中國政府對兩岸實現直接「三通」的態度非常明確，反對臺灣以「政」阻「經」和「政經分開」的兩面政策，為落實「以經促政」的政策，發展兩岸的經貿關係，採取了一系列有效措施，努力創造條件。

進入1990年代以來，中共中央進一步健全了發展兩岸經貿關係的領導機構，制定了一系列新的經貿政策，改善了投資環境，開展了各種經貿活動，開闢了發展兩岸經貿關係的多種管道，促進和提高了臺商對祖國大陸投資的熱情和信心。1990年，中共中央對臺工作會議特別提出了經貿工作在整個對臺工作中的中心地位，強調要加強兩岸的經貿聯繫。為兩岸儘早實現「三通」及各方面的密切交流，增進兩岸人民間的瞭解、互信和共識。1991年7月2日，經貿部發言人在接受新華社記者採訪時提出經貿交流五項原則：

（1）直接雙向。兩岸間接、單向的經貿交流不合情理，已產生諸多難以解決的矛盾，希望臺灣採取積極的、切實的步驟，取消種種不合情理的限制，盡快實現兩岸直接雙向交流。

（2）互惠互利。兩岸秉承平等互利、互補互惠的原則進行交流，發揮各自優勢，定能惠及對方。

（3）形式多樣。兩岸經貿交流不應局限於貿易和投資領域，還應擴大到技術交流、科學研究、勞務合作、廣告展覽、交通運輸

等領域。可採取多種合作方式，共同參與國際競爭和分工，為中華民族造福。

（4）長期穩定。發展兩岸經貿交流合乎國情，順應民意，絕不是權宜之計，而是我們必須長期堅持的基本方針。目的是促進祖國大陸與臺灣經濟的共同發展。

（5）重義守約。兩岸都應為維護對方廠商的合法權益提供一切可能的便利。1991年11月，中華人民共和國國務院發布的《中國公民往來臺灣地區管理辦法》，40多條具體內容每一項都體現大陸方面的誠意。江澤民在十四大報告中提出：「我們將繼續促進兩岸直接通郵、通航、通商，推動兩岸人民的往來和多個領域的交流合作，特別是大力發展兩岸的經濟合作，共同振興民族經濟。」李鵬總理在八屆人大一次會議的政府報告中強調，希望「雙方應繼續為推動兩岸的經濟和文化交流，促進直接通郵、通航、通商做出努力。」此後，江澤民又提出了「不以政治分歧去影響、干擾兩岸經濟合作」的主張。不僅如此，還強調要透過發展兩岸經貿往來，逐步增進兩岸同胞的相互瞭解，相互信任，逐步化解政治分歧，並透過談判來「求大同存小異」，以「經」促「政」，最終促使兩岸關係良性互動發展。

1994年3月，八屆人大常委會第六次會議審議通過了《中華人民共和國臺灣同胞投資保護法》，該法是第一部涉臺專門法律，是在總結1988年國務院《關於鼓勵臺灣同胞投資的規定》基礎上，吸收了廣大臺灣同胞及臺灣有關各方的意見，以法律的形式，對臺灣同胞在祖國大陸的投資、收益和其他一切合法權益加以保護和確認。極大地促進了對臺灣臺胞在祖國大陸投資的保護工作朝著法制化、規範化的方向發展。同年4月，國務院專門召開了有江澤民、

李鵬等黨和國家領導人參加的對臺經濟工作會議,會議指出,兩岸經濟存在著客觀互補性,發展兩岸經貿對兩岸人民都有巨大利益,兩岸應攜手合作,互補互益,共同繁榮。特別強調在整個對臺工作中,經濟工作是重點。提出給予臺商在祖國大陸投資更大的優惠條件,願意與臺商在兩岸農業、科技領域及共同開闢國際市場方面展開合作,提出祖國大陸可以作為「臺灣經濟發展的腹地」以拓展臺灣經濟發展的空間,增強其發展後勁。特別強調在整個對臺工作中,經濟工作是重點,並提出給予臺商在祖國大陸投資更大的優惠條件,願意與臺商在兩岸農業、科技領域及共同開闢國際市場方面展開合作,「只有兩岸經濟攜手合作,才能互補互益共同繁榮」。把對臺經濟工作發展到新的階段。

1995年1月30日,江澤民發表題為《為促進祖國統一大業的完成而繼續奮鬥》的重要講話,再次提出要大力發展兩岸的經濟交往與合作,並表示:「我們將繼續長期執行鼓勵臺商投資的政策,貫徹《中華人民共和國臺灣同胞投資保護法》。無論在什麼情況下我們都將切實維護臺商的一切正當權益。」「兩岸直接通郵、通航、通商,是兩岸經濟發展和各方面交往的客觀需要,也是兩岸同胞利益之所在,完全應當採取實際步驟加速實現直接『三通』。」江澤民提出面向21世紀世界經濟的發展,要大力發展兩岸經濟交流與合作,以利於兩岸的經濟共同繁榮。主張「不以政治分歧去干擾兩岸經濟合作」。並願意與臺灣「在互惠互利的基礎上,商談並且簽訂保護臺商投資的民間性協議」。這一主張得到臺灣各界,尤其是工商界的讚揚和支持。1996年8月29日,江澤民在會見高清願等臺灣知名人士一行時表示:「我們主張不以政治分歧去影響、干擾兩岸經濟合作。我們一貫主張應採取實際步驟加速實現兩岸直接『三通』。」多年來,祖國大陸有關各部門始終不懈地致力於推動兩岸

「三通」，並積極做好準備，擬好方案，隨時準備與臺灣方面進行商談。

　　海峽兩岸實現直接「三通」，不僅將大大減少兩岸交流的成本，也將進一步提高兩岸交流的品質，有助於消除兩岸的隔閡，增加理解，從而為祖國的統一奠定牢固的基礎。近20年以來，祖國大陸經濟迅速發展，影響力迅速擴大，就連海外華人也毫不例外地受到中國快速發展的吸引力；越來越多的華裔第二代人紛紛返鄉發展，中國大陸成了一個資金、人才和知識的聚集點。在祖國大陸的積極推動下，兩岸經貿交流迅速發展，經濟往來繼續擴大，根據臺灣「經濟部」國際貿易局公布的數字，2002年對中國大陸的貿易總額為410.07億美元（比2001年增長了36.9%）、貿易收支順差額為251.12億美元（比2001年增長了38.3%）。2002年臺灣對大陸的銷售額為330.59億美元（比2001年增長22.4%），占有22.5%的外銷額比重。臺灣對祖國大陸的經貿依存度進一步加深。針對兩岸經貿的持續發展，臺灣知名企業家王永慶表示：「沒有大陸，臺灣就沒有出路；沒有大陸，臺灣根本無法在國際上競爭。」臺灣「中原大學」企管系講座教授高孔廉也認為，目前大陸對臺灣的經濟發展具有絕對的重要性。他說，2001年至2003年，臺灣對大陸的貿易順差均超過臺灣當年對全球的總貿易順差。而這三年中，由於島內民間消費不振、投資意願低落，兩岸經貿順差就成為臺灣經濟的最大動力來源。

　　臺灣經濟對大陸的依存度相對於1990年代大幅度提高。隨著祖國大陸經濟快速穩定發展，綜合國力繼續提高，臺灣對中國大陸的經濟依存度將繼續提高，制約「臺獨」的力量會越來越大。一旦臺灣在經濟上不能自主，統一問題應可迎刃而解。

四、反對「兩國論」的鬥爭

從「和平統一、一國兩制」方針到江澤民的「八項主張」，無不貫穿著一個中國原則。堅持一個中國原則是中國政府對臺政策的基石，是實現兩岸和平統一的基礎和前提，是進行協商對話的基礎，也是兩岸關係向前發展的前提。臺灣的任何政治作為，都不應脫離海峽兩岸是「一個中國」、臺灣是中國領土一部分的這樣一個基本事實，離開了這一基本事實就是兩個國家，就沒有必要商談國家統一問題。所以中國政府歷來反對「一中一臺」、「兩國論」等分裂祖國的言行。

1.《臺灣問題與中國的統一》的發表

辜汪會談後，為了確保兩岸關係的順暢發展，遏制已經開始抬頭的「臺獨」分裂活動，國務院台辦與新聞辦於1993年8月31日聯合發表了《臺灣問題與中國的統一》白皮書，其要點是：

第一，從歷史的角度，論證了「臺灣是中國不可分割的一部分」。「1945年中國人民抗日戰爭勝利後，中國政府重新恢復了臺灣省的行政管理機構。」「國際社會公認臺灣屬於中國。」自中華人民共和國成立以來，157個國家先後同中國建立了外交關係，「它們都承認只有一個中國，中華人民共和國政府是中國的唯一合法政府，臺灣是中國的一部分」。

第二，強調臺灣問題的形成，既與「中國國民黨發動的反人民內戰有關，但更重要的是外國勢力的介入」，「臺灣問題直到現在還未得到解決，美國政府是有責任的」，指出要解決中美之間的爭

端,只有透過談判的方式。

第三,指出中國政府解決臺灣問題的基本方針為「和平統一、一國兩制」,並論證了「和平統一、一國兩制」的科學內涵。

第四,強調「為結束敵對狀態,實現和平統一,兩岸應儘早接觸談判。在一個中國的前提下,什麼問題都可以談」。同時指出臺灣的「現行大陸政策仍嚴重阻礙著兩岸關係的發展和國家的統一」,必須改變。

第五,《白皮書》還就國際事務中涉及臺灣的幾個問題談了自己的看法。《白皮書》再次呼籲在一個中國原則下,兩岸「攜手合作,互補互助,發展經濟,共同振興中華」。

《臺灣問題與中國的統一》白皮書,闡明了臺灣問題的由來、現狀和解決的辦法,是中國政府關於解決臺灣問題的重要文件、實現國家統一的綱領文獻。國務院台辦發言人李慶洲9月3日就《臺灣問題與中國的統一》白皮書發表談話:「白皮書以較大的篇幅,詳實的史實,論證了臺灣自古以來是中國領土不可分割的一部分,這對形形色色的『臺獨』謬論是一個有力的批駁。白皮書再次闡明中國政府解決臺灣問題的『和平統一、一國兩制』的大政方針,這充分體現了中國政府立足於整個國家民族利益與前途,尊重歷史、尊重現實、實事求是的精神。」

2. 反對李登輝「兩國論」的鬥爭

李登輝在上臺初始,由於地位尚未鞏固,仍效仿蔣經國的處事方式,如他常說自己是臺灣人,也是中國人。1988年2月,李登輝在上任的第一次記者招待會上,明確表示:「只有一個中國的政

策，而沒有兩個中國的政策。」他還於1991年成立了「國家統一委員會」，頒布了《國家統一綱領》，將統一分為近程、中程、遠端三個階段。

然而當他的羽翼豐滿之後，立刻暴露出「臺獨」的嘴臉。從1990年代開始，李登輝逐漸背離一個中國原則，相繼鼓吹「兩個政府」、「兩個對等政治實體」、「臺灣已經是個主權獨立的國家」、「現階段是『中華民國在臺灣』與『中華人民共和國在大陸』」，而且自食其言，說他「始終沒有講過一個中國」。1991年2月制訂的「國統綱領」，就開始以「一個中國、兩個對等的政治實體」為兩岸關係定位。1993年11月，李登輝授意臺灣經濟部門負責人在西雅圖亞太經合會期間公開提出：「中華民國和中華人民共和國是兩個互不隸屬的主權國家，臺北是以『一個中國』為指向的階段性兩個中國政策。」1993年以來，臺灣連續七年推動所謂「參與聯合國」的活動。在軍事方面，大量向外國購買先進武器，謀求加入戰區導彈防禦系統，企圖變相地與美、日建立某種形式的軍事同盟。在思想文化方面，圖謀抹殺臺灣同胞、特別是年輕一代的中國人意識和對祖國的認同，挑起臺灣同胞對祖國的誤解和疏離感，割斷兩岸同胞的思想和文化紐帶。1994年3月底，李登輝以與日本作家司馬遼太郎對談的形式，毫不隱諱地表示要建立「臺灣人的國家」。1994年7月4日至5日，臺灣舉行了大陸工作會議，通過了《臺海兩岸關係說明書》（簡稱《說明書》），這是臺灣開放民眾探親案以來完整的大陸政策宣示，也是對大陸1993年發表的《臺灣問題與中國統一》白皮書的回應。《說明書》通篇鼓吹「兩岸分裂分治」、「兩個對等政治實體」、「兩個國際法人」的謬論。《說明書》的主要內容是：

其一，虛化一個中國內涵，賦予「政治實體」以「國家」的含義，鼓吹兩岸擱置「主權爭議」，在國際社會爭取「雙重承認」。《說明書》雖然宣稱反對「兩個中國」，但卻刻意迴避政治上的一個中國涵義，把一個中國虛化為「歷史上、地理上、文化上、血緣上」的一個中國。《說明書》首次明確表示臺灣與大陸在國際間始終為「並存之兩個國際法人，今後臺灣不再在國際上與大陸競爭中國代表權」。《說明書》在堅稱其所謂「一個具有主權獨立國家」論調的同時，提出要以東西德、南北韓的「分裂分治」模式定位兩岸政治關係，也就是希望兩岸在「兩個主權國家」基礎上談統一問題。

其二，把兩岸「分裂分治的根源」強加到大陸方面，並把中國分裂與統一的本質說成是三民主義與馬列主義之爭。《說明書》宣稱兩岸「分裂分治的根源」在於「中共武裝叛亂」和「建立中華人民共和國」的結果，而本質則是三民主義與馬列主義之爭。《說明書》還宣揚：大陸如果不放棄「四個堅持」，則希望中國統一的民眾比率劇降，而贊成「臺灣獨立」的比率相對升高。

其三，《說明書》的突出特徵是吸納了「臺獨」理念，使「臺獨」主張明目張膽地出現在臺灣的大陸政策中。《說明書》強調當局「在規劃大陸政策時，必須廣徵各界民意的看法和建議」，「民主勢力將成為「政府」制定大陸政策的主要參考指標」。也就是說，臺灣制定大陸政策時就要吸納「臺獨」理念。

上述事實進一步表明，李登輝口中的「一個中國」用臺灣學者邵宗海的話說即「一個中國中的『中國』是個目標，是未來，是目前不存在的」；「『中華民國』是中國分裂下，其中的一個國家」；「由於主權概念的模糊與褪去，一個中國若是指中華人民共

和國，那就不包括臺灣」。從「臺獨」觀點來看，既然一個中國目前是不存在的，那麼兩岸之間的定位就應該是兩個「獨立的政治實體」，是兩岸「分裂分治」，在國際社會「應各自有平行參與國際社會的權力」。以後臺灣發表的官方檔案《「中華民國」參與聯合國政策》和《透視一個中國說帖》都堅持並發展了這一理念。這就表明臺灣在脫離一個中國原則上邁出了關鍵性一步，以「兩個中國」為實質目的的「臺獨」思想赤裸裸地暴露出來。

1999年5月，李登輝出版了《臺灣的主張》一書，鼓吹要把中國分成7塊各自享有「充分主權」的區域。7月9日，李登輝在接受「德國之聲」電臺專訪時徹底暴露了其「臺獨」本質，在談到兩岸關係時，提出了「兩國論」：臺灣「自1991年『修憲』以來，已將兩岸關係定位在國家與國家，至少是特殊的國與國關係」。這是李登輝企圖從根本上改變臺灣是中國一部分的地位，破壞兩岸關係、特別是兩岸政治對話與談判的基礎，破壞兩岸和平統一的基礎。「李登輝已經成為臺灣分裂勢力的總代表，是臺灣海峽安定局面的破壞者，是中美關係發展的絆腳石，也是亞太地區和平與穩定的麻煩製造者。」繼拋出妄圖肢解中國「七塊論」後，李登輝乾脆撕去偽裝，公開、明確地將兩岸關係定位為「國與國關係」的分裂活動，以此來界定兩岸關係，從而破壞兩岸政治對話與談判的基礎。

面對李登輝挑戰一個中國原則的分裂言行，中國共產黨和中國政府對此進行了堅決的鬥爭。

第一，對美國提出強烈的抗議，並進行嚴正交涉。1995年6月李登輝以所謂「私人」名義訪問美國後，中國政府果斷地開展了反分裂、反「臺獨」的鬥爭，並對美國政府公然允許李登輝訪美、違背美國在中美三個聯合公報中所作的承諾、嚴重損害中國主權的行

為，提出了強烈的抗議，進行了嚴正的交涉。這場鬥爭顯示了中國政府和人民捍衛國家主權和領土完整的堅強決心和能力，產生了重大和深遠的影響。臺灣同胞進一步認識到「臺獨」的嚴重危害。李登輝在國際上進行分裂活動受到沉重打擊。

第二，運用外交手段透過國際社會與各國政府一起聯手打擊「兩國論」。當今世界的160多個國家和絕大多數國際組織，都承認只有一個中國，臺灣是中國的一部分。李登輝的「兩國論」一出爐，國際社會譁然，許多國家都重申堅持一個中國的立場，要求李登輝停止製造事端，不要破壞世界的和平與穩定。1999年7月18日晚，國家主席江澤民同美國總統柯林頓通了電話。柯林頓說明他提出與江澤民通電話，是「為了重申美國政府對一個中國政策的堅定承諾」。江澤民指出：「李登輝公然將兩岸關係說成是『國與國的關係』，這是他在分裂國家的道路上走出的十分危險的一步，是對國際社會公認的一個中國原則的嚴重挑釁，進一步暴露了他蓄意分裂中國領土和主權，企圖把臺灣從中國分割出去的政治本質。世界上只有一個中國，臺灣是中國領土的一部分，中國的領土和主權絕對不容分割。我們解決臺灣問題的基本方針仍然是『和平統一，一國兩制』。我們一直在積極促進兩岸人員往來和經濟交流，爭取兩岸直接『三通』，推進兩岸進行政治談判，但是，在臺灣問題上，我們不承諾放棄使用武力。」「原因很清楚，臺灣島內和國際上都有一股企圖把臺灣從祖國分裂出去的勢力。如果出現搞『臺灣獨立』和外國勢力干涉中國統一的情況，我們絕不會坐視不管。」江澤民指出：「中國政府和中國人民對李登輝的分裂言論做出反應，這體現了中國政府和中國人民反對分裂、捍衛國家主權和領土完整的堅定決心。我們已經警告臺灣懸崖勒馬，立刻停止各種分裂活動，以免對兩岸關係和臺灣海峽局勢帶來嚴重後果。」江澤民特別

強調指出：「美國國內反華勢力仍然囂張，至今還有人支持『臺獨』的分裂主張，極力為島內『臺獨』勢力撐腰打氣。歷史證明，臺灣問題的處理，將會直接影響中美關係的進程」。江澤民要求美國恪守承諾，柯林頓宣稱將「努力使兩國關係得到改善。」江澤民同柯林頓的通話沉重打擊了臺灣島內的分裂勢力，震懾了海外的分裂勢力，有力地遏制了「臺獨」勢力的發展，為反對李登輝「兩國論」鬥爭指明了方向。

第三，利用各種場合發表談話，批判「兩國論」。就在李登輝拋出「兩國論」的第二天，中共中央台辦、國務院台辦發言人強烈抨擊說：「李登輝公然將兩岸關係歪曲為『國與國的關係』再一次暴露了他一貫蓄意分裂中國的領土和主權，妄圖把臺灣從中國分割出去的政治本質，與『臺獨』分裂勢力的主張沆瀣一氣，在分裂祖國的道路上越走越遠。」李登輝自己的言行證明了他一再表示的「不會也沒有必要採行『臺獨』路線、沒有放棄追求未來統一的目標」，完全是對臺灣同胞、國際輿論的欺騙。發言人強調：「世界上只有一個中國，臺灣是中國領土的一部分，中國的領土和主權不容分割。」「我們堅決反對任何製造『臺灣獨立』、『兩個中國』、『一中一臺』等分裂活動。」發言人最後嚴正警告臺灣分裂勢力，必須「立即懸崖勒馬，放棄玩火行動，停止一切分裂活動」。

7月13日，中國外交部發言人朱邦造就李登輝發表「兩國論」主張接受記者採訪時表示：「李登輝公然將兩岸關係定位為『國與國的關係』，是其在分裂國家的道路上邁出的極為危險的一步，是對國際社會公認的一個中國原則的徹底否定和嚴重挑釁，進一步暴露了他蓄意分裂中國領土和主權，企圖把臺灣從中國分割出去的政

治本質。」發言人正告李登輝和臺灣：「不要低估中國政府維護國家主權、尊嚴和領土完整的堅定決心，不要低估中國人民反分裂、反『臺獨』的勇氣和力量。」要李登輝「立即停止一切分裂祖國的活動」。

海協會常務副會長唐樹備在香港出席「中國和平統一研討會」時，在多個場合駁斥了李登輝的「兩岸關係」是「特殊的國與國關係」的言論。同時，中共中央台辦、國務院台辦主任陳雲林在中國和平統一促進會第六界理事會上，強烈抨擊李登輝的「兩國論」主張，認為它「嚴重破壞了兩岸關係，損害了兩岸同胞的根本利益，使海協會、海基會在一個中國原則下接觸、交流、對話的基礎不復存在」。陳雲林指出：「我們與臺灣最根本的分歧是堅持一個中國原則還是製造『兩個中國』，是統一還是分裂。」陳雲林強調：「要堅決反對任何『臺獨』、製造『兩個中國』、『一中一臺』等言論和行動。同時，要堅決反對外國干涉中國解決臺灣問題的圖謀。」7月21日，中共中央台辦、國務院台辦負責人就臺灣分裂勢力按照李登輝「兩國論」進行「修憲」的圖謀發表談話稱：「目前，特別值得注意和警惕的是，臺灣分裂勢力正在企圖按照『兩國論』修改臺灣地區的所謂『憲法』和『法律』，以所謂『中華民國』的名義實現『臺灣獨立』。這是一個更加嚴重和危險的分裂步驟，是對和平統一的極大挑釁。如果這一圖謀得逞，中國和平統一將變得不可能。」談話強調：「希望國民黨的有識之士和一切主張發展兩岸關係的人士，擺脫李登輝的分裂路線，不要跟著李登輝繼續走下去。」同時「希望廣大臺灣同胞、社會各界有識之士，與我們共同反對李登輝分裂祖國的行徑、特別是將『兩國論』法律化的圖謀」。

8月1日，臺灣「大陸委員會」發表一份所謂「對特殊國與國關係論書面說明」，為李登輝的「兩國論」百般辯解。中共中央台辦、國務院台辦負責人指出：「這份書面說明儘管列舉了『特殊兩國論』的幾個所謂『特殊性』，但在中國的主權和領土不容分割這個最根本的問題上，卻頑固地堅持李登輝所主張的海峽兩岸已經分裂為兩個國家、中國的主權和領土已經被分割的謬論。因此，所謂『特殊兩國論』只是用『特殊性』掩蓋『兩國論』赤裸裸的分裂本質，本質還是『兩國論』，這是李登輝分裂主義圖謀的最大暴露。」「我們正告李登輝，堅持『兩國論』，詭稱『特殊兩國論』，就是挑戰中國的主權和領土完整，挑戰臺灣同胞的切身和長遠利益，挑戰亞太地區的和平與穩定，必將受到歷史的嚴懲。臺灣只有拋棄『兩國論』、『特殊兩國論』，回到一個中國的立場上來，才是唯一的明智之舉。」

　　8月31日，中共中央台辦負責人就李登輝將「特殊兩國論」納入國民黨檔發表談話稱：「李登輝拋出『兩國論』一個多月來，受到了全中國人民的強烈反對和嚴厲譴責，國際社會普遍重申堅持一個中國的嚴正立場。但是，李登輝執迷不悟，不僅繼續頑固地鼓吹『兩國論』，而且還執意將『兩國論』寫入國民黨的檔案，作為國民黨對大陸政策的指導方針，在分裂祖國的道路上又邁出了危險的一步。」「李登輝拋出『兩國論』，並將『特殊兩國論』寫入國民黨的霸道做法，是在葬送國民黨的前途，更是將臺灣人民一步步地推向戰爭深淵。」台辦負責人「希望並相信，會有越來越多的國民黨有識之士和廣大國民黨黨員看透李登輝分裂祖國的本質」，「不要再跟李登輝走下去了」。

　　第四，聯合海內外輿論共同批判「兩國論」。從7月13日到8月

中旬，《人民日報》及全國各新聞單位連續發表評論，揭露李登輝背棄一個中國原則、製造「兩個中國」、「一中一臺」分裂祖國的真面目。7月14日，《人民日報》發表評論員文章：《要害是破壞一個中國原則》；7月15日，《解放軍報》發表評論員文章：《李登輝不要玩火》；同日，《瞭望》週刊發表評論員文章：《李登輝窮途末路的掙扎》；7月17日，新華社評論員發表文章：《分裂國家就是歷史罪人》；7月21日，《人民日報》發表評論員文章：《一個中國原則是和平統一的基礎》；7月22日，新華社評論員發表文章：《分裂沒有出路》；7月27日，《人民日報》發表評論員文章：《中國的領土和主權不容分割》；8月1日，《人民日報》與新華社特約評論員發表文章《要害是李登輝頑固堅持「兩國論」》。

　　美國媒體也抨擊李登輝為「不可預測的政客」、「麻煩製造者」、「攪局」。認為他的「兩國論」是「突如其來的聲明」、是「挑釁行動」、是「冒著自我孤立的危險」，「等於放棄了長久以來協助臺灣免於一戰的政治模式」。美國媒體甚至指出：「既使這是臺灣透過民主程序所達成的共識，美國也不會被臺灣牽著鼻子走。」「美國絕不能讓臺灣議題在選舉中成為焦點，更不能讓臺灣不知自我節制，否則未來美國的下一代都將為臺灣而戰。」美在臺協會理事卜睿哲在臺北聽了李登輝一番解釋後，仍宣稱，一個中國政策是美中關係的基石。德國的輿論在評論李登輝的「兩國論」時就認為，臺灣的一些人「不恰當地引用當年兩德的例子」是「摸不著頭緒」，完全是別有用心。李登輝分裂中國的路線，在國際上毫無出路可言。雖然李登輝為自己的孤注一擲披上「臺灣主流民意」的外衣，但海內外輿論卻一針見血地指出，只差幾個月就要到任下臺的李登輝，其實是色厲內荏，難掩其內心對無法掌握未來的恐懼

與焦慮。李登輝是個權力慾望高漲、玩弄民意於股掌的人，長期以來披「民主」外衣行「獨裁」之實。頑固的「臺獨」理念使他不能務實地看待臺灣的政治，不能正確地對待兩岸關係，在即將下臺的壓力下，把「臺獨」作為他最重要的政策目標，急於在下臺前取得成果，同時下臺後延續自己的政治生命和影響力。輿論指出，李登輝的言行說明他希望把臺灣引向與祖國大陸徹底分離的道路，實現個人心中的分裂夢想。這是將2100多萬臺灣同胞的安全、福祉當作個人籌碼，作為其個人的分裂夢和化解權力僵局的墊背，不僅不負責任，也極不符合政治道德。而李登輝「兩國論」要「定位」兩岸關係其實不過是一廂情願，但對臺灣十年來的大陸政策卻是「重磅炸彈」，摧毀了李登輝十年來所主導的大陸政策基礎。這個基礎就是臺灣「國統綱領」規定的「在一個中國原則下」、「辜汪會談」確定的「海峽兩岸均堅持一個中國的原則」。雖然李登輝也曾多次破壞這個基礎，比如鼓吹「分裂分治」，聲稱「不再講一個中國」，但畢竟還是有所掩飾，而這次則是完全撕下了偽裝，把分裂底牌和盤托出。可見他過去所做的有關「追求統一」、「反對臺獨」等承諾，完全是在欺騙臺灣人民和國際輿論。

對於「兩國論」，臺灣社會輿論一再指出，對臺灣來說，最大的安全在於一個穩定的兩岸關係；兩岸互動的最高價值是和平，而不是衝突；是統一，而不是分裂。「兩國論」是在製造衝突而不在追求和平。可以斷言，任何以追求或製造兩岸衝突為目標的政策思維，都不可能成為臺灣的主流思維。李登輝如果要把「兩國論」定為臺灣未來的「路線」，則絕大多數臺灣同胞是不會同意的。否定一個中國，不但違背祖國大陸人民的意願，也不符合大多數臺灣同胞的意願，不符合臺灣的政治和經濟利益。沒有一個臺灣民眾會同意任何政治人物，企圖將臺灣人民的生命財產作為他個人的政治籌

碼任意運用。臺灣社會輿論還指出，雖然目前臺灣同胞多數同意兩岸暫時「維持現狀」，但絕大多數臺灣同胞對兩岸要統一有明確認識和清楚的表達。臺灣歷次民調和選舉清楚顯示，臺灣人民反對「臺獨」，也不支持主張「臺獨」的激進分子上臺，使「臺獨」主張成為票房毒藥。正是臺灣民眾的這一鮮明的主流態度，迫使主張「臺獨」的民進黨不得不提出轉型及修改「臺獨黨綱」的議題，不得不呼應民眾要求兩岸對話、「三通」的訴求，降低「臺獨」調門，做出一些追求兩岸關係改善的姿態。「臺獨」市場日益萎縮已是不爭的事實。

李登輝以「兩國論」破壞兩岸關係發展和兩岸接觸、對話、談判的基礎，違背了臺灣人民的意願。一些附和李登輝的臺灣人士辯解說李登輝「兩國論」不等同於「臺獨論」，因為李登輝是要「中華民國」而「臺獨」是要「臺灣共和國」；或說「兩國論」並不否定未來統一，與國統綱領相符合，還說是為「更有效地處理兩岸關係」，甚至為「21世紀兩岸良性互動開創新局」，這一論調純粹是詭辯。顯然，臺灣不是心虛就是企圖繼續欺騙臺灣民眾和國際社會。試想，如果按李登輝的謬論去「定位」兩岸關係，兩岸往來成為「國與國往來」，兩岸「三通」成為「國與國的通商、通郵、通航」。如此類推，先不論此一謬論完全違背兩岸的現實和中國人民的民族感情，就未來發展而言，祖國統一便成為「國與國合併」，兩個國家有什麼理由要合併，如果臺灣不願合併，武力解決臺灣問題就成「侵略」，那麼國際干涉就可以名正言順了。這難道不是「臺獨」勢力企圖達到的目的嗎？中國人民能答應嗎？李登輝和臺灣那些人想騙誰呢？又能騙誰？

於此同時，兩岸民間交流雖經臺灣的一再壓制，仍蓬勃發展，

已有1400多萬人次的臺胞到訪祖國大陸，在大陸的臺資企業4萬多家，兩岸文化交流團絡繹於途。臺灣島內支持祖國統一的人士積極舉行各種活動，促進兩岸交流，探討和平統一方向。無數事實證明，臺灣同胞求穩定求和平求統一的意願必將繼續制約島內外「臺獨」和分裂勢力。李登輝的分裂言論激起中國人的公憤，但兩岸關係定位的主導權並不在李登輝之流手上。李登輝再怎麼說，也改變不了世界上只有一個中國，臺灣是中國一部分的地位。中國政府和包括廣大臺灣同胞在內的全中國人民絕不會讓李登輝之流的分裂圖謀得逞。「兩國論」也遭到島內民眾的一致批評。在國內外壓力下，臺灣被迫公開宣布：「政策未變，自不存在所謂修憲，修法，修改國統綱領的問題。」中國政府和人民反對分裂，反對「兩國論」的鬥爭，取得了階段性成果。

3.《一個中國的原則與臺灣問題》的發表

進入21世紀後，國際局勢發生新的深刻變化，世界多極化和經濟全球化的趨勢繼續在曲折中發展，科技進步日新月異，綜合國力競爭日趨激烈，各種思想文化相互激盪，各種矛盾錯綜複雜，敵對勢力對我國實施西化、分化的戰略圖謀沒有改變，中國仍面臨著發達國家在經濟、科技等方面占優勢的壓力。就兩岸關係而言，雖然兩岸人員往來和經濟文化與交流持續發展，但是從上個世紀90年代初開始，李登輝逐步背棄一個中國原則，採取了一系列分裂步驟，致使「臺獨」分裂勢力逐漸膨脹、「臺獨」分裂思潮迅速漫延，「臺獨」分裂活動十分猖獗，民進黨奪權勢頭迅猛。

面對李登輝拋出「兩國論」後兩岸關係的嚴峻形勢和島內選舉變局，中共中央敏銳地意識到，祖國大陸同臺灣和「臺獨」分裂勢

力鬥爭的焦點仍然集中在「一個中國」的原則問題上。為了進一步展示維護祖國統一的堅定決心，祖國大陸認為有必要就臺灣問題再發一個鄭重聲明，進一步闡述中國政府堅持一個中國原則的基本立場與政策主張。2000年2月21日，國務院台辦、新聞辦聯合發表了《一個中國的原則與臺灣問題》白皮書。

眾所周知，1993年8月31日，國務院台辦、新聞辦就曾發表了《臺灣問題與中國的統一》白皮書。這是新中國成立以來就臺灣問題發表的一份最系統、最全面、最完整的檔案。2000年2月，中國政府關於臺灣問題的白皮書，則是首次以文告的形式，詳細、系統、全面地論證了一個中國的事實和法理基礎，闡述了一個中國原則的產生和基本涵義，強調了一個中國原則是實現和平統一的基礎和前提，表達了中國政府堅決捍衛一個中國原則的態度，說明了對兩岸關係中涉及一個中國原則和在國際社會中堅持一個中國原則的若干問題的主張。白皮書特別指出：「臺海局勢仍然存在著嚴重的危機。」「為了維護包括臺灣同胞在內的全中國人民的利益，也為了維護亞太地區的和平與發展，中國政府仍然堅持『和平統一、一國兩制』的方針不變，仍然堅持江澤民主席提出的發展兩岸關係、推進祖國和平統一進程的八項主張不變，仍然盡一切可能爭取和平統一。」「但是，如果出現臺灣被以任何名義從中國分割出去的重大事變，如果出現外國侵占臺灣，如果臺灣無限期地拒絕透過談判和平解決兩岸統一問題，中國政府只能被迫採取一切可能的斷然措施、包括使用武力，來維護中國的主權和領土完整，完成中國的統一大業。」

白皮書進一步宣稱：「中國政府和人民完全有決心、有能力維護國家主權和領土完整，絕不容忍、絕不姑息、絕不坐視任何分裂

中國的圖謀得逞，任何分裂圖謀都是註定要失敗的。」同年3月，國家主席江澤民在一次談話中稱，對於「三個如果」，中國政府所將採取的一切斷然措施，是我們的一貫立場。江澤民指出：「中國人民從來不怕鬼，不信邪，對於任何危害中華民族根本利益的鬼邪之舉，我們都堅決反對。」朱鎔基總理也在2000年《政府工作報告》中鄭重指出：祖國大陸對「兩國論」和「臺獨」的分裂活動「絕不會坐視不管」。在白皮書發表的第二天，《人民日報》以《堅持一個中國原則，早日實現和平統一》為題發表社論指出：「這份白皮書是進一步向國際社會闡述中國政府堅持一個中國原則立場和政策的文告，也是中國人民決心早日解決臺灣問題、實現祖國完全統一的宣示。」在這時候發表白皮書，「對我們繼續貫徹『和平統一、一國兩制』的基本方針和江主席提出的發展兩岸關係、推進祖國和平統一進程的八項主張，對於兩岸同胞堅決反對以李登輝為代表的臺灣分裂勢力背棄一個中國原則、圖謀將臺灣從祖國分割出去的活動，對於國際社會進一步認識李登輝『兩國論』的謬誤和危害、堅持一個中國政策，都具有重要意義。」

第一，《一個中國原則與臺灣問題》重挫「兩國論」，並最終使李登輝下臺。而臺灣新的領導人陳水扁儘管在選戰前不斷挑戰一個中國原則，但在2000年5月20日就職演說時不得不宣稱「四不一沒有」，這就使李登輝圖謀將「兩國論入憲入法」的希望落空。《白皮書》首先就是針對「兩國論」的。正如朱鎔基總理在2000年3月15日答香港鳳凰台記者問時稱：「我想提醒大家，先有『兩國論』，後有白皮書，如果沒有『兩國論』的拋出，也許就沒有白皮書的發表。」

第二，《白皮書》突出強調一個中國原則，使「九二共識」在

臺灣島內得到越來越廣泛的認同。一方面是臺灣在野黨，例如新黨、國民黨、親民黨紛紛要求陳水扁接受「九二共識」。另一方面，臨門一腳將陳水扁送上「總統」寶座的諾貝爾化學獎獲得者李遠哲也不得不承認，「時間並不站在臺灣這一邊」，「臺灣必須回到『九二共識』上」。時任民進黨主席的謝長廷也無可奈何地表示，臺灣法律就是一個中國架構。曾任民進黨主席，後來投身反陳水扁行列的許信良也明確指出：一個中國問題，臺灣領導人「非面對不可」。再一方面，2000年2月《白皮書》發表之後，贊成用「一國兩制」方式實現祖國統一的島內人士曾一度不斷增多。據臺灣「行政院大陸委員會」與臺灣大選研中心2000年5月13日調查顯示：有12%的人表示願意接受「一國兩制」。2001年4月7日臺灣陸委會與臺灣中山大學民調中心調查顯示：有16.1%的人贊同「一國兩制」。同年6月5日TVBS民調中心調查顯示：竟有高達31%的人贊同「一國兩制」，而同月《聯合報》系民調中心的調查則有高達33%的人贊成「一國兩制」。

　　第三，透過《白皮書》使國際社會普遍更明確承諾堅持一個中國原則。儘管美國不斷向臺灣傳遞錯誤的資訊，但也不得不宣示堅持一個中國原則。歐盟與俄羅斯等大國也都表示堅持一個中國的原則立場。

　　上述事實表明《一個中國原則與臺灣問題》白皮書的發表，的確對遏制「臺獨」發展起到了相當大的作用，顯示了中國共產黨與中國政府主導兩岸關係的能力。此時，中國共產黨與中國政府已經完全認識到，2000年3月臺灣領導人大選後，不管誰上臺，海峽兩岸都將在一個中國原則問題上展開更激烈的鬥爭。

第五章　中國共產黨兩岸關係和平發展思想的理論與實踐

　　進入新世紀後，臺灣政局發生重大變化，主張「臺獨」的民進黨登上「執政」舞臺。臺灣領導人陳水扁緊步李登輝的後塵，變本加厲、肆無忌憚地鼓吹「臺獨」言論，並與李登輝的台聯黨和建國黨組成的「泛綠陣營」，極力否定「九二共識」，挑戰一個中國原則，全力推進「臺獨」路線，將兩岸關係推到了危險的戰爭邊緣，而且成為亞太地區穩定與繁榮的最大亂源。海外分裂勢力乘機推波助瀾。中國共產黨與中國政府針對「臺獨」勢力猖獗與外國分裂勢力，進行了堅決的鬥爭。在反對「臺獨」和外國分裂勢力的鬥爭中，以胡錦濤為總書記的新一代領導集體，進一步貫徹了鄧小平「和平統一，一國兩制」的基本方針和江澤民解決臺灣問題的「八項主張」，並賦予新的內容，形成了兩岸關係和平發展的思想，成為新世紀中國共產黨對臺政策的最新宣示與綱領。

一、新世紀反對陳水扁「臺獨」分裂活動的鬥爭

　　陳水扁當局「執政」後，「臺獨」方向十分明確，目的性非常強。就陳水扁的「臺獨」部署看，在島內法律、政綱角度上，他要清除兩大障礙，即所謂「中華民國憲法」和「國家統一綱領」。廢除現行的所謂「中華民國憲法」是實現「法理臺獨」的最後一步，廢除「國家統一綱領」則是「毀憲」的前提。另外，陳水扁也不斷

製造與2006年間提出「民間版的臺獨新憲法草案」與2007年舉辦「臺獨新憲公投」相適應的政治氣氛，使，「廢統」和「毀憲」等「臺獨」議題成為陳水扁進行島內朝野政爭、鞏固權力的一種策略和手段。在意識形態、社會層面上，陳水扁的「臺獨」重點是全面推進「去中國化」、「文化臺獨」、「臺灣正名」、「軍事臺獨」和「務實外交」，以便全面擴大「臺獨」的政治與社會基礎。

1. 發表警告「臺獨」的聲明

2000年3月18日，臺灣大選結果出爐，民進黨籍候選人陳水扁與呂秀蓮以微弱多數勝出，當選為臺灣第十一屆正副領導人。在臺灣大選結果公布當日，中共中央台辦、國務院台辦就臺灣地區產生新的領導人發表聲明稱：「世界上只有一個中國，臺灣是中國領土不可分割的一部分。臺灣地區領導人的選舉及其結果，改變不了臺灣是中國領土一部分的事實。」聲明還指出：「和平統一是以一個中國原則為前提的。任何形式的『臺獨』，都是絕對不允許的。對臺灣新領導人我們將聽其言觀其行，對他將把兩岸關係引向何方，拭目以待。」

陳水扁發表「520」就職演說的當天，中共中央台辦、國務院台辦授權就當前兩岸關係問題發表聲明。《聲明》提出以下幾點：

其一，《聲明》指出陳水扁「在接受一個中國原則這個關鍵問題上採取了迴避、模糊的態度。顯然，他的『善意和解』是缺乏誠意的。」

其二，《聲明》明確提出：「是否接受一個中國原則，是檢驗臺灣領導人是維護國家主權與領土完整，還是繼續頑固推行『臺

獨」分裂政策的試金石。」

其三,《聲明》指出海峽兩岸敵對狀態並未結束,「如果有人膽敢把臺灣從中國分割出去,重新挑起中國的內戰,他們必須對此承擔歷史的罪責」。《聲明》明確指出:「我們同臺灣分裂勢力鬥爭的實質,絕不是要不要民主、實行哪種制度之爭,而是要統一還是要分裂之爭。」

其四,《聲明》指出在堅持一個中國原則問題上,「我們堅定的立場是絕對不會改變的」,只有在一個中國原則基礎上,兩岸才能「平等協商,共議統一」。《聲明》還指出祖國大陸還將以最大誠意爭取和平統一,但堅決阻止一切分裂活動。

其五,《聲明》提出實現海峽兩岸「高層互訪」,提出恢復兩岸商談的兩個條件:「只要臺灣明確承諾不搞『兩國論』,明確承諾堅持大陸海協會與臺灣海基會1992年達成的各自以口頭方式表述『海峽兩岸均堅持一個中國原則的共識』,我們願意授權海協與臺灣方面授權的團體或人士接觸對話。」

中共中央台辦與國務院台辦的「520聲明」,明確表達了祖國大陸對陳水扁「新政府」主張的強烈不滿與嚴正警告,為今後兩岸關係發展提出了新的政策。

2. 公開批判呂秀蓮與小林善紀的《臺灣論》

反對陳水扁「一邊一國論」鬥爭的第二個回合是從點名批判呂秀蓮的「遠親近鄰說」與日本極右翼作家小林善紀的《臺灣論》開始的。呂秀蓮1944年6月7日出生在臺灣省桃園縣,祖籍福建省南靖縣。呂秀蓮在臺灣大學法律系畢業後,赴美留學,1971年獲法學碩

士學位。在美留學期間，呂秀蓮曾於1970年前往歐洲，與所謂「臺灣獨立建國聯盟」歐洲本部負責人張維嘉取得聯繫，這是呂秀蓮第一次接觸海外「臺獨」勢力，是其走上「臺獨」之路的起點。與陳水扁比較，呂秀蓮搞「臺獨」的歷史要比陳水扁早得多。呂秀蓮原來是國民黨黨員，1974年6月她30歲生日時，在她工作的「行政院」法規科，接受了行政院長蔣經國贈送的生日禮物，還與蔣經國合切生日蛋糕，後因患甲狀腺癌辭去公職，專門進行女性研究，從事女性運動。1974年，她出版了《新女性主義》與《尋找另一扇窗》兩本書。1975年，呂秀蓮成立了拓荒者出版社，並出任社長。她創辦《拓荒者》後，更是聲名大噪，成為黨外反對勢力的中堅。1977年，呂秀蓮再赴美國哈佛大學學習，獲第二個碩士學位，同時寫就《臺灣的過去與未來》一書。1978年年底，美臺斷「交」，呂秀蓮決定返臺，投入政壇。由於與國民黨在政見上發生歧見，被國民黨開除國民黨黨籍，從此全力投入反對國民黨的活動。

1979年8月，呂秀蓮為了支持黨外反對勢力的龍頭老大黃信介，出任《美麗島》雜誌社副社長和「黨外候選人聯誼會」祕書一職。同年12月10日，臺灣高雄發生了以《美麗島》雜誌社為核心的黨外人士藉世界人權日之際發動的大規模集會遊行。臺灣出動軍警鎮壓了這次集會遊行。因呂秀蓮是《美麗島》雜誌社副社長，又在集會上作了20分鐘演講，遭到逮捕，以涉嫌「叛亂罪」被臺灣軍事法庭判刑12年。1985年因舊病復發被保外就醫。

1986年至1988年，呂秀蓮在歐美進行活動。此間，她與海外「臺獨」分子接觸頻繁，曾經在美國發起過「臺灣加入聯合國運動」。1988年後她由美返臺，後出任「民主人同盟會」理事長。1990年11月加入民進黨，1991年，呂秀蓮發起成立「臺灣加入聯合

國促成會」，親自率領「臺灣加入聯合國宣達團」赴美國遊說。從此呂秀蓮便以激進的、極端的「臺獨」分子面目出現在臺灣政治舞臺上。

1992年12月，呂秀蓮當選為第二屆「立法委員」。在「立法院」，她的慓悍知名度最高，她上竄下跳，揮拳舞腿，狂言對罵，用她自己的話說「用武比用文吃香，作秀比做事風光」。1993年「辜汪會談」在新加坡舉行時，一批民進黨激進分子在呂秀蓮率領下到新加坡「攪局」。當會議正在進行時，呂秀蓮領先衝進會場，大罵與會人員。

1997年3月，呂秀蓮出任桃園縣長。2000年3月臺灣大選前，呂秀蓮在桃園縣舉辦的一次政見會上，竟然宣稱桃園縣選民如果不投票支持她與陳水扁，就是「桃園人不支持桃園人，是賣鄉賊」。此話一出招致桃園選民的強烈不滿。桃園縣議員「挺連戰鬥團」用事實舉證呂秀蓮才是「賣鄉賊」。團長黃金德對呂秀蓮提出「三多三少三不」建言：三多是多刷牙、多反省、多聽人民的聲音；三少是少一點口號、少一點口水、少說謊話；三不是不要爭功、不要諉過、不要夜郎自大。呂秀蓮就是這樣一個不懂情感、缺少政治道德的人物。

呂秀蓮還是一個帶有漢奸嘴臉的「臺獨」分子。早在1990年代，她數典忘祖，跑到日本發表談話說《馬關條約》割讓臺灣給日本「是臺灣人的大幸，幸虧把臺灣割讓給日本」。這一談話充分暴露了呂秀蓮的漢奸嘴臉。民進黨即將走上「執政」地位後，呂秀蓮更是變本加厲，她在香港一家有線台大放厥詞，說「臺灣的主權是獨立的，沒有人可以否認」。臺灣與大陸「歷史上是遠親」，「地理上是近鄰」，「加入聯合國是絕對要努力的方向」。呂秀蓮的

「遠親近鄰」說其根本用意就是以此來界定海峽兩岸關係，這與陳水扁所謂的「兩個華人國家」的說法實無二致。呂秀蓮的「遠親近鄰」說拋出後，立即引起世人側目，國人共憤。

2000年4月10日，《人民日報》評論員以《呂秀蓮數典忘祖》為題，點名批判了呂秀蓮的分裂言行。文章認為在死硬的「臺獨」分子中，呂秀蓮是「跳得最高的、最肆無忌憚的、寡廉鮮恥」，是「臺獨」的縮影。文章從歷史和地理常識的角度論證了臺灣始終是中國的一個組成部分，臺灣與大陸本是一家，而不是「遠親」。文章指出：「這些言行，完全是赤裸裸地分裂祖國，挑戰一個中國原則，給兩岸關係雪上加霜。」文章認為呂秀蓮作為一個法學碩士，「居然對自己民族和國家的史地常識一無所知，更無視邏輯，罔顧情理法理，大肆散布分裂言論，真可謂有辱斯文，貽笑大方，徒留千古罵名」。文章最後指出：「誰無視民族的意志和要求，誰在國家統一和一個中國的原則上打主意、存妄想、冥頑不化，誰註定要自絕於人民，被釘上歷史的恥辱柱。」文章不點名地告誡陳水扁：「臺灣新領導人」必須「承認一個中國的原則」。這一點陳水扁是非常清楚的，所以在他後來「520」演說中淡化「臺獨」，承諾「四不一沒有」都與大陸公開點名批判呂秀蓮有關。呂秀蓮在民進黨「執政」期間，曾經多次受到大陸方面的公開點名批判。

2001年，在臺灣島內「臺獨」分裂活動越演越烈的情形下，被李登輝稱為「代表了臺灣價值觀的一切」的日本右翼漫畫家小林善紀編造的《臺灣論》又在臺灣出版發行。《臺灣論》一出版就遭到在野黨強烈批評，民間學者與親歷者也加入批判行列。然而民進黨當局則態度曖昧，千方百計為《臺灣論》和許文龍等人辯護。同年2月26日，民進黨主席謝長廷表示：《臺灣論》是一本民間著作，

許文龍的言論是個人觀點。大家不需過分炒作此事。陳水扁3月8日在為其縱容的《臺灣論》進行辯護的同時，發誓要保證他們的「言論自由」。

針對《臺灣論》美化日本殖民統治與臺灣鼓吹漢奸言論的許文龍，國務院台辦發言人張銘清3月1日接受記者採訪時發表談話稱：「日本軍國主義對中華民族特別是在霸占臺灣50年對臺灣犯下的滔天罪行罄竹難書，是任何人抹殺不了的。」《臺灣論》一書「美化日本對臺灣的殖民主義統治」，必然「受到海峽兩岸的中國人同時譴責」。作為親歷日本奴役臺灣的親歷者許文龍，「竟然附和日本極右翼勢力，歪曲歷史，顛倒是非，為軍國主義張目，對臺灣同胞橫加污蔑，完全暴露了他背叛民族的醜惡面目，終將被包括臺灣同胞在內的全中國人民所唾棄」。時任國務院台辦主任助理、海協副會長的孫亞夫在答記者問時稱：「日本右翼文人小林善紀發表漫畫書《臺灣論》，公然歪曲歷史，美化日本對臺灣的殖民主義統治，說明日本軍國主義陰魂不散……臺灣的許文龍等極少數頑固『臺獨』分子與日本右翼勢力沆瀣一氣，為日本軍國主義迫害臺灣同胞的野蠻行徑辯解，對臺灣同胞橫加污蔑，完全暴露了他們背叛中華民族和臺灣人民的醜惡面目。他們的卑劣表演證明，『臺獨』分裂主張與『皇民化』思想意識是一脈相承的。」中國政府的嚴正立場，使日本右翼的分裂活力與臺灣島內的「臺獨」勢力受到沉重打擊。

3. 公開批判陳水扁的「一邊一國論」

2000年「兩辦」「520聲明」雖然沒有點陳水扁的名，但不意味著對他抱有什麼希望，「聽其言、觀其行」、「拭目以待」的宣

示就是要遏制「臺獨」勢力的變本加厲。陳水扁「執政」之初，出於多方面考慮，「臺獨」言行有所收斂。然而如前所言，由於他的「臺獨」本質難改，加上國際社會中分裂勢力向他傳遞的錯誤資訊，從而使他的「臺獨」言行又開始迅速膨脹起來，從否定「九二共識」，最終走向「一邊一國論」。直接反對陳水扁「一邊一國論」的鬥爭圍繞著堅持一個中國原則，反對各種分裂活動展開。具體做法是：

第一，就陳水扁「過境」，中國政府向美國政府提出嚴正交涉。如前所言，陳水扁上臺後，針對美國政府不顧中國政府反對允許陳水扁過境美國，中國外交部部長助理周文重2001年4月25日緊急約見美國駐華使館臨時代辦馬林，並提出嚴正交涉。中方指出：美國新政府上臺後不久宣布出售大量先進武器給臺灣，現在又允許陳水扁利用「過境」搞分裂中國的活動。美國此舉不僅違反中美之間簽署的三個公報和有關承諾，而且助長了「臺獨」勢力分裂中國的氣焰，粗暴干涉了中國內政。「這是對中國和平統一大業的阻撓和中國人民的挑釁」，中方對此表示「強烈憤慨和堅決反對」。5月24日，中國駐美大使楊潔篪約見美國副國務卿格羅斯曼，就美國再度準備允許陳水扁「過境」美國一事向美國政府提出嚴正交涉。楊大使指出：「中國政府一貫堅決反對美國與臺灣進行任何形式的官方往來和接觸，堅決反對陳水扁以任何名義『過境』美國和從事分裂中國的活動。」中方要求「美國政府立即糾正錯誤」，停止「干涉中國內政」，「切實遵守國際關係基本準則，以免進一步損害中美關係」。中國國家主席江澤民兩度接受美國記者專訪，批評美國的做法不僅干涉了中國內政，而且助長了「臺獨」氣焰，要求美國停止傷害「中國人民的感情」。中國政府的抗議與交涉迫使美國政府支持「臺獨」的行徑有所收斂，特別是「911事件」發生

後，美國調整了對華對臺政策，對遏制「臺獨」發展起到了一定作用。

第二，公開點名批判陳水扁否定「九二共識」、鼓吹「一邊一國論」的謬論。在民進黨「執政」的前兩年，中國共產黨與中國政府點名批判了呂秀蓮、蔡英文與李登輝等「臺獨」分子，而沒有公開點名批判陳水扁，然而陳水扁卻置中國政府的良好願望於不顧，不斷挑戰一個中國原則，最終迫使中國政府公開點名批判了陳水扁進行「臺獨」活動的分裂行徑。

2000年7月20日，《人民日報》評論員以《頑固堅持「臺獨」立場沒有出路》為題，對於民進黨九屆一次會議通過的大會宣言，即「對於臺灣主權獨立自主的主張絕不改變」進行批判，認為「此番言論又一次暴露了民進黨堅持『臺獨』的立場，繼續進行分裂活動的圖謀」。同年9月19日，《人民日報》海外版刊文不點名抨擊陳水扁宣稱的「統一不是臺灣唯一選項」言論，認為陳的做法就是企圖「將與統一相反的『臺獨』也作為選項，這將會帶來不可收控的危險」。2000年12月5日，新華社發表王諍的文章《九二共識鐵證如山》。文章不點名批判陳水扁宣稱當年沒有「九二共識」，只有「九二精神」，其目的是以「九二精神」取代「九二共識」，以所謂的「擱置爭議」來迴避「九二共識」的重要內容，即承認一個中國的原則。文章批判陳水扁「費盡心機地想要否定海峽兩岸都屬於一個中國，臺灣是中國的一部分，想要否定兩岸談判是一個中國的內部事務」。文章批判陳水扁否定「九二共識」的目的都只是一個，就是阻撓兩岸恢復商談。「實質上是繼續搞『兩國論』，企圖炮製出一個『統一不是唯一選項』的前途來。」文章提出「承認還是否認『九二共識』已成為觀測當局有無誠意改善兩岸關係，恢復

兩岸商談的重要指標。」

　　2001年，祖國大陸始終對島內「臺獨」勢力的活動保持強大壓力和警覺性，牢牢把握兩岸關係發展的主導權。一方面，黨和國家領導人多次強調，祖國大陸將繼續執行「和平統一、一國兩制」的基本方針和江澤民解決臺灣問題的八項主張，只要臺灣接受一個中國原則，回到「九二共識」，兩岸就能恢復對話和談判，而且什麼問題都可以談。錢其琛副總理在公開場合數次宣稱，就海峽兩岸關係而言，堅持一個中國原則就是堅持「世界上只有一個中國，臺灣和大陸同屬於一個中國，中國的主權和領土完整不容分割」，並特別指出，在「一國兩制」框架下解決臺灣問題可以實行比港澳更寬的政策。這些政策宣示既表明祖國大陸堅決制止分裂祖國圖謀的嚴正立場，也展現了祖國大陸盡一切可能爭取和平統一的最大誠意。另一方面，針對陳水扁向美國購買武器及鼓吹「漸進性臺獨」進行了有力的批判。4月27日，國務院台辦舉行新聞發布會，一方面對美國售臺先進武器表示強烈抗議和強烈譴責，另一方面，不點名批判陳水扁抗拒統一，圖謀分裂，大量向外採購武器裝備、肆意擴軍備戰，必將把臺灣帶向危險境地，產生極其嚴重的後果。5月30日，國台辦發言人張銘清在新聞發布會上指出：「臺灣領導人上臺以來的所作所為，證明了他自己的『誠意和善意』只不過是權宜之計、欺人之談，造成目前兩岸政治僵局和無法重開對話的責任完全在臺灣。」張銘清批判陳水扁上臺以來「極力迴避一個中國原則，一再否認和歪曲兩會共識，企圖在否定一個中國原則前提下重開兩會談判，這是根本不可能的」。陳水扁鼓吹的所謂「民主、對等、和平」取代一個中國原則是「根本行不通的」。

　　針對2002年陳水扁否定「九二共識」、鼓吹「一邊一國論」的

謬論，大陸對此進行了堅決猛烈的批判。8月5日，中共中央台辦、國務院台辦發言人發表談話稱：陳水扁鼓吹「一邊一國論」與李登輝「兩國論」如出一轍，「充分暴露了他頑固堅持『臺獨』立場的真面目，是對包括臺灣同胞在內的全體中國人民的公然挑釁，也是對國際社會公認的一個中國原則的公然挑釁，必將對兩岸關係造成嚴重的破壞，影響亞太地區的穩定與和平」。「陳水扁鼓吹『一邊一國』，充分證明他所表白的『四不一沒有』，只不過是欺騙民眾、矇騙國際輿論的權宜之計。求和平、求發展、求安定，希望改善和發展兩岸關係，是臺灣的主流民意，陳水扁罔顧民意，鼓吹『臺獨』，把極少數頑固『臺獨』分子的圖謀強加給廣大臺灣人民，受到影響的是臺灣經濟，受到損害的是臺灣同胞的切身利益，是將臺灣引向災難。」發言人最後嚴正警告臺灣分裂勢力，「不要錯判形勢，立即懸崖勒馬，停止一切分裂活動」。

8月13日，海峽兩岸關係研究中心在京召開研討會，深刻批判了陳水扁的「一邊一國論」比李登輝的「兩國論」「更加露骨，也更具挑釁性」。海峽兩岸關係研究中心主任唐樹備指出：陳水扁鼓吹的「臺獨」路線，「將永遠是一條走不通的死胡同」。

8月21日，國務院副總理錢其琛在會見全非洲中國和平統一促進會訪問團時也點名批判陳水扁鼓吹「一邊一國論」說，陳水扁的這些分裂言論，「與李登輝的『兩國論』一脈相承，給兩岸關係設置了新的障礙，給臺灣社會帶來了新的動盪，也給國際社會製造了新的麻煩，受到了海內外中華兒女以及國際輿論的普遍譴責」。

8月23日，中共中央台辦、國務院台辦主任陳雲林在會見臺灣電子系統大陸考察團時指出：「陳水扁背棄其曾經作出過的承諾，公然鼓吹海峽兩岸是『一邊一國』，煽動要以所謂『公民投票』的

方式決定『臺灣的前途、命運和現狀』，他的分裂言論製造兩岸關係緊張，影響臺灣社會安定和經濟發展，傷害臺灣廣大民眾的利益，違背臺灣同胞求和平、求安定、求發展的主流民意，是不得人心的，必得以失敗告終。」

10月25日，國家主席江澤民在美國德州與美國總統布希會談時特別強調：「中國一直在盡最大努力爭取以和平方式解決臺灣問題，完成祖國的統一。問題是『臺獨』勢力在千方百計地破壞和平解決的前景，『臺獨』勢力的分裂活動是對臺海地區穩定和中美關係發展的最大威脅。」布希讚賞中方關於和平解決臺灣問題的立場，宣稱「理解臺灣問題的敏感性，堅持一個中國的政策，反對臺灣獨立」。

以上是陳水扁拋出「一邊一國論」之後祖國大陸與之進行的堅決鬥爭。這是繼上世紀90年代同李登輝兩場鬥爭之後的又一次重大政治鬥爭，取得了新的成果。

4. 反對陳水扁利用「公投」進行分裂活動的鬥爭

民進黨當局在「一邊一國論」遭到批判後，又以新的分裂形式進行「臺獨」活動。他們打著「認同臺灣」和「民主」、「改革」等旗號，竭力進行「去中國化」、「文化臺獨」、「臺灣正名」等活動，企圖誤導臺灣民意，擾亂臺灣社會，煽動仇視大陸。他們拒不接受一個中國原則，否認體現堅持一個中國原則的「九二共識」，破壞兩岸談判的基礎。他們整軍備戰，企圖以武謀「獨」。在各種不斷升級的「臺獨」分裂活動中，最具危險性和危害性的是，臺灣企圖透過所謂「憲政改造」實現「臺灣法理獨立」，也就

是妄圖以所謂「憲法」和「法律」的形式，改變大陸和臺灣同屬於一個中國的現狀，把臺灣從中國分割出去。「臺獨」分裂勢力及其活動，嚴重威脅著中國的主權和領土完整，嚴重破壞和平統一的前景，嚴重損害中華民族的根本利益，成為破壞臺海地區乃至亞太地區和平穩定的現實威脅。要使兩岸關係得以和平發展，就必須堅決反對陳水扁利用「公投」進行分裂活動的鬥爭。

第一，揭露陳水扁利用「公投」進行分裂活動的實質。打響反對陳水扁利用「公投」進行分裂活動的第一槍，就是揭露陳水扁利用「公投」進行分裂活動的實質。早在2003年7月18日，國台辦副主任王在希在「兩岸關係論壇」閉幕式上作總結發言時指出：「最近一段時間，臺灣有人利用『公投』問題大做文章，企圖進一步惡化兩岸關係，這是一個非常危險的動向。」王在希嚴正表示：「我們絕不允許極少數人蓄意利用『公投』進行分裂祖國的活動，堅決反對任何挑戰一個中國原則的所謂『公投』。」

10月8日，國台辦發言人抨擊陳水扁最近多次發言否定一個中國原則和「九二共識」、鼓吹「一邊一國」、「催生新的憲法」等「臺獨」言論說：「陳水扁出於選舉的需要，為其一黨和一人之私，不惜用廣大臺灣同胞的根本利益做賭注，不斷散布『臺獨』分裂言論，人為地製造兩岸關係緊張，這是極不道德的，也是十分危險的。」

10月26日，國台辦發言人張銘清就民進黨和一些「臺獨」組織10月25日舉行「公投制憲」遊行一事發表談話稱：「民進黨和一些『臺獨』組織舉行『公投制憲』遊行活動，陳水扁鼓吹分裂主張，力圖利用公投進行分裂活動。」「這充分證明臺灣領導人近來多次聲稱『四不一沒有』的承諾不變完全是欺人之談。」

11月17日,國台辦負責人就陳水扁當局透過「公投立法」進行「臺獨」分裂活動發表談話稱:「最近一個時期,陳水扁當局假藉民意,糾合各種『臺獨』分裂勢力,大肆進行『臺獨』活動。他們在『公投立法』過程中,企圖塞進有利於進行『臺獨』分裂活動的條文,為其今後實施『臺獨公投』製造『法律依據』,企圖透過公投、制定並建立所謂『臺灣國』,實現其『臺獨』主張。這是一個非常危險的分裂行徑,是對一個中國原則的公然挑釁,是對兩岸關係的破壞,是對臺海局勢和亞太地區和平穩定的威脅,也是對包括臺灣同胞在內的13億中國人民的嚴重挑釁。」談話明確指出了「公投」就是為「制憲」和「臺獨」做準備,就是企圖改變海峽兩岸的現狀,就是分裂祖國的行徑。談話還指出陳水扁的所做所為,「徹底暴露了其分裂國家的真面目」。但「陳水扁瞞天過海的圖謀,是絕對不可能得逞的」。國台辦負責人正告陳水扁當局「不要再欺騙、愚弄臺灣民眾,必須懸崖勒馬,立即停止利用『公投立法』進行分裂國家的罪惡活動」。

　　11月18日,國台辦副主任王在希在兩岸關係座談會上指出:「打著民主旗號搞『臺獨』,利用民意搞分裂,這是陳水扁的一大特色。」「陳水扁當局推動『公投立法』,就是試圖為其今後搞『臺獨公投』提供法律依據,圖謀透過公投來實現『臺獨』主張。」王在希還說:「陳水扁任期未滿,他就大張旗鼓地推動公投,這完全暴露了陳水扁的『臺獨』分裂本質。陳水扁一邊鼓吹『公投制憲』,以穩固基本教義派選票,一邊又說他『四不一沒有』的立場沒有變,企圖欺騙、愚弄廣大善良的臺灣民眾,其用心昭然若揭。」王在希警告陳水扁「公投制憲」是一項極其危險的舉動。於此同時,海協會會長汪道涵也對記者發表談話稱:臺灣的「公投立法」是借民主之名搞「臺獨」。在如何理解「臺獨就是戰

爭」時指出：「如果陳水扁執迷不悟，一意孤行，在『臺獨』道路上繼續走下去，製造『臺獨』事變，必將損害臺灣民眾的根本利益，給臺灣人民帶來災難，對此我們絕不會坐視不管。」11月28日，國台辦發言人宣稱「堅決反對任何人借『公投』進行『臺獨』分裂活動。」12月17日，國台辦新聞發言人李維一針對陳水扁當局執意搞所謂「防衛性公投」指出：「這是對一個中國原則、兩岸關係穩定發展、臺海局勢和平的嚴重挑釁。」

第二，敦促美國信守承諾，反對臺灣搞「公投」。進入2003年，中國政府對臺政策之一就是敦促美國信守承諾，不要向臺灣發出錯誤信號，明確反「臺獨」立場。

4月21日，國家主席胡錦濤在會見美國參議院多數黨領袖弗里斯特率領的美國參議院訪華團時指出：「臺灣問題的實質是主權問題，是涉及中國是統一還是分裂的問題。中國政府在臺灣問題上的立場是一貫的、明確的。我們讚賞美方多方重申恪守一個中國政策、遵守中美三個聯合公報和反對『臺灣獨立』。希望美方信守承諾，不向『臺獨』勢力發出錯誤信號。」

6月1日下午，胡錦濤在法國埃維昂出席南北領導人非正式對話會議時會見了美國總統布希。胡錦濤指出：「臺灣問題始終是中美關係中最重要、最敏感的核心問題。」中國政府願意盡最大的努力爭取以和平方式實現兩岸統一。「現在的問題是：臺灣拒不接受一個中國原則，『臺獨』勢力仍在竭力進行分裂活動，這是海峽地區局勢緊張，兩岸關係不能改善的根本原因。中方希望美方恪守承諾，妥善處理臺灣問題，不向『臺獨』勢力發出錯誤信號。」

10月9日下午，胡錦濤會見訪華的美國總統布希時再度強調妥善處理臺灣問題是中美關係穩定發展的關鍵。「我們希望美方恪守

承諾,堅持一個中國政策、遵守中美三個聯合公報、反對『臺獨』,不向『臺獨』勢力發出錯誤信號,不做不利於臺海地區和平穩定的事情,為中國的和平統一發揮建設性作用。」

10月19日,胡錦濤在泰國曼谷與布希會見時,宣稱絕不會容忍『臺獨』,希望美方切實履行承諾。美國總統布希宣稱:「美國政府堅持一個中國政策,遵守美中三個聯合公報,反對『臺獨』,這一政策不會改變。」12月20日晚,胡錦濤在與布希通話時讚賞布希最近「重申堅持一個中國政策、遵守中美三個聯合公報、反對『臺獨』,反對臺灣旨在改變臺灣地位的言行」。

國務院總理溫家寶2003年11月2日在中南海接受美國《華盛頓郵報》總編唐尼專訪時指出:「臺灣領導人最近的一系列言行,特別是『公投』和『制憲』的行徑,充分暴露了他們頑固堅持分裂國家的立場,而且變本加厲地進行『臺獨』的活動」。對於「任何分裂祖國的挑釁行為,我們不會坐視不管」。溫家寶「希望美國政府能夠注意到臺灣領導人破壞國家統一的嚴重性與危險性,不要向他們發出錯誤的信號,應該採取有助於臺海局勢和平與穩定的實際行動」。唐尼問希望美國採取的具體行動指哪些方面?溫家寶回答:「在臺灣問題上,美國應該明確堅持中美三個聯合公報,反對『臺獨』,明確反對臺灣領導人以『公投』、『制憲』等手段推行臺灣『獨立』的分裂活動,並遵守『八一七』公報的原則,停止售臺武器。」溫家寶宣稱,美國只有這樣做才能從根本上有利於臺海局勢的和平與穩定,也有利於我們和平統一祖國的進程,從根本上有利於世界的和平與穩定。溫家寶還宣稱「中國人民會不惜一切代價,維護祖國的統一」。12月8日,溫家寶在訪美與國務卿鮑威爾會談時用兩個「最大」宣示中國政府用和平方式解決臺灣問題的誠意。

他說：「我們將以最大的誠意、盡最大的努力，用和平方式實現國家的最終統一。同時，我們絕不會容忍臺灣假藉民主，搞所謂『公投』，企圖把臺灣從中國分割出去。」溫家寶「要求美國政府恪守承諾，奉行一個中國政策，遵守中美三個聯合公報，反對『臺獨』」。鮑威爾說：「美國政府認識到臺灣問題對中國的重要性，對最近臺灣方面傳出的某些資訊表示關注。他重申美國政府奉行一個中國政策，遵守美中三個聯合公報，從根本上不支持『臺獨』。」12月9日，溫家寶與布希會談時，重申中國政府在臺灣問題上的立場。布希表示：「美國政府堅持一個中國政策，恪守美中三個聯合公報，反對臺灣獨立，這一政策不會改變。」「布希還說最近從臺灣傳出一些試圖改變現狀的資訊，令人不安，美方不贊成，我們反對單方面試圖改變臺灣現狀的做法。」

　　國家最高領導人之所以不斷向美國施壓，要求明確反對「臺獨」立場，其根本原因是美國在對待臺灣問題上所奉行的雙重立場。美國既認為臺灣是中國的一部分，奉行一個中國的政策，又通過《與臺灣關係法》，將臺灣定位在「準國家」關係上，企圖利用臺灣遏制中國大陸發展。「911事件」後，出於反恐考慮，美國調整了對華政策，中美兩國關係從對抗走向了緩和，但美國對臺政策卻沒有根本的改變。臺灣陳水扁當局一直緊抱美國的粗腿，唯美國命是從。海峽兩岸關係緊張的根本原因之一在於美國不斷插手臺灣事務。與中國領導人施壓相配合，中國外交部門也不斷向美國施壓，一方面批評美國售臺武器的錯誤行為，一方面逼美國在「臺獨」問題上表態。

　　2003年3月14日，中國外交部發言人孔泉就臺、美商討反導合作與售臺武器問題發表評論稱：「美方與臺進行軍事交往與合作，

直接違反『817』公報原則和美方有關承諾，向『臺獨』勢力發出新的錯誤信號，中方對此表示強烈不滿和堅決反對。」孔泉再次敦促美方：「認清上述行動的敏感性和危害性，恪守在臺灣問題上向中方所作的各項承諾，以免給中美關係帶來損害。」

外交部長李肇星9月7日接受美國《僑報》社長范東升專訪時指出：「中美最突出的分歧仍是臺灣問題。美方多次重申奉行一個中國政策、遵守美中三個聯合公報、反對『臺獨』，但美仍堅持售臺先進武器等錯誤做法。這是影響中美關係穩定的最大因素。」他表示：「希望美方恪守承諾，慎重處理臺灣問題，以免損害中美關係。」10月12日，李肇星應約與美國國務卿鮑威爾通電話時，希望美方「妥善處理涉臺問題」。10月20日，李肇星在曼谷與鮑威爾會見時，讚賞美國反對「臺獨」，希望把承諾落到實處。

12月6日，中國駐美大使楊潔篪接受新華社記者採訪時宣稱：美國應「明確反對『臺獨』勢力分裂中國的挑釁行為」。2004年11月17日，外交部發言人孔泉針對3月16日陳水扁宣布的兩次「公投」議題敦促美方「信守承諾」，「繼續明確反對臺利用『公投』搞『臺獨』的任何行為」。另據香港鳳凰衛視消息：華爾街日報2月9日刊出上週五對中國外交部副部長周文重的一項專訪，周要求美國對於臺灣「公投」問題積極行動以制約臺灣，以避免造成臺灣「領導人」和選民認為美國支持「公投」的印象。

中國政府對美施壓政策使美國在2003年真切地認識到臺灣問題在中美關係中的極端重要地位，出於全球戰略與國家安全等多方面因素考慮，美國對臺政策由模糊逐漸變得清晰，由不支持「臺獨」轉變為反對「臺獨」，美國決策層對陳水扁利用「公投」搞分裂的警告力度和頻率前所未有，從2003年11月後，美國白宮、國務院官

員不斷公開或放話要求臺灣「自製」。布希總統專門派國家安全委員會亞太事務主任莫健赴臺說明美國的立場，還帶親筆函給陳水扁，要求其有所克制。錯判形勢的陳水扁一意孤行，使布希在同溫家寶會談時，以強硬的語氣向陳水扁發出警告說，美國「反對任何單方面改變現狀的決定」，「臺灣領導人的言行表明，他可能想單方面作出改變現狀的決定，這是我們所反對的」。美國高級官員立即宣稱：「我們向臺灣發出了一個明確的官方資訊。」12月31日，美國國務院發言人愛瑞立更進一步明確表示，反對臺灣舉辦「公投」。很顯然，臺灣「公投」沒有過關，除了大陸的嚴正立場外，美國的警告也是起了至關重要的作用。

當「公投」失敗後，不甘心失敗的陳水扁，在臺灣「公投」結果揭曉後的第九天，迫不及待對美國《華盛頓郵報》宣稱：臺灣是一個「主權獨立的國家」，臺灣絕不接受一個中國原則，在未來4年「執政」中，將在2006年「催生臺灣新憲法」，在2008年實施「新憲法」。換句話說，不惜戰爭，也要搞「臺獨」。陳水扁的一意孤行使美國非常惱火。主管東亞事務的助理國務卿凱利在2004年4月國會聽證會上嚴厲警告臺灣，「臺獨」將引發軍事行動，如果臺灣領導人「把中國大陸的態度視為虛張聲勢，那將是不負責的」，美對臺灣「修憲」的支持是「有限度的」，對臺灣的支援也不是一張可以用來抗拒中國大陸的「空白支票」。10月，國務卿鮑威爾在訪問中國大陸期間，兩次接受媒體專訪，直指臺灣「不是獨立的，它並不享有作為一個國家擁有的主權」，甚至刻意兩度將過去美國希望兩岸未來走向「和平解決」的制式說法改為「和平統一」。12月，副國務卿阿米蒂奇又進一步表示，臺灣已成為美中關係間「最大地雷」，《與臺灣關係法》並未規定美國必須保衛臺灣。上述三次立場鮮明的對臺重要表態，均在島內引起很大震動，

使陳水扁當局受到嚴重打擊。

　　第三，進一步闡明一個中國的法理基礎，爭取國際社會反對「臺獨」。2000年臺灣大選前夕，國務院台辦新聞辦已經發表過《一個中國的原則與臺灣問題》白皮書，系統地論述了一個中國的事實與法理基礎。然而民進黨上臺後，極力否認「九二共識」與一個中國原則，造成了兩岸關係的政治危機。在這種情形下，祖國大陸多次闡釋一個中國原則的法理基礎。在《開羅宣言》發表60周年前夕，北京大學國際法研究所所長銳戈平撰寫了《〈開羅宣言〉的法律效力不容否定》一文，文章指出，1943年12月1日中美英三國首腦簽署的《開羅宣言》「是臺灣法律地位的一個有力證據，強調了將臺灣歸還中國的政治意願，為中國處理戰後臺灣提供了國際法的依據」。文章批判了臺灣攻擊《開羅宣言》「只是表達共同目的或意圖的一般政策性聲明」，「不足以構成任何法律上的義務和責任，在法律上不足為據」等觀點。文章認為：其一，《開羅宣言》具備國際法律檔的三個條件：一是它是中美英三國政府首腦的名義共同發表的，表達了三國政府的共同意願；二是它記載了三國領導人達成的協議；三是它明確規定了三國對日作戰的行為準則，包括確認臺灣是日本所竊取的中國領土，承諾務使日本在戰後將臺灣歸還中國。其二，從來沒有一個大國在正式場合和公文中公開否認《開羅宣言》的法律效力，相反，《開羅宣言》在一些國際檔案中屢屢被引為法律證據。外交學院國際法教授劉文宗也撰文提出：「《開羅宣言》確立了一個中國原則不可動搖的國際法基礎。」

　　國台辦副主任王在希在2003年12月1日北京召開的紀念《開羅宣言》發表60周年座談會上指出：「這是第一份確認臺灣是中國領土的國際法檔，它從法律上明確了日本侵占臺灣的非法性，強調了

戰後日本必須將臺灣歸還中國，為戰後中國處理臺灣問題提供了國際法依據。」他還指出：「60年來，《開羅宣言》的法律性質與效力為世界各國包括主要西方國家所確認。」該檔案絕不會因為臺灣為搞「臺獨」否定其法律地位和效力而受到貶損。

中國尊重國際法，從法理的角度闡述一個中國的原則得到了整個國際社會的認同，因此在海峽兩岸關係的危機時刻，各國政府紛紛公開表示堅持一個中國原則，反對「公投」、反對「臺獨」。當陳水扁公布了「防衛性公投」的議題後，除了美國明確表態外，一向在臺灣問題上表態低調的日本政府，首次透過日本交流協會臺北事務所所長內田勝久向臺灣明確表示舉辦「防衛性公投」不僅會「惡化兩岸關係」，而且「威脅本地區的和平與穩定，日本對此感到憂慮」。歐洲國家也否認了臺灣有關「防衛性公投」是展現民主政治的解釋，而認為這是「掛羊頭賣狗肉」。12月4日，歐盟執委會無異議通過針對臺灣舉行「公投」的決議，明確表示歐盟不願意看到臺海兩岸發生衝突，臺灣舉行「統獨公投」不僅對解決兩岸問題沒有說明，對區域和平也有威脅，歐盟特別關切臺灣「公投」的進展。

於此同時，俄羅斯、澳洲、紐西蘭以及包括韓國在內的亞洲國家紛紛公開表態反對臺灣「公投」或表示嚴重關切臺灣「公投」。國際主要媒體也紛紛發表評論，批評陳水扁是在嚴重挑釁，是在把臺灣引向險境。

綜上所述，民進黨當局在拋出「一邊一國論」後，又企圖利用「公投」進行分裂活動，蓄意挑戰一個中國原則。中國政府和人民堅決果斷地進行了反對陳水扁利用「公投」進行「臺獨」分裂活動的鬥爭，充分展示了中華兒女堅決捍衛國家主權和領土完整的堅強

意志和堅定決心，沉重打擊了「臺獨」分裂勢力的囂張氣焰，明確了臺灣是中國領土一部分的地位。在這場鬥爭中，中國政府得到了國際社會的廣泛支持，使得國際社會更沒有「臺獨公投」的活動空間。

二、中國共產黨關於兩岸關係和平發展思想的形成

　　黨的十六大以來，以胡錦濤為首的中共中央在對臺政策上進行了重大調整。2005年胡錦濤總書記在看望參加全國政協十屆三次會議的民革、臺盟、台聯委員並參加聯組會時，創造性地提出了新形勢下發展兩岸關係的「四點意見」。同年4月，胡錦濤總書記在與時任中國國民黨主席連戰會談時，首次提出「兩岸關係和平發展」的概念。2006年4月，胡錦濤總書記又將和平發展概括為「兩岸關係主題」。2007年黨的十七大上，胡錦濤總書記在政治報告中正式呼籲結束兩岸敵對狀態，「達成和平協定，構建兩岸關係和平發展框架，開創兩岸關係和平發展新局面」。2008年4月，胡錦濤總書記提出了「建立互信、擱置爭議、求同存異、共創雙贏」的十六字方針，特別強調「和平發展」；2008年12月31日，胡錦濤總書記在紀念《告臺灣同胞書》發表30周年座談會上的講話中，首次全面系統闡述了兩岸關係和平發展的思想，提出了推動兩岸關係和平發展「六點意見」。上述對臺政策的宣示，是對鄧小平「和平統一、一國兩制」理論和江澤民解決臺灣問題的「八項政治主張」的繼承、豐富與發展，體現了中國共產黨在新形勢下用和平方式解決臺灣問題的真誠願望、寬廣胸懷、氣魄與膽略，並形成了「兩岸關係和平發展」的思想。

1. 發展兩岸關係的「四點意見」

　　2005年3月4日，中共中央總書記、國家主席、中央軍委主席胡錦濤在看望參加全國政協十屆三次會議民革、臺盟、台聯界委員時，就新形勢下發展兩岸關係提出了四點意見。這四點意見在突出強調一個中國原則立場的基礎上，提出了一系列關於發展兩岸關係的新建議，是中國共產黨在國際局勢與島內局勢急劇變化的形勢下，解決臺灣問題的最新構想，是對鄧小平「和平統一、一國兩制」理論與江澤民關於解決臺灣問題八項主張的重大發展。其新意是：

　　第一，突出強調堅持一個中國原則絕不動搖與一個中國原則闡釋更具包容性相結合。堅持一個中國原則，是發展兩岸關係和實現祖國和平統一的基石。在這個事關中華民族根本利益的大是大非問題上，我們的立場是堅定的、一貫的。眾所周知，1949年以來，儘管海峽兩岸尚未統一，但大陸和臺灣同屬一個中國的事實從未改變，這就是兩岸關係的現狀。從提出解決臺灣問題時起到中共十六大報告在論述臺灣問題時，我黨都強調一個中國原則。胡錦濤擔任中共中央總書記後，在2003年3月11日參加十屆全國人大一次會議臺灣代表團審議時，就做好新形勢的對臺工作談了四點意見，第一條就是「要始終堅持一個中國原則」。這一次又就臺灣問題談了四點意見，其中第一條仍是「堅持一個中國原則絕不動搖」。可見一個中國原則是中國共產黨反對分裂、反對「臺獨」鬥爭的一個焦點問題，是兩岸關係的底線。

　　與過去談堅持一個中國原則的不同之處在於，對於一個中國的闡釋比過去更具包容性。2000年2月21日，國務院台辦、國務院新

聞辦發表了《一個中國的原則與臺灣問題》白皮書。文中對一個中國的定義是：「世界上只有一個中國，臺灣是中國的一部分，中華人民共和國政府是代表全中國的唯一合法政府。」此一說法代表了一個中國原則的傳統說法，而且延續了相當長的時期。民進黨「執政」後，由於臺灣拒絕一個中國原則，不承認體現一個中國原則的「九二共識」，兩岸對話缺乏政治基礎，基本處於隔絕狀態。為了打破兩岸關係的僵局，爭取讓臺灣把接受一個中國原則作為兩岸談判的基礎，中國共產黨在堅持一個中國原則不動搖的同時，對其作了盡可能大的包容性與靈活性的解釋。2001年1月22日，錢其琛在紀念江澤民《為促進祖國統一大業的完成而繼續奮鬥》發表六周年的講話中說：「我們說過，世界上只有一個中國，大陸和臺灣同屬一個中國，中國的主權和領土完整不容分割。這是海峽兩岸堅持一個中國原則的共同基點，具有很大的包容性。」中共十六大政治報告中採納了這一說法。此舉既充分表明堅持一個中國原則是全黨的共同意志，同時也是我們黨對海峽兩岸關係與臺灣定位再次釋出的最大善意。

胡錦濤兩次對臺工作的四點指示中，對一個中國內涵的闡釋是：「我們提出世界上只有一個中國，大陸和臺灣同屬一個中國，中國的主權和領土完整不容分割，就是要表明，中國是兩岸同胞的中國，是我們共同的家園。」「中國是包括2300萬臺灣同胞在內的13億中國人民的中國，大陸是包括2300萬臺灣同胞在內的13億中國人民的大陸，臺灣也是包括2300萬臺灣同胞在內的13億中國人民的臺灣。任何涉及中國主權和領土完整的問題，必須由全中國13億人民共同決定。」實事求是地講，胡錦濤對一個中國的闡釋，不僅再次釋出中國共產黨解決臺灣問題的最大善意，而且進一步為臺灣和臺灣問題定位，同時告誡臺灣進行「統」「獨」公投自決臺灣前途

沒有法律依據。此一闡述也充分考慮了臺灣人民的願望，孤立了「臺獨」。

　　第二，在兩岸談判的範圍與物件等問題上釋放了最大的善意與誠意。其一，提出爭取和平統一的努力絕不放棄，並提出了兩岸和平統一的五大好處。針對臺灣民進黨當局鼓吹的大陸不要和平之說，胡錦濤指出：「只要和平統一還有一線希望，我們就會進行百倍努力。」中共中央領導人多次強調：我們將以最大的誠意、最大的決心，實現祖國的和平統一。這樣做既符合兩岸同胞的根本利益，符合中華民族的根本利益，也符合當今世界和平與發展的潮流。胡錦濤還從和平統一是兩岸同胞之福、地區和世界之福的角度出發，提出了五大好處：「可以彌合兩岸因長期分離而造成的隔閡，使兩岸同胞增進一家親情；可以結束兩岸在軍事上的對抗，使兩岸同胞共同致力於和平建設；可以使兩岸經濟更好地互補互利，使兩岸同胞攜手共謀發展；可以使兩岸一起共同促進世界和平與發展的崇高事業，使兩岸同胞共用偉大祖國的尊嚴和榮譽；可以真正確保國家主權和領土完整，使兩岸同胞共同促進中華民族的偉大復興。」胡錦濤還表示，大陸真誠希望臺灣有關人士和有關政黨嚴肅思考祖國和平統一這個重大問題，希望他們「從民族大義出發，從兩岸同胞的福祉出發，作出正確的歷史性抉擇」。

　　其二，在兩岸談判的範圍上，對臺政策也體現出極大的靈活性。1992年10月，江澤民在中共十四大政治報告中提出：「在一個中國的前提下，什麼問題都可以談，包括就兩岸正式談判的方式問題同臺灣方面進行討論，找到雙方都認為合適的辦法。」1995年1月30日，江澤民在《為促進祖國統一大業的完成而繼續奮鬥》的講話中重申了「在一個中國的前提下，什麼問題都可以談」，創造性

地提出分步驟進行兩岸談判，逐步實現和平統一的構想。2002年11月召開的中共十六大在談判問題上又提出了一些極具新意的主張。具體說來，一是在一個中國前提下雙方可以暫時擱置某些政治爭議；二是將「在一個中國原則下什麼問題都可以談」更加具體化了，具有可操作性。報告充分考慮到了臺灣與香港、澳門的差異，進一步提出比港澳更寬的政策。具體說來：一是「可以談正式結束兩岸敵對狀態問題」。二是「在一個中國的前提下，可以談臺灣地區在國際上與其身分相適應的經濟文化社會活動空間問題」。這表明在「一國兩制」體制下，臺灣可以充分地共用偉大祖國在國際上的尊嚴與榮譽。三是「在一個中國的前提下，可以談臺灣的政治地位等問題」。胡錦濤關於對臺工作的四點指示中，關於「什麼問題都可以談」的內涵又有了新的拓展：「不僅可以談我們已經提出的正式結束兩岸敵對狀態和建立軍事互信、臺灣地區在國際上與其身分相適應的活動空間、臺灣的政治地位、兩岸關係和平穩定發展的框架等議題，也可以談在實現和平統一過程中需要解決的所有問題。」

其三，關於談判的前提與物件，中國共產黨人則表現出捐棄前嫌的寬廣胸懷與更大的善意與誠意。關於談判的前提，胡錦濤指出：只要承認一個中國原則，承認「九二共識」，「兩岸對話和談判即可恢復」。關於談判對象，鄧小平建議舉行國共「兩黨平等會談」，「實行第三次合作，而不提中央與地方談判」。江澤民在1995年1月30日發表的《為促進祖國統一大業的完成而繼續奮鬥》講話中考慮到「臺獨」勢力猖獗，臺灣政治變數增大等因素，提出舉行「兩岸和平統一談判」。對於談判對象，江澤民提出「可以吸收兩岸各黨派、團體有代表性的人士參加」。顯然「兩岸各黨派、團體」是包括民進黨中有識之士的。2002年11月中共十六大提出：

「我們願與臺灣各黨派和各界人士就發展兩岸關係、推進和平統一交換意見。」胡錦濤在對臺工作的四點指示中，則對談判物件的包容性更強。他說：「對於臺灣任何人，任何政黨朝著承認一個中國原則方向所作的努力，我們都歡迎。」「只要承認一個中國原則，承認九二共識，不管是什麼人、什麼政黨，也不管他們過去說過什麼、做過什麼，我們都願意同他們談發展兩岸關係、促進和平統一的問題。」胡錦濤釋放的這一誠意與善意，得到了臺灣與國際社會有識之士的極大贊同。也就是說，儘管陳水扁與民進黨過去曾多次進行分裂活動，搞「臺獨」，但只要現在朝著一個中國原則方向努力，我們就願意與他進行接觸與談判。

第三，突出「寄希望於臺灣人民」與尊重維護臺灣同胞的權益相結合。1979年1月1日全國人大常委會《告臺灣同胞書》中提出：「我們寄希望於一千七百萬臺灣人民，也寄希望於臺灣。」這就是中央對臺工作的「兩個寄希望」方針。當時之所以提「兩個寄希望」，是因為「臺灣一貫堅持一個中國的立場，反對臺灣獨立」，這是海峽兩岸「共同的立場，合作的基礎」。其後，有相當一段時間，中央領導同志在其講話中多次宣稱：「我們寄希望於臺灣，更寄希望於臺灣人民。」李登輝大搞「兩國論」和民進黨「執政」後，臺灣否定「九二共識」，挑戰一個中國原則，頑固推行「臺獨」分裂路線，破壞兩岸關係發展。在這種情況下，再提「寄希望於臺灣」，顯而易見不夠現實。

針對兩岸關係發展的現狀，中共十六大和胡錦濤的發展兩岸關係四點意見將「兩個寄希望」明確調整為「我們寄希望於臺灣人民」。中共中央為什麼只強調「寄希望於臺灣人民」呢？一是臺灣民進黨當局不承認一個中國原則，大搞分裂的「臺獨」活動已經喪

失了我們寄希望的基礎。二是臺灣同胞是我們的骨肉兄弟，是發展兩岸關係的重要力量，也是遏制「臺獨」分裂活動的重要力量。三是臺灣同胞具有光榮的愛國主義傳統。四是「臺獨」分裂勢力總是企圖把臺灣同胞同祖國大陸分隔開來，中國共產黨明確指出：「廣大臺灣同胞要求當家作主，與極少數搞『臺獨』是有本質區別的。」因此，胡錦濤在講話中指出：「『臺獨』分裂勢力越是想把臺灣同胞同我們分隔開來，我們就越是要更緊密地團結臺灣同胞。」

如何貫徹「寄希望於臺灣人民」方針呢？其一，中共十六大提出「我們充分尊重臺灣同胞的生活方式和當家作主的願望」。其二，胡錦濤在講話中提出：「尊重他們，信賴他們、依靠他們，並且設身處地為他們著想，千方百計照顧和維護他們的正當權益。」如何做到「設身處地」與「千方百計」呢？胡錦濤具體提出三項舉措：「臺灣農產品在大陸銷售的問題，事關廣大臺灣農民的切身利益，要切實解決。如果兩岸客運包機實現了『節日化』，還可以向常態化發展。兩岸貨運包機問題，也可以由兩岸民間行業組織交換意見。」這三項舉措的確是急臺灣同胞之急，得到了廣大臺灣同胞的極大好評與認同。

胡錦濤還提出：「我們將進一步陸續出臺解決臺灣同胞關心的問題、維護臺灣同胞正當權益的政策措施。」這就是四個「只要」：「只要是對臺灣同胞有利的事情，只要是對促進兩岸交流有利的事情，只要是對維護臺海地區和平有利的事情，只要是對祖國和平統一有利的事情，我們都會盡最大努力去做，並且一定努力做好。」這是我們對廣大臺灣同胞的莊嚴承諾。

由上可見，將「兩個寄希望」調整為「寄希望於臺灣人民」，

體現了中國共產黨對民進黨當局頑固堅持「臺獨」本質的清醒認識與警惕。同時，中國共產黨將「寄希望於臺灣人民」具體化了，體現了中國共產黨真正的尊重、信賴與依靠臺灣同胞來解決臺灣問題，體現了中國共產黨的最大誠意。對此，臺灣絕大多數民眾也是認同的。

第四，在主張和平統一、維護臺灣同胞利益的同時，特別強調反對「臺獨」分裂活動絕不妥協。進入新世紀後，針對「臺獨」分裂活動猖獗，中國共產黨對此持堅決打擊的立場。一方面公開點名批判了陳水扁的「一邊一國論」和利用「公投」進行「臺獨」分裂活動的行徑。另一方面不斷向外國分裂勢力與島內「臺獨」分裂勢力發表談話與聲明，展示中國共產黨反分裂、反「臺獨」的決心與信心。陳水扁獲得大選連任後，被嚴重警告必須在兩條道路上作出選擇：一條是懸崖勒馬，停止「臺獨」分裂活動，承認兩岸同屬一個中國，促進兩岸關係發展；一條是一意孤行，妄圖把臺灣從中國分割出去，最終玩火自焚。在全國人大十屆三次會議即將召開之際，中國政府啟動《反分裂國家法》遏制「臺獨」活動。胡錦濤在對臺工作的四點指示中特別指出：「在反對分裂國家這個重大原則問題上，我們絕不會有絲毫猶豫、含糊和退讓。」「臺獨」分裂勢力必須放棄「臺獨」分裂立場，停止一切「臺獨」活動。因為任何人要危害中國的主權和領土完整，13億中國人民堅絕不答應。胡錦濤希望，臺灣領導人切實履行2月24日重申的「四不一沒有」的承諾和不透過「憲改」進行「臺灣法理獨立」的承諾，透過自己的實際行動向世人表明這不是一句可以隨意背棄的空話。

胡錦濤關於發展兩岸關係的四點指示，充分體現了中國共產黨和中國政府在國家統一問題上所持的以國家和民族大義為重與尊重

歷史、尊重現實、堅持原則、求同存異的公正立場。同時表現了對臺政策既堅持原則又機動靈活，有守有為。這是新一代中國領導人在鄧小平同志「和平統一、一國兩制」的基本方針和江澤民同志「就現階段發展兩岸關係、推進祖國和平統一進程的八項主張」基礎上，面對兩岸關係新形勢，對解決臺灣問題、實現兩岸和平統一做出的新的決策。它必將在未來進一步發展兩岸關係方面同《反分裂國家法》一樣起到不可估量的作用。

2. 制定《反分裂國家法》遏制「臺獨」

民進黨「執政」以來，廣大幹部群眾、社會各界人士和海外僑胞要求以法律手段反對和遏制「臺獨」分裂勢力分裂國家、實現祖國統一的呼聲越來越高，全國人大代表、全國政協委員提出了不少對臺灣問題立法的議案、建議和提案。

2004年5月9日，在溫家寶總理訪問英國期間，海外華人華僑建議國家盡快制定「統一法」，溫總理當即表態說，這一建議「非常重要，我們會認真考慮」。這是中國領導人首次公開對有關對臺特別立法問題作出正面回應。中國媒體對此進行了報導，引起海內外的廣泛關注。幾天後，國台辦發言人又在回答臺灣記者的提問時，再次明確表示，對於各界有關促進祖國統一的建議，包括「以法律手段促進祖國統一」，中國政府「都會認真地考慮並予以採納」。

12月26日，十屆全國人大常委會第十三次會議經過分組審議，決定將反分裂國家法草案提請全國人民代表大會審議。吳邦國委員長在閉幕會上強調：「制定反分裂國家法是國家政治生活中的一件大事。做好反分裂國家法的立法工作，是當前全國人大及其常委會

的一項重要任務。」

　　2005年3月8日，全國人大三次會議第二次全體會議上，全國人大常委會副委員長王兆國受全國人大常委會委託，就《反分裂國家法》（草案）》作了說明。為什麼現在要制定《反分裂國家法》呢？王兆國指出：近一個時期以來，臺灣加緊推行「臺獨」分裂活動。在各種不斷升級的「臺獨」分裂活動中，應引起高度警惕的是，臺灣妄圖利用所謂「憲法」和「法律」形式，透過「公民投票」、「憲政改造」等方式，為實現「臺獨」分裂勢力分裂國家的目標提供所謂「法律」支撐，改變大陸和臺灣同屬一個中國的事實，把臺灣從中國分裂出去。事實表明，「臺獨」分裂勢力分裂國家的活動，嚴重威脅著中國的主權和領土完整，嚴重破壞和平統一的前景，嚴重損害中華民族的根本利益，嚴重威脅著臺海地區乃至亞太地區的和平穩定。因此，制定《反分裂國家法》是必要的、適時的。

　　由上可見，制定《反分裂國家法》是為了反對和遏制「臺獨」分裂勢力分裂國家，促進祖國和平統一，維護臺灣海峽地區和平穩定，維護國家主權和領土完整，維護中華民族的根本利益。

　　《反分裂國家法》的內容包括「關於本法的立法宗旨和適用範圍」、「關於臺灣問題的性質」、「關於以和平方式實現統一」、關於以非和平方式制止「臺獨」分裂勢力分裂國家四部分。這部法律實際上重申了中國政府堅持「和平統一、一國兩制」的基本方針和現階段發展兩岸關係，推進祖國和平統一的八項主張。是把我們過去20多年來爭取以和平方式解決臺灣問題的方針政策加以法律化，充分體現了我們以最大的誠意、盡最大的努力爭取和平統一前景的一貫立場。這部法律把我們關於發展兩岸關係，促進直接通

商、通郵、通航，保護臺灣同胞的正當權益，關於兩岸協商和談判，在一個中國原則基礎上什麼問題都可以談等政策主張，明確以法律形式加以規範。同時，這部法律將表明全中國人民捍衛國家主權和領土完整，絕不容忍「臺獨」分裂勢力以任何名義、任何方式把臺灣從中國分裂出去的共同意志。

當然，這部法律也就「以非和平方式制止『臺獨』分裂勢力分裂國家」作了規定：「『臺獨』分裂勢力以任何名義、任何方式造成臺灣從中國分裂出去的事實，或者發生將會導致臺灣從中國分裂出去的重大事變，或者和平統一的可能性完全喪失，國家得採取非和平方式及其他必要措施，捍衛國家主權和領土完整。」草案同時規定：「採取非和平方式及其他必要措施，本法授權國務院、中央軍委決定和組織實施，並及時向全國人大常務委員會報告。」

這裡需要強調，如果「臺獨」分裂勢力一意孤行，迫使我們不得不做出最後選擇，採取非和平方式及其他必要措施，完全是針對「臺獨」分裂勢力的，絕不是針對臺灣同胞的。

出席全國十屆人大三次會議的代表表示，《反分裂國家法（草案）》體現了13億中國人民的共同意志和堅強決心，展現了祖國大陸解決臺灣問題的極大誠意和對臺灣同胞的關懷與尊重。有媒體稱一部《反分裂國家法》勝抵雄師百萬。港澳輿論支持國家制定《反分裂國家法》。香港《文匯報》3月9日發表社評說：「反分裂法顯示出大陸逐漸掌握兩岸關係的主導權，其重點就在於畫出反『臺獨』的底線，以法律形式遏止『臺獨』。」《大公報》的社評說，本法是維護國家主權、反對「臺獨」的「極為重要一步」。香港《商報》社評認為任何一國都不會對分裂活動「坐視不管」。島內一些民眾認為該法扼住了「臺獨」咽喉。著名臺灣問題評論家南方

朔說《反分裂國家法》可能是「臺獨」的末日，但絕不是臺灣的末日。臺灣「中國文化大學」大陸所教授邵宗海在3月10日的《聯合早報》發表文章稱：該法在位階上將可能與港澳基本法相等，為國家根本大法。一些臺灣學者稱該法的頒布將為兩岸關係提供一個新的契機。

與上述看法相反，臺灣表示了極大的憤慨與無奈。早在大陸通過《反分裂國家法（草案）》之前，民進黨當局就宣稱此法是「為了武力犯臺」。隨即，臺灣派員赴美遊說，積極向美日求援，希望透過國際壓力，讓大陸放棄立法。臺灣「行政院」宣稱《反分裂國家法》破壞臺海現狀；3月16日，陳水扁針對《反分裂國家法》提出六點聲明，並號召百萬人進行反《反分裂國家法》大遊行。以大嘴巴著稱的呂秀蓮氣極敗壞地宣稱要發動「聖戰」，但是在3月16日對記者稱：當局要謹言慎行。還有些「臺獨」分子攻擊這部法律為「動武法」，是大陸對臺的「戰爭動員令」。全國人大十屆三次會議新聞發言人針對這些荒謬論調批駁說：「這部法律絕不是所謂的『對臺動武法』，更不是『戰爭動員令』，而是一部促進兩岸關係發展，促進和平統一的法律；是一部反對和遏制『臺獨』分裂勢力分裂國家、維護臺海地區和平穩定的法律；是一部維護國家主權和領土完整，符合中華民族根本利益的法律。」臺灣民進黨當局與「臺獨」分子的表演恰恰說明了這部《反分裂國家法》擊中了「臺獨」的要害。正如胡錦濤在紀念《告臺灣同胞書》發表30周年大會上的講話中指出的：「《反分裂國家法》的制定和實施，把我們關於解決臺灣問題的大政方針法律化，表達了我們堅持和平統一的一貫立場和最大誠意，同時表明了全中國人民堅決反對『臺獨』、捍衛國家主權和領土完整的共同意志和堅定決心。」它對於發展兩岸關係、維護國家主權與領土完整及兩岸關係和平發展，將會發揮極

其重要的作用。

3. 邀請連戰、宋楚瑜參訪大陸

2005年4月26日和5月5日,中國國民黨主席連戰、親民黨主席宋楚瑜應中共中央及胡錦濤總書記邀請,率團先後來大陸參訪。同年7月6日,新黨主席鬱慕明也率團訪問大陸。胡錦濤總書記與連、宋兩位主席就兩岸關係深入交換了意見,並分別發布了新聞公報和會談公報。

眾所周知,國共兩黨自1946年6月內戰爆發以來,一直處於敵對狀態。中國國民黨退守臺灣後,儘管中國共產黨多次呼籲結束敵對狀態,但由於種種歷史原因和李登輝拋出「兩國論」,使兩黨關係又呈惡化狀態。進入新世紀後,島內「臺獨」勢力更為猖獗,政爭激烈至白熱化狀態,兩岸關係也臨近冰點。然而就在山窮水盡疑無路之際,中國共產黨中央總書記胡錦濤邀請中國國民黨主席連戰和親民黨主席宋楚瑜率團參訪大陸。

國民黨副主席江丙坤也於3月28日至31日,率國民黨代表團赴大陸訪問,並在北京與國台辦主任陳雲林等人舉行工作性會談,雙方達成十二項初步成果。中國國民黨副主席江丙坤對參訪的結果表示「很滿意」。他認為,此行不僅是「緬懷之旅、經貿之旅」,也是一次「搭橋之旅」、「破冰之旅」。而國民黨主席連戰當日表示,他欣然接受大陸方面的正式邀請,並將擇期來訪。臺灣《中國時報》刊文說大陸已經明白確定了當前海峽兩岸交流的「民間原則」。《聯合報》載文說大陸在兩岸經貿和其他領域交流方面推出新政策,提出許多兩岸可協商的議題,此舉可另闢兩岸對話新管

道。島內還有輿論稱，兩黨首次進行正式工作性會談，象徵兩岸「黨對黨」交流方式正式啟動。4月18日，國民黨中央祕書長林豐正等人先行至北京洽商國民黨主席連戰參訪大陸事宜。

　　2005年4月26日至5月3日，中國國民黨主席連戰應中國共產黨中央委員會總書記胡錦濤邀請，率國民黨大陸訪問團一行60人訪問大陸。4月26日下午，連戰率領國民黨大陸訪問團首站是去南京中山陵謁陵。在中山先生靈前，連戰發表講話稱：「面對今天兩岸關係的嚴峻僵局，我們免不了會回憶起中山先生在彌留之際對國人和平、奮鬥、救中國的昭示。」「中山先生是兩岸共同尊崇的革命先行者。讓我們大家一起追隨革命先行者的腳步共同努力。」

　　4月29日下午3點，在兩黨「正視現實，開創未來」的共同體認下，胡錦濤總書記與連戰在北京人民大會堂福建廳舉行了會談。胡錦濤總書記先請連戰發表關於發展兩岸關係和兩黨交往的意見。連戰指出，今天的會談是國共兩黨促進兩岸關係和平發展的契機。國民黨反對「臺獨」，反對「臺灣正名」、「制憲」、「去中國化」、「一邊一國」、「臺獨」時間表等「臺獨」主張和活動。我們主張在「九二共識」架構下進行有意義的溝通，建立一個兩岸關係和平發展的大環境，進而推動簽署兩岸和平協定。期望兩岸關係能夠從當前對抗的惡性循環扭轉成為合作的良性循環。

　　胡錦濤總書記強調，構建和平穩定發展的兩岸關係，對兩岸同胞有利，對中華民族的長遠發展有利，我們兩黨應該為此而積極努力。他就發展兩岸關係提出四點主張：第一，建立政治上的互信，相互尊重，求同存異；第二，加強經濟上的交流合作，互利互惠，共同發展；第三，開展平等協商，加強溝通，擴大共識；第四，鼓勵兩岸民眾加強交往，增進瞭解，融合親情。

國共雙方就促進兩岸關係改善和發展的重大問題及兩黨交往事宜，廣泛而深入地交換了意見。在此基礎上，胡總書記與連主席決定共同發布「兩岸和平發展共同願景」。「共同願景」強調：「近年來，兩岸互信基礎迭遭破壞，兩岸關係形勢持續惡化。目前兩岸關係正處在歷史發展的關鍵點上，兩岸不應陷入對抗的惡性循環，而應步入合作的良性迴圈，共同謀求兩岸關係和平穩定發展的機會，互信互助，再造和平雙贏的新局面，為中華民族實現光明燦爛的願景。」

兩黨共同體認到：「堅持『九二共識』，反對『臺獨』，謀求臺海和平穩定，促進兩岸關係發展，維護兩岸同胞利益，是兩黨的共同主張。」「促進兩岸同胞的交流與往來，共同發揚中華文化，有助於消弭隔閡，增進互信，累積共識。」「和平與發展是二十一世紀的潮流，兩岸關係和平發展符合兩岸同胞的共同利益，也符合亞太地區和世界的利益。」

兩黨基於上述體認，共同促進以下工作：

「一、促進盡速恢復兩岸談判，共謀兩岸人民福祉。促進兩岸在「九二共識」的基礎上盡速恢復平等協商，就雙方共同關心和各自關心的問題進行討論，推進兩岸關係良性健康發展。」

「二、促進終止敵對狀態，達成和平協定。促進正式結束兩岸敵對狀態，達成和平協定，建構兩岸關係和平穩定發展的架構，包括建立軍事互信機制，避免兩岸軍事衝突。」

「三、促進兩岸經濟全面交流，建立兩岸經濟合作機制。促進兩岸展開全面的經濟合作，建立密切的經貿合作關係，包括全面、直接、雙向『三通』，開放海空直航，加強投資與貿易的往來與保障，進行農漁業合作，解決臺灣農產品在大陸的銷售問題，改善交

流秩序，共同打擊犯罪，進而建立穩定的經濟合作機制，並促進恢復兩岸協商後優先討論兩岸共同市場問題。」

「四、促進協商臺灣民眾關心的參與國際活動的問題。促進恢復兩岸協商後，討論臺灣民眾關心的參與國際活動的問題，包括優先討論參與世界衛生組織活動的問題。雙方共同努力，創造條件，逐步尋求最終解決辦法。」

「五、建立黨對黨定期溝通平臺。建立兩黨定期溝通平臺，包括開展不同層級的黨務人員互訪，進行有關改善兩岸關係議題的研討，舉行有關兩岸同胞切身利益議題的磋商，邀請各界人士參加，組織商討密切兩岸交流的措施等。」

「兩黨希望，這次訪問及會談的成果，有助於增進兩岸同胞的福祉，開闢兩岸關係新的前景，開創中華民族的未來。」

5月5日，親民黨主席宋楚瑜率團前來大陸展開「搭橋之旅」。5月12日下午，胡錦濤和宋楚瑜在北京舉行正式會談，這是中國共產黨與親民黨兩黨高層舉行的第一次正式會談。這次會談對加強兩黨交往、促進兩岸關係發展具有重要歷史意義和現實意義。會談後兩黨發表了會談公報。公報表明，雙方都主張，促進在「九二共識」基礎上盡速恢復兩岸平等談判；堅決反對「臺獨」，共謀臺海和平與穩定；推動結束兩岸敵對狀態，促進建立兩岸和平架構。公報記載了雙方對於「兩岸合則兩利，分則兩害，通則雙贏」的共同體認，就加強兩岸經貿交流、促進建立穩定的兩岸經貿合作機制達成九項共識，包含了許多新的具體構想、步驟與措施。其中，大陸方面進一步簡化臺灣同胞往來大陸的入出境手續，盡快實施在大陸就讀的臺灣學生與大陸學生同等收費標準，放寬臺灣同胞在大陸就業政策，以利於維護臺灣同胞利益、增進臺灣同胞福祉。中共中央

台辦主任陳雲林5月3日授權宣布大陸有關方面將於近期擴大開放臺灣水果准入,並對其中十餘種實行零關稅,也體現在這一公報中。此外,兩黨推動建立的「兩岸民間菁英論壇」,也可以說是今後兩黨交流的一個平臺。

兩黨會談之所以能夠取得重大的積極成果,在於兩黨具有堅持一個中國原則和「九二共識」的共同認知,具有堅決反對「臺獨」、共謀臺海和平與穩定的共同態度。

7月6日,新黨主席郁慕明率團到大陸參訪,10日抵達北京。12日,胡錦濤總書記會見了新黨主席郁慕明一行。胡錦濤總書記高度肯定了新黨「始終堅持一個中國、反對『臺獨』的立場」,高舉民族大義、反對分裂國土、主張和平統一的旗幟,「難能可貴」。並就當前兩岸關係提出四點看法:「共同促進中華民族的偉大復興」;「堅持一個中國原則」;「堅決反對和遏制『臺獨』」;「切實照顧和維護臺灣同胞的切身利益」。

新黨之所以選擇抗戰勝利60周年之際,展開「民族之旅」,其目的就是向世人展示出新黨謀求祖國統一、促進民族復興這一宗旨。

臺灣「泛藍」陣營三黨先後到大陸參訪,在島內掀起了巨大的波瀾。島內多數民眾對三黨大陸行表示理解和支持。據臺灣《聯合報》最新民調顯示,超過六成的島內民眾支持胡錦濤與宋楚瑜會談公報所達成的「逐步促成兩岸雙向直航」等主張。臺灣大學政治系教授張麟徵認為:連戰與宋楚瑜兩位臺灣在野黨主席相繼成功訪問大陸,是兩岸關係一個很大的轉捩點。她說,連戰和宋楚瑜訪問大陸在島內引起了巨大回響,也引起了國際社會的高度關注。連戰和宋楚瑜在訪問大陸期間一再強調一個中國和「九二共識」,一再表

明反「臺獨」的立場，這對臺灣求和平、求穩定、求發展的主流民意無疑是一種強化，具有十分積極的意義。她相信，隨著連宋訪問大陸，新的「大陸熱」勢必在臺灣延燒，這是不可阻擋的趨勢。

香港《文匯報》的評論指出，中共中央總書記胡錦濤與親民黨主席宋楚瑜舉行歷史性會談，這是繼國共兩黨攜手開創兩岸新局之後，兩岸政黨之間為進一步推動兩岸雙贏搭起了又一座互信和溝通之橋。評論認為，會談公報體現了中國共產黨和親民黨領導人登高望遠、緊跟時代、順應民意、奮發有為，為促進兩岸發展繁榮和實現中華民族偉大復興作出的巨大努力，也顯示了兩岸中國人具有足夠的智慧和能力結束兩岸對峙，搭起兩岸之間的互信和溝通之橋，共同開創雙贏的嶄新局面。

《澳門日報》專門開闢5個版面全面報導了宋楚瑜的「搭橋之旅」。該報社論指出，公報六點共識體現了中國共產黨和親民黨促進兩岸緩和、謀求臺海和平穩定、增進兩岸人民福祉和維護中華民族整體利益的努力，蘊含著兩岸同胞的願景，展現了大陸方面的善意和誠意。宋楚瑜希望透過這次訪問在兩岸之間搭起互信之橋、溝通之橋和感情心靈之橋，可以說目的已經達到。

海外輿論對此也給予了高度評價。美國總統布希肯定連戰訪問大陸是「歷史性訪問」。

怎樣看待臺灣泛藍陣營三黨大陸行及其所取得成果呢？以筆者之見：

第一，泛藍陣營三黨大陸行是中國共產黨與三黨特別是國共兩黨關係史上的一件大事，也是當前兩岸關係中的一件大事，是歷史性的一步，標幟著中國共產黨與三黨交往進入新的發展階段。眾所周知，臺灣「泛藍」陣營三黨均屬於原國民黨。在中國歷史上，曾

經發生過兩次國共合作的歷史。第一次國共合作成就了北伐大進軍，開創了中國革命的新局面。第二次國共合作打敗了日本侵略者，書寫了中華民族反侵略歷史的嶄新篇章。遺憾的是，國民黨在戰後置全國人民利益於不顧，堅持內戰與獨裁政策，最終在自己發動的內戰中敗北。中國國民黨退守臺灣後，由於自身極端的反共情結，海峽兩岸雖然都主張一個中國原則，堅持反對「臺獨」的立場，但沒能實現兩黨的第三次合作與祖國的完全統一。實事求是地講，國民黨在臺灣「執政」時期，有許多機會促成國共兩黨的和談，甚至第三次合作，但機會都錯過去了。在國民黨淪為在野黨與李登輝勢力基本清除的情況下，國民黨無論是從重新奪取政權還是從維護民族利益出發，均希冀結束國共兩黨的敵對狀態，為結束兩岸敵對狀態創造前提。特別是黨主席連戰的歷史責任感，率先開啟了「世紀首航，和平之旅」，終於迎來了56年來中國國民黨最高領導人首次登上大陸與60年後國共兩黨最高領導人再次聚首，同時也使得親民黨和新黨緊隨其後，形成了一股「泛藍」陣營三黨競相參訪大陸潮。此舉推動了兩岸關係的和平發展，為開創兩岸關係新局面奠定了基礎。

　　第二，「泛藍」陣營三黨大陸行使中國共產黨與三黨最高領導人舉行了會談並達成了若干項共識，集中體現了海峽兩岸民眾與中華民族的根本利益。堅持一個中國原則、承認「九二共識」，反對「臺獨」是中國共產黨與「泛藍」陣營三黨交往的基礎，是發展兩岸關係和實現祖國和平統一的基石。海外《僑報》發表社論稱：「胡連會」的精髓就是兩岸要和平共處，最終目的是合作雙贏。可見，求和平、求發展，促統一是海峽兩岸的主流民意，也是全球華人的共同主張。

第三,「泛藍」陣營三黨大陸行的重大成果之一就是搭建了中國共產黨與三黨定期溝通的平臺,為推進兩岸關係構建了新的交流模式。十多年前,國共雙方本著善意,在求同存異的基礎上,開啟協商、對話與民間交流,讓兩岸關係充滿和平的希望與合作的生機。但後來兩岸互信基礎迭遭破壞,兩岸關係形勢持續惡化。目前兩岸關係正處在歷史發展的關鍵點上,兩岸不應陷入對抗的惡性循環,而應步入合作的良性迴圈,共同謀求兩岸關係和平穩定發展的機會,互信互助,再造和平雙贏的新局面,為中華民族實現光明燦爛的願景。為此,建立與三黨定期溝通的黨際交流平臺,包括開展不同層級的黨務人員互訪,進行有關改善兩岸關係議題的研討,舉行有關兩岸同胞切身利益議題的磋商,邀請各界人士參加,組織商討密切兩岸交流的措施等,是非常必要的。

總之,對於「泛藍」陣營三黨的大陸行,海內外評論頗多,整個國際社會予以肯定。儘管三黨均是在野黨,但它代表了臺灣半數的民眾,此次國、親、新三黨先後訪問大陸,必將對兩岸關係產生深遠的影響。具體說來:

一是有助於兩岸關係趨於緩和。島內最新民意調查表明,56%的民眾肯定三黨大陸行有助兩岸和平發展,31%的人感覺兩岸關係趨於緩和,這是自1998年「辜汪會晤」後的最高點。

二是將會導致島內政治生態發生相應變化。國、親、新三黨順應民意,順應潮流,先後赴大陸與中國共產黨互動,開創了兩岸關係的新局面。三次會談及其成果對臺灣一個重要的影響是,臺灣民眾看到了一條新的兩岸政策和路線,臺灣民眾可以將這條路線與臺灣堅持的路線相比較,看看哪種政策更符合臺灣人民的根本利益,更有利於兩岸的和平與發展。一方面國、親、新三黨特別是中國國

民黨在今後兩岸關係和島內政局發展中扮演更為積極的角色，發揮更大的政治影響力。另一方面勢必對民進黨產生強大的壓力，是順勢而為，還是逆流而動。順應民意，順應潮流，民進黨必定會在兩岸關係上大有作為，裹足不前、逆流而動，民進黨必定會遭民眾唾棄。2008年民進黨丟掉政權和中國國民黨重新上臺就說明了這一點。

2006年9月25日，中國國民黨副主席林益世、親民黨政策中心主任張顯耀率團來湖南湘潭，參加9月25日舉行的「湘臺經貿交流與合作論壇」，尋求兩岸合作商機。國台辦常務副主任鄭立中在湘潭會見由林益世、張顯耀率領的中國國民黨、親民黨及臺商代表團。鄭立中表示，在全球經濟一體化的背景下，海峽兩岸比任何時候都需要加強合作、共促發展。

2008年5月，中國國民黨主席吳伯雄率團來大陸進行交流。5月28日，中共中央總書記胡錦濤與中國國民黨主席吳伯雄進行了歷史性會談，達成了廣泛共識：在「九二共識」基礎上盡快恢復海協會和海基會交往協商，透過平等協商務實解決兩岸間的有關問題，首先要解決的就是當前兩岸同胞最關心的兩岸週末包機、大陸居民赴臺旅遊問題；兩黨在新形勢下將繼續依循並切實落實「兩岸和平發展共同願景」，開創兩岸關係和平發展新局面等。擱置爭議是這次會談的最顯著特點之一。為了促進兩岸關係朝和平穩定方向發展，雙方都明確表示堅持「九二共識」，互相釋放善意和誠意。正是這種積極、務實的態度使會談收穫了豐碩的成果。會談中最關鍵的就是國共兩黨透過會談就兩會盡快恢復協商達成了共識，而且兩會商談隨即啟動。28日雙方達成這一共識後，29日海協會就發函邀請海基會於6月11日至14日來京協商，海基會也立即表態接受邀請。這

意味著，兩岸間中斷多年的協商談判終於恢復，並取得實際成果，是兩岸關係改善和發展的重要標幟。

4. 兩岸關係和平發展的「六點意見」

2008年3月，臺灣局勢發生積極變化，兩岸關係迎來難得歷史機遇，中國國民黨重新「執政」。5月20日以來，以馬英九為首的臺灣能夠與大陸一起，落實國共兩黨3年前簽署的「五項共同願景」，從而使兩岸同胞多年企盼的全面直接雙向「三通」得以基本實現，兩岸關係「實現了歷史性轉折，取得了突破性進展」，步入了「和平發展的軌道」。

12月31日，胡錦濤總書記在紀念《告臺灣同胞書》發表30周年座談會上發表了題為《攜手推動兩岸關係和平發展，同心實現中華民族偉大復興》的重要講話，首次全面系統闡述了兩岸關係和平發展的論斷，提出了推動兩岸關係和平發展的「六點意見」。六點意見是對鄧小平「和平統一、一國兩制」理論和江澤民解決臺灣問題的「八項政治主張」的繼承、豐富與發展，體現了中國共產黨在新形勢下用和平方式解決臺灣問題的真誠願望、寬廣胸懷、氣魄與膽略，科學回答了為什麼要推動兩岸關係和平發展、怎樣推動兩岸關係和平發展的重大問題。

胡錦濤總結了《告臺灣同胞書》發表以來兩岸關係發展的經驗，強調：30年來兩岸關係發展的實踐告訴我們：推動兩岸關係發展，實現祖國和平統一，最重要的是要遵循「和平統一、一國兩制」的方針和現階段發展兩岸關係、推進祖國和平統一進程的八項主張，堅持一個中國原則絕不動搖，爭取和平統一的努力絕不放

棄，貫徹寄希望於臺灣人民的方針絕不改變，反對「臺獨」分裂活動絕不妥協，牢牢把握兩岸關係和平發展的主題，真誠為兩岸同胞謀福祉、為臺海地區謀和平，維護國家主權和領土完整，維護中華民族根本利益。

胡錦濤就推動兩岸關係和平發展提出六點意見：

一、恪守一個中國，增進政治互信。維護國家主權和領土完整是國家核心利益。兩岸在事關維護一個中國框架這一原則問題上形成共同認知和一致立場，就有了構築政治互信的基石，什麼事情都好商量。兩岸應該本著建設性態度，積極面向未來，共同努力，創造條件，透過平等協商，逐步解決兩岸關係中歷史遺留的問題和發展過程中產生的新問題。

二、推進經濟合作，促進共同發展。兩岸同胞要開展經濟大合作。我們期待實現兩岸經濟關係正常化，推動經濟合作制度化。

三、弘揚中華文化，加強精神紐帶。兩岸同胞要共同繼承和弘揚中華文化優秀傳統，開展各種形式的文化交流。我們將繼續採取積極措施，推動兩岸文化教育交流合作邁上範圍更廣、層次更高的新臺階。

四、加強人員往來，擴大各界交流。兩岸同胞要擴大交流，兩岸各界及其代表性人士要擴大交流。對於任何有利於推動兩岸關係和平發展的建設性意見，我們都願意作出積極回應。

五、維護國家主權，協商涉外事務。我們瞭解臺灣同胞對參與國際活動問題的感受，重視解決與之相關的問題。兩岸在涉外事務中避免不必要的內耗，有利於增進中華民族整體利益。

六、結束敵對狀態，達成和平協定。海峽兩岸中國人有責任共

同終結兩岸敵對的歷史，竭力避免再出現骨肉同胞兵戎相見，讓子孫後代在和平環境中攜手創造美好生活。

胡錦濤總書記的重要講話，從政治、經濟、文化、社會、涉外事務、軍事安全等方面，全面系統地闡述了中國共產黨的政策主張，指明了構建兩岸關係和平發展框架的努力方向，為開創兩岸關係的未來提供了新的契機。

中共中央政治局常委、全國政協主席賈慶林在紀念胡錦濤《攜手推動兩岸關係和平發展，同心實現中華民族偉大復興》的重要講話發表一周年座談會上的講話，進一步闡述了胡錦濤重要講話的新意所在：

第一，講話「鮮明的特色和主旨，就是把我們黨實現祖國完全統一的歷史使命與近代以來中華民族的歷史追求緊密聯繫起來，把兩岸關係的發展與實現中華民族的偉大復興緊密聯繫起來」，進一步號召兩岸同胞攜手推動兩岸關係和平發展，同心實現中華民族偉大復興。中國共產黨十七大提出「要牢牢把握兩岸關係和平發展的主題」這一論斷以來，兩岸關係發展的實踐表明：臺灣的前途繫於兩岸關係和平發展，繫於中華民族偉大復興。胡錦濤總書記鄭重提出，回顧近代民族之艱難奮鬥歷程，展望未來民族之光明發展前景，我們應該登高望遠、審時度勢，本著對歷史、對人民負責的態度，站在全民族發展的高度，以更遠大的目光、更豐富的智慧、更堅毅的勇氣、更務實的思路，認真思考和務實解決兩岸關係發展的重大問題。我們要牢牢把握兩岸關係和平發展的主題，積極推動兩岸關係和平發展，實現全民族的團結、和諧、昌盛。這些重要論述充分體現了維護中華民族根本利益的堅定意志，充分展現了我們為兩岸同胞謀福祉、為臺海地區謀和平、為中華民族謀復興的決心和

誠意。

第二，講話首次全面系統地闡述了兩岸關係和平發展的思想，鮮明地提出了爭取祖國和平統一首先要確保兩岸關係和平發展的論斷，科學回答了為什麼要推動兩岸關係和平發展、怎樣推動兩岸關係和平發展的重大問題。胡錦濤總書記在講話中強調，「推動兩岸關係和平發展，應該把堅持大陸和臺灣同屬一個中國作為政治基礎，把深化交流合作、推進協商談判作為重要途徑，把促進兩岸同胞團結奮鬥作為強大動力」。他還指出，繼續反對「臺獨」分裂活動是推動兩岸關係和平發展的必要條件，是兩岸同胞的共同責任。「兩岸關係和平發展的思想，立足於對臺工作長期的豐富實踐，體現了實事求是的科學精神，反映了對兩岸關係發展規律的深刻認識。牢牢把握兩岸關係和平發展這一主題，既符合當前推進兩岸關係的實際需要，又反映了兩岸關係發展的客觀趨勢，同時也是堅持和平統一方針的必然要求。從根本上說，推動兩岸關係和平發展，是我們國家發展戰略的一個重要組成部分，是走中國特色社會主義道路、實現中華民族偉大復興的戰略選擇。」

第三，講話立足現實、著眼長遠，體現了構建兩岸關係和平發展框架的戰略要求，體現了解決兩岸關係重大問題的新思路、新觀念、新主張，也體現了破解難題、打開僵局的政治智慧。這六點重要意見，表明了我們推動兩岸關係和平發展的誠意和善意，同時又儘量回應了臺灣方面的合理訴求，有利於雙方共同探索和開闢兩岸關係和平發展的前景。全面貫徹落實六點意見，兩岸關係和平發展就能夠行穩致遠，兩岸關係和平發展的框架就能夠逐步建立。

第四，講話「突出強調了兩岸同胞在兩岸關係和平發展中的主體地位，充分體現了以人為本的科學理念。兩岸同胞是血脈相連的

命運共同體」。胡錦濤總書記強調：「實現中華民族偉大復興要靠兩岸同胞共同奮鬥，兩岸關係和平發展新局面要靠兩岸同胞共同開創，兩岸關係和平發展成果由兩岸同胞共同享有。」中國共產黨歷來認為，臺灣同胞是發展兩岸關係的重要力量。要推動兩岸關係和平發展，就必須始終堅持寄希望於臺灣人民的方針，盡最大可能、最大限度地團結廣大臺灣同胞，團結的人越多越好。只有最廣泛地實現兩岸同胞大團結，最充分地調動和彙聚起一切積極因素，兩岸關係和平發展才大有希望。

總之，胡錦濤總書記的重要講話深刻把握民族根本利益和國家核心利益，深刻把握兩岸關係的發展趨勢，是在認真總結30年來對臺工作實踐經驗基礎上形成的最新理論成果，豐富和發展了中央對臺工作的大政方針。

三、兩岸「三通」實現與互動格局的形成

2008年12月，隨著兩岸海空直航，海峽兩岸「三通」得以基本實現。兩岸關係和平發展是新世紀以來兩岸關係的主題，如何實現兩岸關係和平發展，是海峽兩岸各界關注的焦點。兩岸當局與學者都將目光投向了兩岸「三通」問題。「三通」是實現兩岸關係和平發展的有效途徑之一。進一步探討兩岸「三通」實現的艱難歷程與兩岸互動格局形成的原因，對於深入理解中共對臺新政策與大力推進兩岸交流、實現兩岸關係和平發展與促進祖國早日統一具有十分重要的現實意義。

1. 兩會重啟會談與兩岸「三通」實現

《告臺灣同胞書》發表以來，大陸方面的有關部門負責人先後公開發表談話，表示隨時準備與臺灣有關方面就兩岸通郵、通航、通商問題進行協商，同時制訂了一系列政策規定，為兩岸「三通」提供了法律依據與便利。1979年，外貿部率先制訂了《關於開展對臺灣貿易的暫行規定》；80年代，郵電部、商業部、交通部、外貿部、中國人民銀行、中國銀行、國家海洋局、國家水產總局等單位先後制訂了《購買臺灣產品的補充規定》、《關於兩岸通航的五項決定》、《關於促進大陸和臺灣通商的四點建議》、《關於兩岸通郵通電的六項決定》、《關於臺灣同胞來大陸探親旅遊接待辦法的通知》、《關於簡化臺胞來大陸探親旅遊的出入境手續的決定》等規定；國務院制訂了《臺胞經濟特區投資三項優惠辦法》等相關法規與政策。90年代，兩岸紅十字會簽署了《金門協議》；海峽兩岸關係協會與海基會簽署了《兩岸掛號函件查詢、補償事宜協定》；全國人民代表大會常委會通過了《中華人民共和國臺灣同胞投資保護法》；國務院發布了《中華人民共和國臺灣同胞投資保護法實施細則》等。然而李登輝與陳水扁主政時期，千方百計地阻撓兩岸「三通」。有鑑於此，國台辦通過的《以人為本為民謀利積極務實推進兩岸「三通」》的說明書認為：「從李登輝到臺灣現任領導人，都一直以所謂對等、安全、尊嚴為藉口，拖延和阻止『三通』。臺灣在相關規定中，刻意對『三通』設置嚴格的限制條款，附加了種種政治條件，極力阻撓兩岸『三通』談判。臺灣現任領導人一方面拒不接受一個中國原則，不承認九二共識，致使兩岸對話與談判無法恢復；另一方面又不接受簡便易行的民間行業組織協商三通問題的辦法，致使三通商談遲遲不能啟動。」「臺灣現任領導

人破壞兩岸關係發展、蓄意分裂祖國的立場和政策，是兩岸直接、雙向、全面三通迄今無法實現的根本原因。」

2005年，胡錦濤總書記同連戰主席達成的兩黨「共同願景」中，明確提出首先實現兩岸兩會的正常交往，為兩岸三通開闢道路。2008年5月，中國國民黨重新執政後，經過國共兩黨的進一步磋商，兩岸兩會於同年6月12日在北京釣魚臺國賓館舉行會談，此次會談標幟著中斷近10年的兩會協商談判正式恢復。海協會會長陳雲林強調：兩岸協商談判能否順利進行，一向是兩岸關係是否改善與發展的重要標幟。衷心希望兩會把握時機，及時、積極地交換意見，作出符合兩岸同胞期待、有利於增進兩岸同胞福祉的務實規劃。他還說，新形勢下的兩會商談應牢牢把握兩岸和平發展的大方向，海協會願秉持「建立互信、擱置爭議、求同存異、共創雙贏」的精神，透過與海基會的平等協商，務實解決兩岸同胞關心的各種問題。海基會董事長江丙坤在會談中表示：這次會談象徵著兩會互動的恢復，也是兩岸關係重新啟動的一個起點。「兩會正常化、制度化的往來對兩岸關係未來的發展具有指標性的意義。」

2008年6月13日上午，海協會與海基會在北京釣魚臺國賓館簽署了《海峽兩岸包機會談紀要》與《海峽兩岸關於大陸居民赴臺灣旅遊協議》。此舉如陳雲林所言：海協會和海基會在北京恢復了中斷將近10年的兩會商談，並成功地簽署了兩項協定，開啟了兩岸談判的歷史新頁。

2008年11月3日，海協會會長陳雲林率團赴臺北與海基會領導人會談。陳雲林在臺北機場發表講話稱：當前，兩岸關係發展正面臨難得的歷史機遇。邁出新的步伐，推進兩會制度化協商，以增進兩岸同胞交往，加強兩岸經濟交流合作，乃當務之急。11月4日，

陳雲林與江丙坤在臺北圓山大飯店舉行會談。兩會在臺北舉行領導人會談，是兩會成立以來的第一次，這也是兩岸關係得到改善與發展的重要標幟。在臺北兩岸兩會簽署了《海峽兩岸空運協議》、《海峽兩岸海運協議》、《海峽兩岸郵政協議》和《海峽兩岸食品安全協定》四項協定。

　　四項協定的簽訂標幟著兩岸同胞盼望已久的兩岸直接通航、通郵即將變成現實。協議簽署後，海協會常務副會長鄭立中在海協會記者會上指出，今天是兩岸關係史上值得記載的日子，會談成果將帶動兩岸人民往來和經濟文化交流。江丙坤在海基會記者會上表示，兩會臺北會談簽署的四項協議是兩岸共同努力的成果，有助於提升臺灣的經濟競爭力和保障臺灣民眾的健康權益，有信心能夠順利付諸實施。據臺灣一項最新民調顯示，超過七成民眾支持兩岸制度化的協商機制，七成到八成民眾對此次兩岸協商簽署的四項協議感到滿意，超過六成民眾認為這些具體成果對臺灣經濟發展有好的影響。島內媒體對陳江第二次會談給予了高度評價：臺灣《經濟日報》對此發表社論稱：「三通」達成臺灣行將浴火重生。香港《文匯報》11月5日發表彭利國文章：《雖有猿聲啼不住　輕舟已過萬重山》；馬來西亞《南洋商報》11月7日發表社論：《臺海兩岸實現三通締造雙贏局面》；美國《僑報》11月4日發表社論：《兩岸交流突破「綠色困局」》；紐約時報說，陳雲林訪臺象徵兩岸關係更和緩。英國廣播公司（BBC）中文網站報導陳雲林訪臺時，提到海基會董事長江丙坤稱這是兩岸關係邁出歷史性的一步。美聯、路透和法新三家主要國際通訊社都稱這次陳雲林訪臺是「歷史性」行程。《華盛頓郵報》刊出評論指出，這是一次極重要的象徵性磋商，可能是啟動兩岸關係的新紀元。

中共中央台辦、國務院台辦主任王毅高度評價海協會代表團此次赴臺商談是「開拓之旅、合作之旅、和平之旅」，「兩會制度化協商已經站在一個新的出發點上，兩岸關係的發展也呈現出前所未有的光明前景」。

2008年12月15日，眾望所歸的兩岸海運直航、空運直航以及直接通郵正式啟動，兩岸同胞魂牽夢縈的直接「三通」終於得以基本實現。

2009年，兩岸兩會在反對「臺獨」、堅持「九二共識」的基礎上建立互信，以協商合作、和平雙贏代替了對抗衝突，以往民進黨當政時期危機四伏的兩岸關係終於得到了根本性改善。

同年4月26日，海峽兩岸兩會在南京舉行第三次會談。會談中，雙方就大陸資本赴臺投資事宜交換了意見，達成原則共識。下午，兩岸兩會簽署了《海峽兩岸空運補充協議》、《海峽兩岸金融合作協定》、《海峽兩岸共同打擊犯罪及司法互助協定》等三項協定。對於會談取得的豐碩成果，島內各界表示歡迎和肯定。

同年12月22日，兩會領導人第四次會談又在臺中市舉行，圍繞兩岸漁船船員勞務合作、兩岸農產品檢驗檢疫合作、兩岸標準計量檢驗認證合作、兩岸避免雙重徵稅及加強稅務合作等四項議題進行協商，並最終簽署協議。

在國民黨執政的兩年裡，兩岸兩會四次復談，不僅使兩岸兩會協商進一步制度化，而且使「三通」最終得以基本實現，同時還證明了和平發展符合時代的潮流，符合兩岸人民的根本利益，也給臺灣民眾帶來了諸多的實惠，得到了兩岸同胞和國際社會的充分肯定和支持。

2. 兩岸互動格局形成的原因

兩岸「三通」的實現與兩岸大交流、大合作與大發展局面的出現，標幟著兩岸互動格局最終得以形成。

對於兩岸互動格局形成的原因，兩岸學者有不同的看法。臺灣學者過分強調了中國國民黨重新走向執政與「大陸政策」的轉變在兩岸互動格局形成中的因素。大陸學者的論證較為客觀，既認為中共十六大以來對臺政策的重大轉變是兩岸互動格局形成的根本原因，又強調了中國國民黨重新走向執政與「大陸政策」的轉變在兩岸互動格局形成中的作用。筆者以為兩岸互動格局形成的原因是多方面的，是各種因素合力的結果。

第一，中國共產黨對臺政策的重大轉變是兩岸互動格局形成的根本原因。眾所周知，1949年中國國民黨退臺與「反攻大陸」政策的擬定，是兩岸對峙格局形成的根本原因。有鑑於此，中國共產黨從消滅國民黨殘餘與解放全中國的戰略角度考慮，提出了「一定要解放臺灣」的口號。1954年9月爆發了第一次臺海危機，以美國為首的西方反華勢力藉機推波助瀾，致使兩岸之間劍拔弩張。為了打破美國等西方反華勢力的戰爭叫囂與分裂中國的圖謀，化解臺海危機，中國共產黨主動將武力解放臺灣政策調整為和平解放臺灣。當然，中國共產黨在強調和平解放的同時，始終未承諾放棄使用武力，而是以武力解放臺灣作為和平解放的後盾。60年代初，中國共產黨為了和平解決臺灣問題，將對臺方針概括為「一綱四目」。這一概括既豐富和發展50年代中期中國共產黨關於「和平解放臺灣」的政策與實踐，又成為後來「一國兩制，和平統一」方針的雛形。

以中國共產黨十一屆三中全會為其標幟，中國共產黨對臺政策

真正實現了由武力解放到和平解決的轉變。全國人大常委會於1979年元旦發表了《告臺灣同胞書》，提出了和平統一祖國的主張。1月30日，鄧小平接待外賓時強調：「我們不再用『解放臺灣』這個提法了。只要臺灣回歸祖國，我們將尊重那裡的現實和現行制度。」《告臺灣同胞書》的發表與鄧小平的談話，是新時期中國共產黨和中國政府對臺方針政策的重大轉變。1981年9月30日，全國人大常委會委員長葉劍英向新華社記者發表談話，提出和平統一祖國的各項政策，簡稱「葉九條」。1982年1月11日，鄧小平在接見海外朋友時，第一次把中央關於和平統一祖國的構想概括為「一國兩制」。

和平解決臺灣問題一經提出，就得到了海峽兩岸民眾的強力支援與積極評價，為促進海峽兩岸走向緩和與互動格局的形成，起了極大的推動作用。儘管以蔣經國為首的臺灣國民黨當局奉行「不接觸、不談判、不妥協」的三不政策，阻撓兩岸之間的正常接觸與交流，但最終還是被迫放棄了「反攻大陸」的政策，提出了「三民主義統一中國」的主張，並且開放臺灣民眾赴大陸探親。此舉儘管非常被動，但對兩岸互動格局的形成起到了積極作用。

90年代，中國共產黨針對李登輝之流的「臺獨」活動與西方國家特別是美國加緊對中國的西化、分化，加強利用臺灣問題對中國進行牽制與遏制的特點，準確把握解決臺灣問題的國內國際形勢，即時調整對臺工作方針，在理論上積極創新，提出了發展兩岸關係的八項政治主張。這一重要講話對於推動兩岸關係發展、反對和遏制「臺獨」分裂活動、維護祖國和平統一發揮了極其重要的作用。然而遺憾的是，江澤民解決臺灣問題的八項政治主張卻遭遇了李登輝拋出的「六條」意見。「李六條」背離一個中國原則，全面拒絕

了「江八點」提出的促進祖國和平統一的呼籲，極力推行「兩個中國」為核心的分裂政策，一直發展到公然主張「兩國論」。李登輝此舉使海峽兩岸和平發展的大好勢頭遭到嚴重破壞，損害了兩岸和平統一的基礎。

進入新世紀後，臺灣政局發生重大變化，主張「臺獨」的民進黨登上「執政」舞臺。臺灣領導人陳水扁緊步李登輝的後塵，變本加厲、肆無忌憚地鼓吹「臺獨」言論，並與李登輝的台聯黨和建國黨組成的「泛綠陣營」，極力否定「九二共識」，挑戰一個中國原則，全力推進「臺獨」路線，將兩岸關係推到了危險的戰爭邊緣，而且成為亞太地區穩定與繁榮的最大亂源。海外分裂勢力乘機推波助瀾。中國共產黨與中國政府針對「臺獨」勢力猖獗與外國分裂勢力，進行了堅決的鬥爭。在反對「臺獨」和外國分裂勢力的鬥爭中，以中共十六大為其標幟，胡錦濤總書記為首的中共新一代領導集體在對臺政策上進行了重大調整，實施了更為積極的兩岸政策，對於推進兩岸關係互動格局的最終形成，起到了至關重要的作用。中共新一代領導集體在對臺政策上所做的重大調整是：其一，突出強調「牢牢把握兩岸關係和平發展的主題」。其二，強調透過建立黨際交流平臺藉以反對「臺獨」，構建兩岸互動格局。其三，真心誠意地為臺灣同胞謀福祉，透過深化兩岸互利合作與交流，營造兩岸和平環境。

第二，中國國民黨重新走向執政與大陸政策的重大調整是兩岸互動格局形成的關鍵原因關於此點，學術界並沒有爭論。的確，如果臺灣不是國民黨執政，還是民進黨執政，兩岸「三通」根本不可能實現，兩岸互動格局也無從談起。眾所周知，國共兩黨自1946年6月內戰爆發以來，一直處於敵對狀態。中國國民黨退守臺灣後，

儘管中國共產黨多次呼籲結束敵對狀態，宣導第三次國共合作，實現祖國的早日統一，但由於種種歷史原因和李登輝拋出「兩國論」，致使國共兩黨與兩岸關係一直處於對峙與僵化狀態。

進入21世紀後，島內「臺獨」勢力更為猖獗，政爭激烈至白熱化程度，兩岸關係也臨近冰點。然而就在山窮水盡疑無路之際，進入2005年後，臺海緊張局勢出現了某些緩和的跡象。中國國民黨藉紀念孫中山先生逝世80周年之機，向海峽兩岸展示化解國共兩黨多年積怨的意願，追求民族大義，堅持一個中國原則，反對「臺獨」的立場。中國共產黨主動捐棄前嫌，緊緊抓住這一有利時機，向國民黨發出了參訪大陸的邀請，希冀突破兩岸僵局。國民黨主席連戰遂於4月26日至5月3日率領中國國民黨代表團到大陸參訪。5月5日，「泛藍」陣營的親民黨主席宋楚瑜又率領親民黨大陸訪問團抵達大陸。胡錦濤總書記與連、宋兩位主席就兩岸關係深入交換了意見，並分別發布了新聞公報和會談公報。關於此點，前面已經作了說明。儘管國民黨姍姍來遲，但從結束國共兩黨56年不交往的立場角度分析，連戰的大陸行的確是「破冰之旅」。此舉既有助於化除兩黨積怨，又有助於消除兩岸誤解，加強交流，有助於「三通」，還可以進一步遏制「臺獨」分裂活動。

中國國民黨之所以接受中國共產黨的邀請，一方面是中國國民黨承認「九二共識」，國共兩黨均堅持一個中國原則，有此共識才使國民黨欣然接受中共的邀請；一方面是國共兩黨都持堅決反對「臺獨」的立場，都希望兩岸之間有一個和平的環境來發展兩岸經濟；再一方面國民黨也想透過兩黨交流來打破兩岸僵局，順應民意爭取選票，重新奪取執政權。

2008年3月，國民黨終於從民進黨手中奪回了「執政權」，為

兩黨進一步交流和兩岸「三通」創造了有利的條件。早在2005年9月2日，國民黨主席馬英九在接受東森亞洲新聞台採訪時，就提出了兩岸「三通」直航時間表。他承諾：「如果國民黨執政，兩年內一定完成兩岸『三通』直航。」馬英九還提出了兩岸「三通」直航的時間表。他當時的考慮是：一是表明國民黨在2008年重奪臺灣執政權的信心，並對臺灣民進黨當局阻撓兩岸「三通」的做法表示抗議；二是馬英九認識到，要想在2008年的臺灣大選中戰勝民進黨，必須順乎民意，改善兩岸關係，並在促進兩岸發展上採取實質性行動；三是推動兩岸「三通」直航，符合「連胡會五點共同願景」。2008年5月中國國民黨重新執政後，經過國共兩黨的進一步磋商，同意海峽兩岸關係協會與海峽交流基金會就兩岸「三通」問題恢復談判。此舉推進了兩岸關係的重大突破，眾望所歸的兩岸海運直航、空運直航以及直接通郵正式啟動，兩岸同胞魂牽夢縈的直接「三通」終於在2008年12月得以基本實現。

由上可見，如果沒有國民黨的重新「執政」、捐棄前嫌與改變其大陸政策，兩岸「三通」是很難實現的。如果沒有兩岸「三通」，兩岸互動格局也只能是空中樓閣。正是從這個意義上講，中國國民黨重新走向執政與大陸政策的重大調整是兩岸互動格局形成的關鍵原因。

第三，兩岸兩會會談機制的初步建立與兩岸人民的深入交流是兩岸互動格局形成的重要原因。關於此點，前面已經作了詳細論述，此處不再述及。

第四，美國與國際社會認同兩岸關係和平發展是兩岸互動格局形成不可或缺的外部原因。眾所周知，二次大戰結束後，國際關係逐漸朝著和平的方向發展，呈現出緩和與對話的趨勢。隨之，和平

與發展成為時代的主題，求和平、促發展、謀合作是世界各國人民的共同心願，也是不可阻擋的歷史潮流。基於國際大勢，美國對華政策也經歷了從敵視、對抗走向合作與認同兩岸關係和平發展、但仍不願意完全放棄干涉中國事務的立場。

臺灣問題本來是中國內戰的遺留問題，但由於以美國為首的西方勢力在臺灣問題上插手中國事務，阻撓中國人民的統一大業，致使海峽兩岸長期處於對峙隔絕狀態。從1972年中美關係解凍到1979年中美兩國建交，兩國關係逐漸走向正常化。此後，美國對華政策表現了雙軌政策特點：一方面與中國大陸發展正式關係，促進兩岸之間的緩和；另一方面則在1979年4月通過了《與臺灣關係法》，將臺灣視為一個「獨立的政治實體」，保持與臺灣的「實質關係」，藉此以阻撓中國統一。隨著冷戰的結束，中蘇美三角戰略關係發生重大變化。蘇聯解體，美國認為「中國牌」的作用消失，中國在美國對外關係中的作用大大減少。加上中國堅持社會主義方向，使美國決策者們開始重新評估兩國關係的戰略價值和基礎。他們從意識形態的角度出發，不但在輿論上提出「中國威脅論」，而且採取實際措施力圖遏制中國經濟和社會的迅速發展。同時極力阻止中國統一的歷史進程。基於中國人民堅決反對分裂與反對「臺獨」的嚴正立場和李登輝製造「兩國論」使中美關係受到嚴重傷害，造成亞太地區局勢動盪，從而迫使美國調整對華政策。美國總統柯林頓時期提出對臺灣將遵守「三不」政策，即「不支持臺灣獨立」、不支持「兩個中國」或「一中一臺」、不支持臺灣加入任何主權國家才能加入的國際組織。當然，美國的「三不」政策是服務於其在世界和亞太地區戰略利益的，美國對臺政策調整很難從根本上改變美國對臺的「雙軌」政策。美國對華政策的核心仍然是一個中國，基本框架是「三個公報」、「一個法」和不支持「臺獨」。

不管是民主黨執政，還是共和黨執政，美國對華對臺政策有時會出現一些調整或搖擺，但其基本立場不會改變。美國這種做法的結果是：既堅持一個中國原則，又阻撓了中國實現完全統一；既反對中國大陸對臺動武解決臺灣問題，又在安撫臺灣的同時不允許臺灣公開進行「臺獨」活動，以改變海峽兩岸的現狀，維持臺海兩岸「不統、不獨、不戰」的局面。小布希上臺後，對華政策雖比柯林頓時期更為強硬，但隨著「911事件」的發生，美國對華政策又回到了原來的軌道。歐巴馬上台後，從歐巴馬及其執政團隊的對臺言論來看，其對臺政策基本延續了「一個中國、三報一法、和平解決、兩岸人民同意」等美國傳統的「雙軌政策」，對兩岸關係和平發展也表現了支持與鼓勵的態度。歐巴馬本人在競選時曾經明確指出，「強力支持兩岸降低緊張關係，並支持兩岸建立更緊密聯繫」，高度讚揚兩岸在此方面所做的努力。美國國務卿希拉蕊在2009年2月訪華期間也明確表態：「支援和鼓勵兩岸關係和平發展……期待兩岸關係有更大改善。」美國既支持鼓勵兩岸關係和平發展，但又要保持一定介入的「兩面性」立場，對兩岸關係和平發展帶來複雜影響。中美聯合聲明簽訂後，美國在臺協會理事長薄瑞光11月24日在講話中宣稱美國堅持對臺政策的一貫立場。

　　於此同時，國際社會對於中國共產黨主張兩岸關係和平發展均採取支持立場。新加坡外交部發表聲明認為胡錦濤提出的促進海峽兩岸關係和平發展的六點意見是一個非常重要的發展，這對海峽兩岸的全體中國人及整個地區都是有益的，海峽兩岸關係的改善將會促進本地區的穩定與繁榮。共同社認為，胡錦濤建議兩岸和平發展將進一步緩和兩岸關係。正如胡錦濤所指出的：「兩岸關係和平發展促進了臺海地區和平穩定，受到國際社會廣泛歡迎和支持。」也正是由於美國與國際社會認同兩岸關係和平發展，兩岸互動格局形

成的外部條件才得以確立。

　　綜上所述,可以看到兩岸互動格局形成的根本原因在於中國共產黨對臺政策的重大轉變;當然,中國國民黨重新走向執政與大陸政策的重大調整,對兩岸互動格局形成起到了關鍵作用;在國共兩黨開始走向合作的基礎上,兩岸兩會會談機制的初步建立與兩岸人民的深入交流,對於推進兩岸關係和平發展與兩岸互動格局的形成亦起到了重要作用;從外部條件講,美國與國際社會認同兩岸關係和平發展是兩岸互動格局形成不可或缺的因素。隨著兩岸「三通」的基本實現,兩岸互動格局也得以基本形成,兩岸關係真正進入了歷史新階段。

3. 經濟貿易協定簽訂對兩岸關係的深刻影響

　　在實現「三通」的基礎上,兩岸兩會又於2010年6月在重慶簽署了海峽兩岸經濟合作框架協定(簡稱ECFA)。ECFA的簽訂,對兩岸關係產生了積極而深遠的影響,筆者以為:

　　第一,ECFA的簽訂將有利於建立「具有兩岸特色的經濟合作機制」,推進交流,並形成「兩岸經濟共同體」。ECFA的簽訂對於兩岸經濟發展都具有十分重要的意義。特別是對臺灣經濟而言,在遭受了金融危機沉重打擊後,復甦乏力,國民黨執政能力備受質疑。總結2年多來的執政績效,只有兩岸政策突破是最大的收穫。ECFA的簽訂,使臺灣爭取到了540項136億美元,給脆弱的臺灣經濟注入了一針強心劑。臺灣「中央社」宣稱「兩岸經貿關係從此進入新紀元」。國民黨主席馬英九也宣稱:兩岸簽訂ECFA,讓很多國家重新評估對臺灣的投資,臺灣發展亞太經貿樞紐顯然已成形。

的確，ECFA的簽訂不僅使兩岸經濟關係正常化、制度化，而且有助於兩岸經濟交流與合作的全面深化，將使臺灣被納入區域經濟一體化，為構建「兩岸經濟共同體」創造條件。隨著兩岸經濟交流的不斷深化，今後兩岸經濟交流將「以提高兩岸競爭力為核心，大力加強戰略性新興產業合作，共同推進兩岸科技進步和創新」。培育和發展新興產業，關鍵在於創新。只有不斷推動兩岸科技創新、管理創新、政策創新，才能開創兩岸產業合作的新局面。

　　第二，ECFA的簽訂將有利於促進兩岸文化教育交流，不斷增強休戚與共的民族認同，堅定地維護和增進中華民族的整體利益。要開創兩岸關係和平發展新局面，就必須進一步加強兩岸之間的文化教育交流。因為在兩岸關係和平發展的基本框架中，文化交流占有特殊而重要的位置。眾所周知，中華文化培養起兩岸同胞共同的文化特質和民族情懷，成為維繫兩岸同胞民族感情的重要紐帶，也是未來實現和平統一的重要基礎。胡錦濤總書記在紀念《告臺灣同胞書》發表30周年座談會上的講話中，提出了推動兩岸關係和平發展的「六點意見」，突出強調兩岸同胞要開展各種形式的文化交流，尤其要加強青少年交流，不斷為兩岸關係和平發展增添蓬勃活力。同時建議協商兩岸文化教育交流協定，推動兩岸文化教育交流合作邁上範圍更廣、層次更高的新臺階。在文化與教育的交流中，兩岸同胞應當始終保持自覺清醒的民族意識，不斷增強休戚與共的民族認同，堅定地維護和增進中華民族的整體利益。只要兩岸同胞團結奮鬥，把中華民族強大的凝聚力和無窮的創造力充分發揮出來，兩岸經濟共同繁榮就大有希望，兩岸關係和平發展就大有希望，中華民族實現偉大復興就大有希望。

　　第三，ECFA的簽訂將有利於增進兩岸政治互信度，為兩岸

「由經入政」提供了前提。早在90年代，中國共產黨就提出和平解決臺灣問題採取「先經濟後政治」的大思路。依此思路，經過海峽兩岸的共同努力，終於實現了經濟交流的大突破。ECFA的簽訂，使兩岸互信基礎更為堅實。當經濟合作框架協議簽訂後，結束兩岸敵對狀態，「達成和平協定，構建兩岸關係和平發展框架，開創兩岸關係和平發展新局面」就提上了議事日程。然而，經濟整合不等於必然走向政治整合。從這個意義上講，在中華民族偉大復興的新的歷史起點上，兩岸應進一步提升政治互信，共同肩負起終結兩岸敵對狀態的歷史責任，竭力避免再度出現骨肉同胞兵戎相見的局面，讓子孫後代在和平環境中攜手創造美好生活，同時促進兩岸進行政治協商談判，簽訂兩岸關係和平發展協定，促進祖國和平統一大業的實現。

第四，ECFA的簽訂將有利於進一步降低「臺獨」勢力的影響，為開創兩岸關係和平發展新局面奠定了堅實的基礎。ECFA簽訂前，國民黨主席馬英九與民進黨主席蔡英文就簽訂ECFA進行了激烈辯論，最終結果贏得了臺灣多數民眾對國民黨大陸政策的認同。ECFA簽訂後，儘管民進黨意識形態作怪，千方百計阻撓ECFA在「立法院」通過，但包括民進黨內的有識之士，均對ECFA簽訂表示了樂觀其成的態度。據臺灣兩岸事務主管部門最新公布的民調顯示：ECFA簽署後，61.1%的臺灣民眾對ECFA成果表示滿意。另據臺灣媒體報導：以反對ECFA的6月26日民進黨大遊行基於臺灣主流民意，也不敢打出反ECFA旗幟，只是以「人民公投做主，反對一中市場」為主題。上述事實表明，ECFA簽訂有效地遏制了「臺獨」分裂活動，進一步降低了「臺獨」勢力的影響，為開創兩岸關係和平發展新局面奠定了堅實的基礎。當然，由於臺灣政治生態和國際因素的影響與制約，海峽兩岸不可能在短期內實現統一，但有

一點是非常明確的,那就是海峽兩岸和平發展必須在反對「臺獨」和堅持「九二共識」的基礎上穩步推進。

　　由此可見,ECFA的簽訂,真正實現了兩岸經濟關係正常化、制度化,標誌著兩岸關係取得了重大突破,進入了「和平發展的軌道」。

國家圖書館出版品預行編目(CIP)資料

大陸對於和平解決台灣的歷史考證與定義 / 李松林, 祝志男 著.
-- 第一版. -- 臺北市：崧燁文化，2018.12

面 ； 公分

ISBN 978-957-681-674-1(平裝)

1.中共對臺政策 2.臺灣問題

574.1　107021999

書　名：大陸對於和平解決台灣的歷史考證與定義
作　者：李松林、祝志男 著
發行人：黃振庭
出版者：崧燁文化事業有限公司
發行者：崧燁文化事業有限公司
E-mail：sonbookservice@gmail.com
粉絲頁　　　　　　網　址：
地　址：台北市中正區重慶南路一段六十一號八樓815室
8F.-815, No.61, Sec. 1, Chongqing S. Rd., Zhongzheng Dist., Taipei City 100, Taiwan (R.O.C.)
電　話：(02)2370-3310　傳　真：(02) 2370-3210
總經銷：紅螞蟻圖書有限公司
地　址：台北市內湖區舊宗路二段121巷19號
電　話：02-2795-3656　傳真：02-2795-4100　網址：
印　刷：京峯彩色印刷有限公司（京峰數位）

　　本書版權為九州出版社所有授權崧博出版事業有限公司獨家發行電子書繁體字版。若有其他相關權利及授權需求請與本公司聯繫。

定價：550 元
發行日期：2018 年 12 月第一版
◎ 本書以POD印製發行